Lars Kuntzag
Traumatisierte Vorschulkinder
Diagnostische Grundlagen und Methoden

Lars Kuntzag

Traumatisierte Vorschulkinder

Diagnostische Grundlagen und Methoden

Junfermann Verlag • Paderborn
1998

© Junfermannsche Verlagsbuchhandlung, Paderborn 1998
Covergestaltung: Petra Friedrich

Alle Rechte vorbehalten.
Das Werk einschließlich aller seiner Teile ist urheberrechtlich geschützt. Jede Verwendung außerhalb der engen Grenzen des Urheberrechtsgesetzes ist ohne Zustimmung des Verlages unzulässig und strafbar. Das gilt insbesondere für Vervielfältigung, Übersetzungen, Mikroverfilmungen und die Einspeicherung und Verarbeitung in elektronischen Systemen.

Es handelt sich bei dieser Arbeit um eine Dissertation aus dem Jahr 1997 im Rahmen des Fachbereichs Sondererziehung und Rehabilitation an der Universität Dortmund.

Satz: La Corde Noire – Peter Marwitz, Kiel
Druck: PDC – Paderborner Druck Centrum

Die Deutsche Bibliothek – CIP-Einheitsaufnahme
Kuntzag, Lars:
Traumatisierte Vorschulkinder: Diagnostische Grundlagen und Methoden / Lars Kuntzag. – Paderborn: Junfermann, 1998.
    ISBN 3-87387-369-9

ISBN 3-87387-369-9

Inhalt

I. Einleitung 11

1. Überblick 11
2. Ergebnisse 12
2.1 Theoretische Ergebnisse 12
2.2 Klinische Ergebnisse 13
2.3 Empirisch-praktische Ergebnisse 16

II. Theoretischer Teil 19
1. Die Entwicklung kommunikativer Kompetenzen 21
1.1 Die Entstehung von Beziehungen nach der Bindungstheorie 22
1.1.1 Klassifizierungen des Bindungsverhaltens 23
1.1.2 Zusammenhänge zwischen dem Bindungsverhalten des Kindes und dem Fürsorgeverhalten seiner Mutter 25
1.1.3 Interne Arbeitsmodelle über Bindungsfiguren und das Selbst 27
1.1.4 Zusammenfassung und Weiterführung 31
1.2 Interaktionsprozesse zwischen Mutter und Säugling 32
1.2.1 Selbstentwicklung und Säuglingsforschung 33
1.2.2 Die Selbstentwicklung im Lichte einiger Erkenntnisse vorsprachlicher Kommunikationsentwicklung 35
1.2.3 Selbsterkennen und Emotionen 38
1.2.4 Ich-Formung im Triangulierungsgeschehen 40
1.2.5 Zusammenfassung und Weiterführung 43
1.3 Räumliches Erleben und Ich-Entwicklung 45
1.3.1 Phantasierte und realisierte Auseinandersetzungen mit der Mutter im Individuationsprozeß 46
1.3.2 Die klinische Relevanz gestörter Individuationsprozesse 49
1.3.3 Spielend Denken lernen 50
1.3.4 Zusammenfassung und Weiterführung 51

2. Gefährdungen der Entwicklung kommunikativer Kompetenzen ... 53

2.1 Veränderungen „interner Arbeitsmodelle" durch Interaktionserfahrungen nach dem 12. Lebensmonat 55
2.1.1 Zusammenfassung und Weiterführung 57
2.2 Formen und Entwicklungsbedingungen „desorganisierter/desorientierter" Verhaltensmuster 59
2.2.1 Die Abgrenzung „organisierter" von „desorganisierten" Verhaltensmustern 59
2.2.2 „Desorganisierte/desorientierte" Verhaltensmuster in der „Fremden Situation" 61
2.2.3 Die Angst traumatisierter Eltern und die Angst ihrer „desorganisiert/desorientiert" klassifizierten Kinder 63
2.2.4 „Desorganisiertes" Verhalten im Vorschulalter 65
2.2.5 Zusammenfassung, Diskussion und Weiterführung 69
2.3 Das Zusammenwirken von „Risiko- und Schutzfaktoren sowie Kompetenzen und Verletzlichkeit" 71
2.3.1 Kontinuitäten und Diskontinuitäten in Entwicklungen ... 71
2.3.2 Entwicklungen von Kindern unter Streß in Form von psychiatrischen Familienstörungen 73
2.4 Ablehnung und Vernachlässigung von Säuglingen und Kleinkindern 75
2.5 Desintegrationsprozesse in der postmodernen Gesellschaft 78
2.6 Zusammenfassung und Diskussion 80

3. Die aus der Bindungs- und Säuglingsforschung abgeleiteten Arbeitsmodelle 83

III. Klinischer Teil 87

4. Das Untersuchungsfeld 88

4.1 Institutionsbeschreibung 88
4.2 Fragestellungen und Untersuchungsziele 90
4.3 Methodik 93
4.3.1 Theoretische Überlegungen 93
4.3.2 Konkretes Vorgehen 94

5.	**Ausgewählte Risikofaktoren** 97	
5.1	Frühe Interaktions- und Resonanzstörungen 98	
5.1.1	Persönlichkeitsentwicklungsstörungen im Säuglingsalter 99	
5.1.2	Die Bedrohung des Kernselbstempfindens durch Regulationsdefizite und die Entstehung von „desorganisierten/desorientierten" Verhaltensmustern .. 100	
5.1.3	„Desorganisation" und Familienbeziehungsmuster 101	
5.1.4	„Einssein" als Abwehrform oder primäre Erfahrung? ... 103	
5.1.5	Zusammenfassung 104	
5.2	Sexuelle Identitätsentwicklungsstörungen 104	
5.2.1	Die Geschlechtsrollendifferenzierung 104	
5.2.2	Sexualisiertes Verhalten als Ausdruck einer „desorganisierten" Persönlichkeitsstruktur 107	
5.2.3	Sexualisiertes Verhalten als Abbild sexueller Mißbrauchserfahrungen? 109	
5.2.4	Rückzugsmasturbation als Kriterium zur Beurteilung „desorganisierter" Verhaltenszustände 113	
5.2.5	Zusammenfassung 114	
5.3	Sozioökonomisch beeinflußte Identitätsentwicklungsstörungen 115	
5.3.1	Objektive und subjektive Armutskriterien 115	
5.3.2	Identitätsentwicklung im sozialen Kontext 116	
5.3.3	Armut, sozial-emotionale Defizite und Identitätsentwicklungsstörungen 117	
5.3.4	Die Unterversorgungslagen der untersuchten Familien .. 118	
5.3.5	Zusammenfassung 120	
6.	**Der diagnostische Zugang zu frühen Traumatisierungen** 121	
6.1	Aspekte sonderpädagogischer Diagnostik 122	
6.1.1	Zusammenfassung 124	
6.2	Die soziale Konstruktion der kindlichen Erinnerung 125	
6.2.1	Erinnerungsaufbau unter Streß 126	
6.2.2	Der Einfluß des Therapeuten auf die Erinnerung des Kindes 128	
6.2.3	Zusammenfassung 129	
6.3	Die Körpererinnerung 129	

6.3.1	Der kommunikative Leib	130
6.3.2	Körpererinnerungen an Traumatisierungen	131
6.3.3	Zusammenfassung	132
6.4	Zugänge zum Unterbewußten	132
6.4.1	Das Schnörkelspiel (Winnicott)	133
6.4.2	Das echte und das psychotische Symbol	134
6.5	Die frühe Persönlichkeitsentwicklung des Kindes im Spiegel seiner Zeichnungen	135
6.5.1	Die Unterscheidung von „Nicht-Ich" und „Ich" in Zeichnungen	137
6.5.2	Baum-Mensch-Haus-Zeichnungen	140
6.6	Die symptomatische Bildersprache	142
6.7	Gibt es eine Bildersprache des sexuell mißbrauchten Vorschulkindes?	147
6.8	Zusammenfassung	152

7. Hinweise in Kinderzeichnungen auf desorganisierte Verhaltenszustände 154

IV. Empirisch-praktischer Teil 159

8. Kasuistiken 160
8.1 Leitlinien zur Beurteilung „desorganisierter" Verhaltenszustände bei entwicklungsbeeinträchtigten Vorschulkindern 160
8.2 Bestimmung des Beurteilungsstandpunktes 161

Kasuistik 1
Aiko 163

Kasuistik 2
Andrea 180

Kasuistik 3
Dennis 196

Kasuistik 4
Fabian 209

Kasuistik 5
Mario 217

Kasuistik 6
Natascha 231

Kasuistik 7
Nils 244

Kasuistik 8
Sylvia 256

8.3 Zusammenfassung 271
8.4 Bewertung 272

Literatur 275

I. Einleitung

1. Überblick

In in dieser Arbeit werden Zusammenhänge zwischen Ergebnissen der Bindungsforschung (vgl. *Ainsworth* 1978; *Bowlby* 1982; *Fremmer-Bombik* & *Grossmann* 1993) sowie der Säuglingsforschung (vgl. *Bruner* 1993; *M. Papousek* 1994; *Brazelton* & *Cramer* 1994; *Dornes* 1994; *Papousek/Papousek* 1995) und der Praxis kinderpsychiatrischer und sonderpädagogischer Frühdiagnostik sichtbar. Erkenntnisse über den frühen Mutter-Kind-Dialog eröffnen eine neue Sicht des Individualisierungsvorganges in der Persönlichkeitsentwicklung von entwicklungsbeeinträchtigten Vorschulkindern. Dies hat Konsequenzen für Frühförderung, Vorschulpädagogik und Psychotherapie. Die Risiken des Kindes in seiner Persönlichkeitsentwicklung werden anhand von Konzepten der Bindungs- und Säuglingsforschung, aber auch der Entwicklungspsychopathologie[*] (vgl. *Resch* 1996; *Rutter* 1993; *Sameroff* & *Seifer* 1990) und des Konstruktivismus (vgl. v. *Schlippe* & *Schweitzer* 1996; *Lenk* 1994) untersucht.

Die klinische Bedeutung dieser Erkenntnisse wird im Hinblick auf die persönlichkeitsbildende Wirkung von drei Risikofaktoren – Bindungsstörungen, sexuelle Identitätsentwicklungsstörungen sowie Armut – thematisiert (Teil III). Welche Rolle sie im Leben der Kinder gespielt haben, soll an ihrem Verhalten erkennbar werden.

Es werden zehn Leitlinien zur Beurteilung von Verhaltenszuständen entwicklungsbeeinträchtigter Vorschulkinder entwickelt. Die Unterscheidung „organisierter" von „desorganisierten" Verhaltenszuständen bei diesen Kindern (*Main* & *Solomon* 1990; *Main* & *Hesse* 1990; *Suess* et al. 1992; *Wartner* et al. 1994) wird mit Hilfe dieser Leitlinien anhand ihres Spiels, ihrer Zeichnungen sowie ihrer Verbalisierungen möglich.

Im empirisch-praktischen Teil (Teil IV) werden die Entwicklungsverläufe von acht Vorschulkindern auf der Grundlage der entwickelten Leitlinien beurteilt. In erneuten Untersuchungen bei sechs

---

[*] Verschiedentlich ist im Text auch von „developmental psychopathology" die Rede.

Kindern nach durchschnittlich 14 Monaten werden die Veränderungen ihrer Verhaltenszustände überprüft.

2. Ergebnisse

2.1 Theoretische Ergebnisse

Früher als lange angenommen, gelingt es dem Säugling auf der Grundlage von Selbstwahrnehmungsprozessen, Kontrolle über Reize zu gewinnen und Interaktionen mit anderen zu gestalten. Die Bindungsforschung hat die Bedeutung der Qualität früher Interaktionsbeziehungen zwischen Mutter und Säugling für die Grundlegung seiner Sicherheit und seines Vertrauens herausgearbeitet. Die Säuglingsforschung hat das Bedürfnis und die Fähigkeit, innere Zustände, Verhalten und Gegenstände dem eigenen Willen zu unterwerfen, schon in den ersten Lebensmonaten des Säuglings beobachtet und dabei die Wechselseitigkeit der Beeinflussungsprozesse zwischen Mutter und Kind erkannt (vgl. *M. Papousek* 1994; *Bruner* 1993). Das sich über Selbstwahrnehmungsprozesse ausbildende Kern-Selbst erlaubt dem Säugling, sich bereits in den ersten Lebensmonaten als von der Mutter in körperlicher, aktionaler und affektiver Hinsicht getrennt zu erleben (vgl. *Stern* 1985; *Dornes* 1994).

Die Grundlagen für den Individuationsprozeß des Kindes, der die Aufrechterhaltung und Weiterführung des Losgelöstseins von der Mutter bewirkt, werden in frühen Regulationsprozessen zwischen Kind und Bezugsperson unter Einbeziehung von Gegenständen gelegt (vgl. *Bruner* 1993; *Zollinger* 1991). Über trianguläre Beziehungen findet das Kind einen erweiterten Bezug zur Realität, in der ihm sein wachsendes Symbolverständnis ein unabhängigeres (von der unmittelbaren Präsenz von Personen und Gegenständen) Handeln erlaubt. Wachsende Ich-Funktionen bewirken die Transformation von Selbstempfinden zur Selbstreflexivität. Dabei geht es um den Aufbau von Mustern zur Deutung von Realität durch das Zusammenwirken von Affekten und kognitiven Leistungen der Vorstellung und Handlungsfähigkeit im Entwicklungsprozeß (vgl. *v. Schlippe & Schweitzer* 1996; *Ciompi* 1994; *Lempp* 1992). Gefühle sind „konzentrierte Erfahrungen"; ohne sie ist vernünftiges Handeln und Entscheiden unmöglich (*Roth* 1997, 212).

Die psychische Unterscheidungsfähigkeit zwischen Innen und Außen, Phantasie und Realität, Ich und Nicht-Ich wird im frühen Interaktionsgeschehen zwischen Mutter und Kind aufgebaut (vgl. *Winnicott* 1993). War diese Erfahrung für das Kind „gut genug" (vgl. *Winnicott* 1993a), so kann es sich durch konstruktive Aggressionen „wissend" individualisieren (vgl. *Winnicott* 1993; *Stierlin* 1994).

Um den Einfluß von drei Risikofaktoren, die in psychischen Mißhandlungsprozessen sichtbar werden, auf die Persönlichkeitsentwicklung von Vorschulkindern verfolgen zu können, müssen Annahmen über die Konstanz oder Varianz der Wirkungen persönlichkeitsbildender Faktoren diskutiert werden. Longitudinaluntersuchungen der Entwicklungspsychopathologie zeigen, daß veränderte Lebensbedingungen die Wirkung alter Risikofaktoren stoppen und umgekehrt aktuelle Schädigungen eine gute Grundlage erschüttern und deviante Entwicklungen einleiten können (vgl. *Rutter* 1993; *Sameroff & Seifer* 1990).

2.2 Klinische Ergebnisse

Ausgehend von beobachteten sexualisierten Verhaltensweisen bei Vorschulkindern wird diskutiert, ob, in Anlehnung an die bei 12 Monate alten Säuglingen beobachteten „desorganisierten/desorientierten" Verhaltensmuster, diese Ausdruck desorganisierter Persönlichkeitsmuster sind (vgl. *Main & Solomon* 1990). Trennungen, Einengungen oder Überforderungen von Kindern, zu denen es z.B. durch unbewußte Ängste von Müttern aus nicht verarbeiteten Verlusterfahrungen kommen kann, werden als mögliche psychosoziale Entstehungszusammenhänge für desorganisierte Verhaltensmuster beschrieben (vgl. *Main & Hesse* 1990). Die von der Entwicklungspsychopathologie herausgearbeitete Wechselwirkungsdynamik zwischen Risiko- und Schutzfaktoren für Verhaltensentwicklungsprozesse wird diskutiert. Die linear-kausalen Erklärungen der Bindungsforschung werden in Frage gestellt.

Bei sechsjährigen Vorschulkindern wurden desorganisierte Verhaltensmuster an Verhaltensreaktionen auf den Anblick von Trennungen darstellenden Bildern (vgl. *Bretherton* et al. 1990) beobachtet bzw. durch die Analyse von Interaktionsverläufen zwischen Kindern und ihren Müttern anhand von Longitudinaluntersuchungen beschrieben (vgl. *Massie* et al. 1993).

Sowohl in methodischer als auch inhaltlicher Hinsicht regen diese Arbeiten an, nach Einsichten in psychodynamische Zusammenhänge hinter desorganisierten Verhaltensmustern zu suchen. Aus psychotherapeutischen Konzepten über innerpsychische Strukturbildungsprozesse werden Kriterien für die Unterscheidung von desorganisierten und organisierten Persönlichkeitsmustern abgeleitet. Es wird von „internal working models" (IWMs, vgl. *Stern* 1995) als theoretischem Konstrukt zur Beschreibung von Persönlichkeitsentwicklungen ausgegangen.

Mit Hilfe folgender, klinischer Konzepte über Persönlichkeitsentwicklungen werden Leitlinien zur Beurteilung der Verhaltenszustände von entwicklungsbeeinträchtigten Vorschulkindern als „organisiert" oder „desorganisiert" entwickelt:

1. Durch die Entfaltung destruktiver Impulse, Phantasien und Handlungen befreit sich das Kleinkind aus der Vorstellung vom Einssein mit seiner Mutter und verliert die damit verbundene Allmachtsvorstellung. Es beginnt, eine Realität von Ich und Du zu erfahren (vgl. *Winnicott* 1993).

2. Die Individuation des Kindes hat als Voraussetzung die Erfahrung von Bedürfnisbefriedigung durch Bezugspersonen, die sich dabei am Rhythmus des Kindes orientieren und durch ihr Verhalten einen regelhaften und Komplexität reduzierenden Rahmen zur Verfügung stellen. Erst auf dieser Grundlage kann sich das Kind auch gegen seine Bezugspersonen wenden und sein Ich aufbauen (vgl. *Stierlin* 1994; *Kuntzag* 1996).

3. Bilder, Phantasien und Erfahrungsablagerungen, die die innere Welt des Kindes aufbauen, muß es im Prozeß der Entwicklung seines Realitätssinnes neben den vielfältigen Realitäten der Erwachsenen behaupten und zugleich modifizieren. Die Fähigkeit, die Erwachsenenrealitäten zu begreifen und mit den Gegensätzen zwischen den Welten zu leben, erwirbt es in einem intersubjektiven Lernprozeß, der nicht ohne Gefahren für seine seelische Gesundheit ist (vgl. *Ciompi* 1994; *Lempp* 1988, 1992).

Einleitung 15

4. Anhand des Symbolcharakters seiner Mitteilungen kann eingeschätzt werden, wie sich das Kind in den gleichzeitig präsenten, aber sehr verschiedenen Welten bewegt (vgl. *G. Benedetti* 1989).
5. Durch Deutungen verbaler wie nonverbaler Mitteilungen des entwicklungsbeeinträchtigten Klein-und Vorschulkindes im Vergleich zu den Kommunikationsfähigkeiten nicht beeinträchtigter Kinder (vgl. *Strauss* 1983; *Wohl & Kaufman* 1985) kann beurteilt werden, ob es überhaupt zur symbolischen Kommuniktion fähig ist (vgl. *Zollinger* 1991).

Die geschlechtsspezifische Sozialisation des kleinen Kindes innerhalb des emotionalen und sexuellen Erwartungs- und Handlungsrahmens, den ihm seine Eltern zur Verfügung stellen, wird sowohl unter dem Gesichtspunkt von Identitäts- und Autonomieentwicklung (vgl. *Hagemann-White* 1984; *Mussen* et al. 1993; *Buchholz* 1995) als auch von Identitätsstörungen durch sexuellen Mißbrauch in inzestoiden bzw. inzestogenen Familien diskutiert (vgl. *Hirsch* 1993).

Deutlich wird daran, daß sexuelle Traumatisierungen zur Entwicklung von Persönlichkeitsstörungen beitragen können, die in dieser Arbeit als „desorganisiert" beschrieben werden.

Die Diagnostik früh und schwer traumatisierter Vorschulkinder erfolgt über multimediale kreative Verfahren und ist an ihren „sozialen und ökologischen Kompetenzen" orientiert (vgl. *Holtz* 1994).

Nonverbale Erinnerungen können im „Leibgedächtnis" archiviert (vgl. *Petzold* 1993a) und im Spiel, in Bewegungen und Kinderzeichnungen zum Ausdruck gebracht werden (vgl. *Katz-Bernstein* 1996). Diese nonverbalen Gedächtnisleistungen sind verbalen in vielerlei Hinsicht überlegen (vgl. *Terr* 1988). Wird vom traumatisierten Kind eine eindeutige Beschreibung einer in der Vergangenheit liegenden Schädigung erwartet, so erfüllt es diese Anforderung besser, wenn ihm ein „narrativer Erzählrahmen" im Gegensatz zu einem „repetitiven" in seiner Familie zur Verfügung gestellt worden ist (vgl. *Nelson* 1993).

In dieser Arbeit wird Kinderzeichnungen für den diagnostisch-therapeutischen Prozeß mit persönlichkeitsentwicklungsgestörten Vorschulkindern eine ebenso große Aussagekraft unterstellt wie ihren verbalen Mitteilungen. Weitere Informationen werden z.B. über Tests, Beobachtungen und Gespräche erhoben, um Deutungsfehler zu vermeiden (vgl. *Schuster* 1990).

Am gegenwärtigen Forschungsstand bemessen, gibt es keine spezifische Bildersprache des sexuell mißbrauchten Vorschulkindes, obwohl ihre Zeichnungen für die diagnostische Beurteilung unerläßlich sind (vgl. *Burgess* 1988; *Burgess* & *Hartman* 1993).

2.3 Empirisch-praktische Ergebnisse

In den aus der theoretischen und klinischen Literatur über frühe Interaktionsprozesse zwischen einem Kind und seinen Bezugspersonen entwickelten Beurteilungsrahmen, werden nun acht Kasuistiken gestellt.

Entwicklungsbeeinträchtigte Kinder im Altersspektrum zwischen 4;3 und 7;4 Jahren wurden durchschnittlich 12 Monate darauf untersucht, ob ihr Verhaltenszustand als desorganisiert zu bezeichnen ist und welche psychodynamischen Prozesse diesen Zustand kennzeichnen. Bei allen Kindern war von ihren Erzieherinnen der Verdacht geäußert worden, sie könnten sexuell mißbraucht worden sein. Sechs Kinder konnten wiederholten Untersuchungen nach durchschnittlich 14 Monaten unterzogen werden.

In der Beurteilung der Entwicklungen lassen sich mit Hilfe von zehn, an der Stabilität von Selbst, Ich und Identität orientierten Kriterien organisierte (2 Kinder) von desorganisierten (6 Kinder) inneren Arbeitsmodellen unterscheiden. In der zweiten Untersuchung waren bei 3 Kindern Verhaltensweisen zu beobachten, die nicht mehr als Ausdruck desorganisierter, sondern organisierter Arbeitsmodelle zu deuten sind.

Die in „phallische Provokationen" und „Rückzugsmasturbationen" unterschiedenen, selbststimulierenden sexuellen Verhaltensweisen spielen bei zwei sexuell nicht mißbrauchten und einem dritten Kind, bei dem der Verdacht auf sexuellen Mißbrauch nicht auszuschließen ist, eine bedeutsame Rolle im Prozeß ihrer psychischen Selbstheilungsversuche.

Ein Junge, der sich sexualisiert seinen Erzieherinnen genähert, aber Selbststimulationen nicht praktiziert hatte, ist als Opfer eines zumindest latenten Inzests zu beurteilen. Ein anderer, vermutlich sexuell mißbrauchter Junge zeigt „phallische Provokationen" und sexuelles Begehren sehr deutlich, aber kein masturbatorisches Verhalten. Drei der sechs als desorganisiert klassifizierten Kinder zeigen phallische

Provokationen, wobei zwei masturbieren und eines masturbatorisches Rückzugsverhalten zeigt.

Nur besonders auffällige sexualisierte Verhaltensweisen bei Vorschulkindern werden als Hinweise auf unterschiedlich schwere Identitätsentwicklungsstörungen interpretiert, da Erektionen, Onanie und Zeigen der Geschlechtsorgane bei ihnen häufig zu beobachten sind (vgl. *Volbert* 1997).

II. Theoretischer Teil

Bereits im frühesten Säuglingsalter läßt sich beobachten, daß das Baby die Kontaktangebote seiner Mutter wahrnimmt und beantwortet. Mit vier bis fünf Monaten antwortet und initiiert es diese gleichermaßen (vgl. *Brazelton & Cramer* 1994). Auch Gegenstände werden schon frühzeitig von ihm in sein Entdeckungsprogramm aufgenommen (vgl. *Bruner* 1993).

Wie der Säugling auf seine Umwelt reagiert, schließen wir indirekt aus seinem Gesichtsausdruck, seiner Gestik und Mimik, seinem Schreien und Lallen. Man kann seine „Verhaltenszustände" (*Brazelton & Cramer* 1994) beobachten und seine Reaktionen vor diesem Hintergrund interpretieren. Doch erst wenn das Kind beginnt, symbolisch zu spielen, zu sprechen und nicht mehr nur zu kritzeln, sondern zu malen, können wir über seine semiotischen Fähigkeiten Zugang zu seiner Innenwelt, seinem Denken und seinen Phantasien finden.

Noch während der Vorschulzeit, ja bis in die ersten Grundschuljahre hinein, sehen Kinder, in unterschiedlich starkem Ausmaß, die Wirklichkeit anders, als wie sie für Erwachsene existiert (vgl. *Lempp* 1988, 1992). Durch die Kraft ihrer imaginativen Betrachtung der Welt wird die Realität verwandelt. Je deutlicher sie die Welt so erkennen, wie sie von anderen gesehen wird, und entsprechend handeln, um so mehr persönliche Anerkennung werden sie erfahren. So sind sie mit anderen die Konstrukteure ihrer Wirklichkeit. Werden ihre Mitteilungen dagegen von anderen nicht so verstanden, wie sie gemeint sind, Bestätigungen also ausbleiben, kann es zum Verlust der Fähigkeit, sich selbst zu erkennen und zum Wirklichkeitsverlust kommen.

Obwohl man von Vorschulkindern erwartet, daß sie die Sprache als Kommunikationsmittel im pragmatischen Sinn beherrschen, sind 30% sprachauffällig (vgl. *M. Papousek* 1994). Erwartet wird ferner, daß sie zuverlässig zwischen Ich und Nicht-Ich unterscheiden können (vgl. *Winnicott* 1993), selbst-bewußt zwischen ihrer individuellen Phantasiewelt und der Realität um sie herum wechseln können und ihre Identität, z.B. im Prozeß der Geschlechtsrollendifferenzierung, entwickelt haben.

Viele sprachauffällige Vorschulkinder sind gleichzeitig verhaltensauffällig im psychopathologischen Sinn. Mit wesentlichen Stufen ihrer Entwicklungs- und Lerngeschichte werde ich mich hier beschäftigen.

Wird im klinisch-theoretischen Teil meiner Arbeit die Kommunikations- und Interaktionsfähigkeit von Vorschulkindern im Hinblick auf diagnostisch-therapeutische Interventionen untersucht, so werden im theoretischen Teil die Entwicklung ihrer Kommunikationskompetenzen sowie die Gefährdungen dieses Prozesses thematisiert. Im empirisch-praktischen Teil werden Ergebnisse beider theoretischer Teile zur Beurteilung von Kasuistiken im Rahmen meiner qualitativen, empirischen Untersuchung herangezogen.

Die von der empirischen Säuglingsforschung nachgewiesene Bezogenheit zwischen Säugling und Mutter von der Geburt an wird als Rückkopplungssystem (vgl. *Brazelton & Cramer* 1994) zum Motor einer Entwicklung, die entweder kommunikative Kompetenz im Kind aufbaut oder zu Kommunikationsstörungen führt. Von welch hochgradiger Sensibilität das Bindungssystem (vgl. *Bowlby* 1982) zwischen Mutter und Kind ist, wird in der Testsituation, in der 12 Monate alte Kinder Trennungen und Wiedervereinigungen mit ihren Müttern erleben, nachgewiesen (vgl. *Ainsworth* 1978; *Bowlby* 1982).

In Untersuchungen mit Kindern aus Risikofamilien hat sich gezeigt, daß bei einer Gruppe von ihnen das Interaktionsverhalten mit ihren Müttern in der Wiedervereinigungsphase schwer gestört war. *Main* und *Solomon* (1990) haben dafür die Bezeichnung „desorientiert/desorientiert" gefunden.

Wann ein Kind von verhaltensmäßiger oder psychologischer Desorganisation bedroht ist, soll danach beurteilt werden, ob es
1. im Verlauf seiner Persönlichkeitsentwicklung gelernt hat, über Erfahrungen symbolisch zu kommunizieren (vgl. *Piaget* 1975; *Zollinger* 1991; *Winnicott* 1993; *Bruner* 1993; *M. Papousek* 1994) und
2. ob es Grenzen zwischen Ich und Nicht-Ich, zwischen Phantasie und Realität (*Lempp* 1988, 1992) einerseits stabil halten und andererseits Übergänge sehen und sie in der Kommunikation nutzen kann.

Einblicke in diese frühe Lerngeschichte des Kindes ermöglichen ein tieferes Verstehen der Genese früher Störungen und die Beurteilung psychopathologischer Entwicklungen von Vorschulkindern aus Risikofamilien im Rahmen des Interaktionsparadigmas.

1. Die Entwicklung kommunikativer Kompetenzen

Entwicklungstheorien sind für die Analyse von „Verhaltensdokumenten" (*Thomas & Thomas* 1973) von Kindern und zur Beurteilung der in Rekonstruktionsprozessen (vgl. *Dornes* 1994) auf mögliche Erfahrungen zurückzuführenden Verhaltensaspekte insofern wichtig, als mit ihrer Hilfe Bereiche eingegrenzt und Erfahrungen wahrscheinlicher werden.

Unter Bezug auf die vergleichende Verhaltensforschung beschrieben *Bowlby* (vgl. 1962, 1982) die Zielgerichtetheit des kindlichen Bindungsverhaltens und Säuglingsforscher den Einfluß des aktiven Säuglings auf seine Bezugsperson. Die psychoanalytische Entwicklungstheorie sieht den Säugling eher in völliger Abhängigkeit von der Mutter, an die er seine Bedürfnisse, ihm körperliche Spannungen zu nehmen, richtet. Diese erwachsen aus Sexual- und Nahrungstrieben. Konzepte der Lerntheorie, wie Nachahmung, Verstärkung und Erinnerung, sind vom ersten Tag an in der Mutter-Kind-Beziehung zu beobachten (vgl. *Mussen* et al. 1993).

So ist die Wirkung positiver Konditionierung beim Erlernen von Verhalten durch Experimente in den ersten Lebenswochen bestätigt worden (vgl. *Brazelton & Cramer* 1994). Kritisch wird aus der Sicht eines Sprachforschers gegen die behavioristische Theorie eingewendet, daß sie meint, Sprache ließe sich wie anderes Verhalten als Summe von Reaktionen erklären. Sie übersehe z.B. den „kombinatorischen Aspekt" von Sprache (*Bruner* 1993, 25). Wie gezeigt werden wird, läßt sich die Identitätsentwicklung nicht allein durch beobachtbare Reiz-Reaktions-Verbindungen erklären. Phantasien und kognitive Selbstverarbeitungsprozesse der Interaktionsteilnehmer sind z.B. mit zu berücksichtigen.

Die Betrachtung von Entwicklung unter evolutionsbiologischer Perspektive (vgl. *Keller* 1993) stellt die optimale genetische Reproduktion in ihren Mittelpunkt. Beziehungsmuster werden dabei „als Komponenten investiver Strategien" verstanden und sind „damit Teil der Reproduktionsfunktion" (*Keller* 1993, 34).

In meinen Deutungen des Kommunikationsverhaltens von Kindern gehe ich von interaktiven Entwicklungsprozessen aus. In ihnen wirken sowohl biologische Prädispositionen bei der Ausbildung von Bindungs- und Fürsorgeverhalten (vgl. *Bowlby* 1962, 1982; *M. Papousek* 1994; *Mussen* et al. 1993) als auch psychodynamische Prozesse (vgl. *Brazelton* & *Cramer* 1994; *Dornes* 1994), die sich z.b. in Übertragungsprozessen der Eltern auf ihr Kind zeigen, und systemische Einflüsse, wie sie von der „developmental psychopathology" (vgl. *Sameroff* & *Seifer* 1990; *Radke-Jarrow* & *Sherman* 1990; *Rutter* 1993) beschrieben werden und sich z.b. im Einfluß von Armut in Familien auf „coping"-Prozesse des Kindes zeigen. Charakteristisch für die interaktionistische Betrachtungsweise von Entwicklung ist die Annahme, daß die Art der Beziehung zwischen den Aktivitäten eines Kindes und den Veränderungen in der Umwelt motivierend im sozialen Anpassungsprozeß wirkt.

1.1 Die Entstehung von Beziehungen nach der Bindungstheorie

Bindungsverhalten wird als Suche des Säuglings nach Nähe zu einem stärkeren Individuum, das Kontakt und Schutz garantiert, beschrieben (vgl. *Bowlby* 1982). Es umfaßt „Schreien und Rufen, wodurch Fürsorglichkeit ausgelöst wird, Nachfolgen und Anklammern und auch heftigen Protest, wenn ein Kind allein oder bei Fremden gelassen wird" (S. 160). In der Entwicklung von Bindung kommt der Wahrnehmung von Fremdem im Gegensatz zu Vertrautem eine wichtige Funktion zu. Die vertraute Bezugsperson kann das Baby besser beruhigen als andere, und es ist in ihrer Anwesenheit weniger ängstlich als in ihrer Abwesenheit.

Das innere Regulationssystem, das zu Bindungsverhalten führt, wird durch unvertraute Situationen und Gefahr aktiviert. Das Bindungsverhalten wird beendet, wenn das Kind die Sicherheit spürt, die es mit seinem Verhalten gesucht hat.

Zur Entstehung von Angst schreibt *Bowlby*, daß Tiere und Kinder ängstlich auf Situationen reagieren, in denen es plötzlich zu starken Veränderungen des Reizniveaus (z.B. durch Geräusche, Bewegungen, fremde Laute und Dinge) kommt, ohne daß eine wirkliche Gefahr droht. Angstauslösend seien sie, weil von ihnen ein Gefahrenrisiko ausgeht.

Das Erkundungsverhalten von Kindern, mit dem sie neugierig die Umwelt erforschen, sich hin und wieder bei Mutter oder Vater rückversichernd, zeigt an, daß sie Bindungen zu ihnen hergestellt haben.

1.1.1 Klassifizierungen des Bindungsverhaltens

In sogenannten „still-face"-Situationen („still-face" bedeutet unbeweglicher Gesichtsausdruck) hatte *Brazelton* mit seinen Mitarbeitern 1978 (vgl. *Brazelton & Cramer* 1994) 1-3 Monate alte Kinder in Interaktionen mit ihren Müttern untersucht. Der Untersuchungsaufbau war folgender:
1. Phase: Die Mutter spielt drei Minuten mit ihrem Baby und zieht sich danach eine Minute zurück.
2. Phase: Die Mutter kehrt für drei Minuten zurück, setzt diesmal aber eine unbewegliche Miene auf und reagiert nicht auf das Baby.

Untersucht werden sollte das Ausmaß der Erwartungshaltung des Babys und wie sie zum Ausdruck kommt. In vielen Untersuchungen zeigte sich übereinstimmend, daß das Kind hauptsächlich über Blicke versucht, der Mutter eine Reaktion zu entlocken. Erfolgt diese nicht, ist es niedergeschlagen und wendet sich von ihr ab (*Brazelton & Cramer* 1994, 134). Der Rückzug zeigt sich daran, daß der Säugling nach vielen erfolglosen Versuchen die Mutter nicht mehr anschaut, den Kopf hängen läßt und ihn hin- und herbewegt sowie am Finger lutscht.

Nicht nur die Verwundbarkeit des Säuglings, sondern auch die durch die Wahrnehmung derselben bei der Mutter ausgelösten, sehr schmerzhaften Gefühle sowie ihre Verunsicherung werden von den Autoren beschrieben. Als sie zu ihren Kindern wieder normalen Kontakt aufnehmen konnten, „beobachteten die Säuglinge ihre Mütter anfänglich voller Argwohn. Gelegentlich bäumten sie sich sogar von ihnen weg" (*Brazelton & Cramer* 1994, 136).

An diesen Untersuchungen zeigt sich, wie die frühe soziale Interaktion von beiden Teilnehmern begonnen und in Gang gehalten wird. Die Verhaltensweisen Rückzug und Abwendung von der Mutter, die bei älteren Kindern als bedeutsame Hinweise auf psychopathologische Entwicklungen gelten, werden auch in Experimentalsituationen von Ainsworth (vgl. 1978; *Bowlby* 1982) und *Main & Solomon* (1990) mit Kindern im Alter von 12 bzw. 18 Monaten beobachtet.

Die „Fremde Situation" nach *Ainsworth* et al. (1978)

Ainsworth (nach *Bowlby* 1982) beobachtete das Erkundungs- und Bindungsverhalten bei 12 Monate alten Kindern sowie das Gleichgewicht zwischen beiden. Gleichzeitig sammelte sie Daten über die Art der Versorgung dieser Kinder durch ihre Mütter. Die Kinder wurden in verschiedenen Situationen beobachtet, zu Hause mit und ohne ihre Mütter sowie ohne sie in einer fremden Testsituation: wenn sie anwesend ist, weggeht und zurückkehrt. Anhand der Beobachtungsergebnisse lassen sich fünf Gruppen unterscheiden:

In der 1. Gruppe war das Erkundungsverhalten am stärksten bei Anwesenheit der Mutter ausgeprägt, und wenn sie nach kurzer Abwesenheit zurückkam, begrüßte ihr Kind sie herzlich.

Bei Kindern der 2. Gruppe zeigte sich bei viel Ähnlichkeit im Vergleich zu denen der 1. doch der Unterschied, daß sie nach der Trennung eine gewisse Ambivalenz gegenüber ihren Müttern zeigten, indem sie sie ignorierten, ihnen auswichen oder schließlich doch glückliche Interaktionen herstellten.

Kinder der 3. Gruppe erkundeten ihre Umgebung gleichermaßen aktiv, unabhängig von der An- oder Abwesenheit der Mütter oder ob die Situation vertraut oder fremd war. Nach der Trennung von Müttern verhielten sie sich sehr gegensätzlich, mal Nähe suchend, mal diese vermeidend.

Kinder der 4. Gruppe verhielten sich sehr inkonsistent, mal unabhängig, mal ängstlich. In ihrer Kontaktsuche waren sie ambivalent – sie suchten ihn häufig, ohne ihn genießen zu können, wenn er stattfand. Manchmal wehrten sie ihn ab. In der Fremdsituation ignorierten sie ihre Mütter und vermieden Kontakt.

Kinder der 5. Gruppe neigten sowohl zu Hause als auch in der Fremdsituation zu Passivität und schwachem Erkundungsverhalten: Sie schreien ängstlich nach ihrer Mutter, doch wenn sie da ist, verhalten sie sich ihr gegenüber ambivalent.

Autoren, die sich in den 80er und 90er Jahren mit der weiteren Erforschung der von *Ainsworth* in der experimentellen „Fremden Situation" beobachteten Verhaltensweisen von Kindern beschäftigten, unterscheiden nicht mehr fünf Klassifikationen für die verschiedenen Reaktionsformen der Kinder, sondern gehen von drei Bindungsstrategien aus (vgl. *Fremmer-Bombik & Grossmann* 1993).

Als Strategie A wird das Verhalten der Kinder benannt, die in der Wiedervereinigungsphase die Mütter vermeiden oder ignorieren, ohne ihr Erkundungsverhalten aufzugeben. Sie werden als „unsicher gebunden" bezeichnet.

Als Strategie B wird das Verhalten der Kinder benannt, die sich eindeutig und kooperativ der Mutter zuwenden. Sie zeigen Erkundungsverhalten bei Anwesenheit ihrer Mütter, schränken es in ihrer Abwesenheit aber ein. Sie werden als „sicher gebunden" bezeichnet.

Als Strategie C wird das Verhalten der Kinder benannt, die in der „Fremden Situation" stark verunsichert und in der Trennung sehr belastet sind. In der Wiedervereinigungsphase suchen sie zwar die Nähe zu ihren Müttern, lassen sich aber nicht beruhigen. Sie werden als „unsicher ambivalent" bezeichnet.

Die Untersuchungen in der „still-face"-Situation zeigen in Abhängigkeit vom lebendigen oder starren Gesichtsausdruck ihrer Mütter einen Spannungsbogen im Verhalten bei 1-3 Monate alten Säuglingen, der vom intensiven Kontaktsuchen bis zu Resignation und Rückzug reicht. Die Untersuchungen in der „Fremden Situation" zeigen deutlich unterscheidbare Verhaltensweisen bei 12 Monate alten Kindern in Abhängigkeit von der An- oder Abwesenheit ihrer Mütter.

Die Wissenschaftler deuten und beurteilen anhand der kindlichen, auf die Mütter bezogenen Reaktionsformen deren psychische Zustände in Begriffen, die auch zur Unterscheidung von gesunden und psychopathologischen Verhaltensweisen bei älteren Kindern herangezogen werden. Daß die beschriebenen frühen Beziehungsstörungen, wenn es sie außerhalb der Testsituation gibt, zwangsläufig negative Langzeitfolgen haben, ist damit nicht gesagt. Es stellt sich nun die Frage nach der Beteiligung der Betreuungspersonen an den so unterschiedlichen Ergebnissen früher Interaktionsformen mit ihren Babys.

1.1.2 Zusammenhänge zwischen dem Bindungsverhalten des Kindes und dem Fürsorgeverhalten seiner Mutter

In den Untersuchungen von *Ainsworth* und ihren Mitarbeitern wird das Verhalten des Kindes nach der Trennung von seiner Mutter als Indiz für die Qualität der Mutter-Kind-Beziehung bewertet. Die Feinfühligkeit der Mutter für die Signale, mit denen Säuglinge ihre Bedürfnisse ausdrücken, entscheidet darüber, ob das Bindungsverhalten ihrer Kinder als sicher, unsicher oder ambivalent zu beobachten ist.

Ainsworth (nach *Bowlby* 1982) hatte „die Stärke der Empfänglichkeit oder Unempfindlichkeit einer Mutter gegenüber den Signalen und Mitteilungen ihres Babys" (S. 141) gemessen und festgestellt, daß die Mütter der Kinder der letzten drei Gruppen einheitlich niedrige Werte hinsichtlich „Empfänglichkeit" zeigten. Auch hinsichtlich Akzeptierung (Ablehnung), Kooperation (Einmischung), Zugänglichkeit (Nichtbeachtung) erhielten die Mütter der Kinder in den letzten drei Gruppen niedrige bis mittlere Werte. Die so umschriebene Feinfühligkeit von Müttern gilt als wesentlicher Aspekt ihres Fürsorgeverhaltens.

Bowlby sieht in den Forschungsergebnissen von *Ainsworth* die Hypothese bestätigt, „daß sich ein gut fundiertes Selbstvertrauen parallel zu dem Vertrauen in eine Elternfigur entwickelt, die dem Kind eine sichere Basis zur Verfügung stellt, von der aus es die Umwelt erforschen kann" (1982, 143). Durch ihr „intuitives und einfühlendes Verständnis" (*Bowlby* 1982, 167) wird das Bindungsverhalten des Kindes erfüllt und beendet. Auch in neueren Studien werden die Zusammenhänge zwischen mütterlicher Feinfühligkeit im 1. Lebensjahr ihrer Kinder und deren Bindungsverhalten nachgewiesen (vgl. *Fremmer-Bombik* & *Grossmann* 1993).

Neben der überragenden Bedeutung der von Bindungsforschern in den Mittelpunkt ihrer Untersuchungsinteressen gerückten frühen Mutter-Kind-Beziehungen werden in neueren Arbeiten (vgl. *Suess* et al. 1992; *Wartner* et al. 1994) Versuche unternommen, die Rolle der Vater-Kind- bzw. der Mutter-Vater-Kind-Beziehungen beim Aufbau von Bindungsmustern zu bestimmen.

Die Autoren sehen ihre Ergebnisse als Bestätigung der von anderen (vgl. *Main* & *Weston* 1981, zitiert bei *Suess* et al. 1992, 59; *Main* et al. 1985) erkannten, im allgemeinen niedrigen, Vorhersagewirkung von Vater-Kind-Bindungsmustern an. Vereinzelt gibt es von ihnen signifikante Bezüge zu späteren Verhaltensweisen. So hat sich gezeigt, daß sicher im Gegensatz zu unsicher an ihre Väter gebundene fünfjährige Kinder im Spiel mit Gleichaltrigen weniger negative Gefühle zeigten (vgl. *Suess* et al. 1992). Vater-und Mutterbindungen zusammen haben eine höhere Vorhersagekraft als das frühe Mutterbindungsmuster allein. Umgekehrt steht aber fest, daß die Mutter-Kind-Bindungsmuster eine höhere Vorhersagekraft haben als Vater-Kind-

Bindungsmuster (*Suess* et al 1992, 59). Möglicherweise zeigen diese Ergebnisse, so diskutieren die Autoren, daß der Einfluß von Bindungsmustern zwischen Vätern und ihren Kindern zu späteren Zeitpunkten oder hinsichtlich anderer als der untersuchten Funktionen wirkt.

1.1.3 Interne Arbeitsmodelle über Bindungsfiguren und das Selbst

Dem Konzept von der Entwicklung innerer Vorstellungen von sich und den anderen aus Beziehungserfahrungen kommt eine Erklärungsfunktion darüber zu, warum es Zusammenhänge zwischen früher gemachten Beziehungserfahrungen und späteren Bindungsformen im Kontakt mit Menschen, die an diesen frühen Erfahrungen nicht beteiligt waren, gibt.

„Das interne Arbeitsmodell (internal working model; *Bowlby* 1980) ist die Repräsentation, die es dem Säugling ermöglicht, Erwartungen zu bilden und die Interaktionen auszuwerten, die das Bindungssystem regulieren. Das ‚internal working model' (IWM) operiert auf einer unbewußten Ebene und ist eine präsymbolische Orientierungshilfe für das Handeln, Interpretieren und Fühlen" (*Stern* 1995, 210).

Nach *Stern* wird der Ausdruck „internes Arbeitsmodell" in zwei verschiedenen Bedeutungen gebraucht: „Erstens als allgemeine Bezeichnung einer gegenwärtig aktiven Repräsentation, mit der das ablaufende Verhalten sich am besten erklären läßt" (*Stern* 1995, 211). Um die Verwendung der Bezeichnung durch *Stern* innerhalb seines Modells anzudeuten, erläutere ich kurz die verschiedenen „Einheiten", die er zur differenzierten Analyse von Repräsentationen und ihrer Organisation unterscheidet. „Die Einheit des L-Moments ist keine Repräsentation, sondern nur eine tatsächlich gelebte Erfahrung" (S. 199), die im Gedächtnis als spezifischer Fall eines gelebten Ereignisses enkodiert wird. „Es ist eine einzelne Erinnerungsspur an ein gelebtes Moment, ein M-Moment" (S. 199).

Nach *Stern* gelangen L-Momente als M-Momente ins Gedächtnis und werden zu funktionalen Kategorien auf der Ebene von Repräsentationen, R-Momenten, organisiert (S. 200).

Wie Sequenzen gelebter L-Momente zu einer Repräsentation davon werden, sei an einem Beispiel, das *Stern* (S. 208) gibt, erläutert:
"(1) Der Säugling nähert sich der Mutter; (2) die Mutter wendet sich ihm zu und bereitet sich körperlich auf die Annäherung vor; (3) der Säugling hebt die Arme, um aufgenommen zu werden; (4) die Mutter nimmt ihn auf; (5) der Säugling schmiegt sein Köpfchen an den Hals der Mutter; (6) die Mutter verändert ihre Körperhaltung entsprechend."

Stern nennt diese Einheit ein (gelebtes) L-Szenario. „Die episodische Erinnerung daran kann M-Szenario und seine Repräsentation R-Szenario genannt werden" (S. 208).

Im Sinne der ersten Bedeutung des Begriffs „internes Arbeitsmodell" bezeichnet er „die Ebene der R-Momente oder das R-Szenario oder die Verbindung aus beiden" (*Stern* 1995, 211). Diese Verwendung ist nach Stern besonders für den klinischen Bereich nützlich, „wenn es darum geht, den Einfluß der mentalen Struktur ... auf das gegenwärtige Verhalten zu erklären".

In der zweiten Verwendung wird „internes Arbeitsmodell" synonym mit dem Arbeitsmodell für die „Regulierung von Bindungen" (S. 212), unter Ausschluß der Regulierung von Spiel, Hunger, Neugier, Lernen usw., gebraucht. Nach *Stern* gibt es unterschiedliche Arbeitsmodelle für unterschiedliche Motivationssysteme, so können innerhalb desselben Motivationssystems „unterschiedliche Modelle für unterschiedliche Bezugspersonen existieren – Vater versus Mutter versus Geschwister" (ebenda).

Nach *Suess* et al. (1992, 44) bilden sich IWMs durch Verinnerlichungen von Beziehungen und treten im Selbst und der Persönlichkeit hervor.

Das für diese Arbeit zugrunde gelegte Konzept von IWMs besagt, daß sie durch die Verinnerlichung zwischenmenschlicher Erfahrungen entstehen und verändert werden, daß sie sich im Aufbau von Selbst, Ich und Identität realisieren und in Selbst- wie Fremdbetrachtungen ebenso in Erscheinung treten wie in kreativen Prozessen.

Bowlby nahm an, daß ein Individuum auf Grund eines inneren Modells dazu neigt, jede neue Person, zu der es in seinem weiteren Leben eine Bindung entwickeln wird, diesem anzupassen, selbst wenn sich gezeigt hat, „daß das Modell ungeeignet ist" (1982, 174). Es erwartet, so wahrgenommen zu werden, daß Übereinstimmung mit seinem Selbst-Bild entsteht. Das „interne Arbeitsmodell" erlaubt z.B.

Interpretationen von Bindungsverhalten anderer gegenüber dem Individuum und führt zu Antworten auf dieses. Die Wiederholung früh erfahrener Bindungssysteme im späteren Leben des Individuums wird damit als wahrscheinlich erwartet.

„Ein Kind, das Bindungsfiguren als überwiegend zurückweisend erfährt – und damit repräsentiert –, bildet wahrscheinlich ein entsprechendes inneres Modell seines Selbst als wertlos und unannehmbar. Ein Kind, das eine Elternfigur als emotional erreichbar und unterstützend erlebt, bildet wahrscheinlich ein entsprechendes Modell seines Selbst als kompetent und liebenswert aus" (*Bretherton* et al. 1990, 275; Übers. v. Verf.).

Inneren Modellen kommt auch für das Verstehen autobiografischer Gedächtnisleistungen bei Vorschulkindern (vgl. *Nelson* 1993) eine große Bedeutung zu. Über Gedächtnisleistungen von Kindern können ihre Früherfahrungen rekonstruiert werden (vgl. Abschnitt III 3.1).

Allen tiefenpsychologischen Deutungen kindlicher Verhaltensformen liegt die Annahme zugrunde, daß sich aus Bindungserfahrungen und dem Kontakt des Kindes mit der dinglichen Welt innere Bilder und Vorstellungen über diese Beziehungssysteme und die Rolle des eigenen Selbst darin in ihnen abbilden. In unreglementierten, ihre Kreativität anregenden Spielsituationen stellt das Kind Aspekte davon dar. Der Annahme, daß sich äußere Realität „einfach in inneren Konstrukten isomorph oder homomorph abbildet", wird widersprochen (*Lenk* 1994, 37). Das Denken besteht darin, daß das Operieren mit inneren „Bildern" an Regeln gebunden ist, z.B. die des Sprechens. Bei der Frage der Kontrolle dieser Regeln anhand von Maßstäben betont *Lenk*, daß es nur äußere, sozial verankerte gibt. „... das Innere (Psychische, Mentale)" ... kann nur „mittels der äußeren Sprache und ihrer sozial bestimmten Bedeutungszuordnungen dargestellt (repräsentiert), differenziert, gemeint und begriffen werden" (S. 38).

Solange Kinder nicht oder undifferenziert sprechen, sind es ihre nonverbalen Verhaltensäußerungen, in denen sie Psychisches begreifen und darstellen. Ob sich hinter ihren Darstellungen isomorphe oder homomorphe innere Abbildungen der äußeren Realität denken lassen, interessiert im vorliegenden Zusammenhang nur am Rande.

In Studien wird nachgewiesen, daß sechsjährige Kinder „interne Arbeitsmodelle" von ihrem Selbst und Bindungsfiguren gebildet haben, die sich in ihren Reaktionen auf das Betrachten von Bildern mit Trennungssituationen, auf das Betrachten von Familienfotos sowie durch Deutungen von Familienzeichnungen, die die Sechsjährigen angefertigt hatten, nachweisen lassen (vgl. *Bretherton* et al. 1990). Bereits das Vereinigungs- und Trennungsspiel einer Zweijährigen mit ihrer Puppe kann im Zusammenhang mit ihren Bindungserfahrungen interpretiert werden.

In einer Untersuchung mit dreijährigen Kindern, die i.S. der *Ainsworth*-Kategorien klassifiziert worden waren, sollten diese mit Hilfe kleiner Familienfiguren sprechend und spielend kurze Geschichten vervollständigen, die ihnen von den Untersuchern verbal und im Spiel mit diesen Figuren angeboten worden waren. Vorher war ermittelt worden, daß alle Kinder in der Lage waren, den Inhalt zu verstehen und differenziert darauf einzugehen. Beobachtet wurden die Bewegungen, die die Kinder mit den Figuren vollzogen, wie sie diese zueinander in Beziehung setzten und welche Gefühlsreaktionen dabei von ihnen verbal oder nonverbal gezeigt wurden (vgl. *Bretherton* et al. 1990).

Da Kinder in Vorschuleinrichtungen das erste Mal für längere Zeit von ihren Eltern getrennt sind und mit anderen Erwachsenen und Kindern Beziehungen aufbauen, bieten sie das optimale Setting, um die Erscheinungsformen von IWMs zu untersuchen (vgl. *Suess* et al. 1992).

Mit der angenommenen Stabilität von IWMs über Jahre wird argumentiert, daß unterschiedliche soziale Verhaltensweisen von fünfjährigen Kindern in Vorschulgruppen in Abhängigkeit von unterschiedlichen Bindungsmustern „bis zu einem gewissen Grad" von der inneren Organisation des Kindes und „nicht so sehr" vom aktuellen Verhalten der Eltern beeinflußt werden (*Suess* et al. 1992, 61).

Im Ergebnis hat sich gezeigt, daß es statistisch signifikante Zusammenhänge zwischen den an den Reaktionen der Kinder auf die unvollständigen Geschichten gemessenen Werten für sicher bzw. unsicher gebunden und entsprechenden Beurteilungen ihres Verhaltens in den Trennungs-Wiedervereinigungssituationen gab. Die Validität der durch Darstellungen und durch Repräsentationen erhaltenen Meßwerte bezüglich Bindung ist damit belegt (vgl. *Bretherton* et al. 1990).

Diese Ergebnisse eröffnen methodische Zugänge zu verbalen wie nonverbalen Mitteilungen von Kindern über ihre inneren Repräsentationen, denen ein zentraler Stellenwert für die Rekonstruktion früher

Ausbildungen ihrer Bindungssysteme und damit der Persönlichkeitsentwicklung zukommt (vgl. *Neubauer* 1993; *Schmidt-Denter* 1993).

1.1.4 Zusammenfassung und Weiterführung

Die dargestellten Ergebnisse der Bindungsforschung haben gezeigt, daß die Bindung des Säuglings an die Mutter (oder an eine andere Betreuungsperson) zur Basis seiner emotionalen Sicherheit wird. Das Ausmaß der mütterlichen Einflußnahme auf das Kind und die dadurch zu bewirkenden Entwicklungen sind beträchtlich. Damit kommt der Qualität der Beziehung zwischen ihnen sowohl für den Prozeß der sozialen Anpassung als auch für den der psychischen und verhaltensmäßigen Deviation des Kindes erhebliche Bedeutung zu. So ist zu vermuten, daß Kinder infolge der Dynamik ihres Bindungssystems auch dann zur Anpassung an ihre Betreuungspersonen neigen, wenn diese Verhaltensweisen fördern, die nicht der sozialen Anpassung dienen.

Unter welchen Umständen Deviationsprozesse zu Verhaltensformen führen, die *Main* und *Solomon* (vgl. 1990; *Main & Hesse* 1990) als „desorganisiert/desorientiert" beschrieben haben, wird unter dem 2. Gliederungspunkt (Gefährdungen der Entwicklung kommunikativer Kompetenzen) dargelegt werden. „Interne Arbeitsmodelle" wurden als hypothetische Vermittlungsinstanz zwischen Bindungserfahrungen, Selbstrepräsentanz und eigenen Bindungsmustern beschrieben. Wie sie bei Kindern im Kontakt mit ihnen wahrgenommen und gedeutet werden können, wird mich im klinischen Teil dieser Arbeit beschäftigen.

Im folgenden Abschnitt werden Beiträge der empirischen Säuglingsforschung bei besonderer Berücksichtigung der vorsprachlichen Kommunikationsentwicklung zwischen Mutter und Kind unter der Fragestellung dargestellt, wie die Anfänge der Identitätsentwicklung verlaufen.

Unter 1.3 (Räumliches Erleben und Ich-Entwicklung) werden dann die Überlegungen über „interne Arbeitsmodelle" unter der Fragestellung aufgegriffen werden, welche Rolle die in den ersten Interaktionsprozessen mit der Mutter erlebte „Daseinsgewißheit" (*Petzold* 1992a, 683) für die Entwicklung von Gedanken und Phantasien als imaginäre Brücken zwischen Ich und Du im vorsymbolischen

Individuationsprozeß des Kindes spielt. Die Fähigkeit zum Erinnern erlebter Ereignisse (als Abstraktionsvorgang) ermöglicht es, Verhaltenskontinuitäten aus frühkindlichen Erfahrungen zu erklären. Mit Beginn des 3. Lebensjahres zeigt sich eine gelungene Entwicklung zur sozialen Anpassung daran, daß das Kind spricht und symbolisch spielt. So stellt es seine exzentrische Haltung zu Menschen und Gegenständen unter Beweis (vgl. *Piaget* 1975; *Jantzen* 1987). Als Beobachter des Kindes sehen wir dann in seinen Mitteilungen Phantasieinhalte, ohne daß es sich so verhält, als seien diese seine „Hauptrealität" (vgl. *Lempp* 1988, 1992; *G. Benedetti* 1992).

1.2 Interaktionsprozesse zwischen Mutter und Säugling

Der Raum, in dem sich Bindung entwickelt, ist die dyadische Beziehung. Die meisten Säuglingsforscher gehen davon aus, daß die Beziehungsmuster „weitgehend aus der Geschichte der tatsächlichen Interaktion mit der Mutter resultieren" (*Stern* 1995, 195). Doch auch die unbewußten Wünsche und Phantasien der Eltern an das Kind, z.B. über Projektionsprozesse, werden untersucht (vgl. *Brazelton & Cramer* 1994). Der prägende Einfluß von Empathie auf die Motivationsstruktur des Säuglings (vgl. *Emde* 1995) kommt nicht ohne imaginative Bedeutungszuschreibungen aus. *Lebovici* (zitiert bei *Moser* 1992, 73) betont die Macht der Vorstellungen von Eltern über die Realität des Kindes. Er spricht von dem „phantasierten" Kind als der Summe seiner unbewußten Phantasien. Das „interaktive Kind" ist das Kind, mit dem die Mutter täglich handelnd umgeht.

Mütterliche Vorstellungen treffen zum ersten Mal auf ein Gegenüber, wenn die fötale Aktivität für die Mutter wiederholt erkennbar wird und sie z.B. mit der Zuschreibung eines besonderen Temperaments auf die Bewegungen ihres Kindes reagiert (vgl. *Brazelton & Cramer* 1994).

Für die Säuglingsforscher, die sich allein auf die Beobachtung von Mutter-Kind-Interaktionen und deren Deutungen verlassen, beginnt die Interaktion nach der Geburt (vgl. *Mussen* et al. 1993).

Das Interaktionsmodell geht von einer wechselseitigen Beeinflussung der Interaktionsteilnehmer aus, so daß die meisten Reaktionen nur zu verstehen sind als Reaktionen aufeinander (vgl. *Moser* 1992). Die Tatsache, daß der Säugling dabei in extremer Abhängigkeit von der Betreuungsperson steht – weil er von ihr aufgenommen und angelächelt wird, muß er sie lieben – darf dabei nicht vergessen werden.

Mit Hilfe von Erkenntnissen der Säuglingsforschung soll die Selbstentwicklung des Kindes beschrieben werden. Sie steht am Anfang der Persönlichkeitsentwicklung. An ihr sind genetisch vorgegebene Reifungsschritte ebenso beteiligt wie die Stimulierungen seitens der Betreuungspersonen, deren Verhalten, von *Papousek*, *(Papousek* 1995) als „intuitive elterliche Didaktik" bezeichnet, ebenfalls anlagebedingt ist.

Der Selbstentwicklung kommt für die Fähigkeit des Vorschulkindes, kommunikative Bezüge zur Realität herzustellen und diese trotz innerer Affekte und Phantasien und von außen einwirkender Traumatisierungen aufrechtzuerhalten, große Bedeutung zu. Die Ich- und Identitätsentwicklung findet im Selbst ihren Nährboden und bewirkt andererseits die prozeßhafte weitere Ausbildung des Selbst über das „Selbstempfinden" und das „Kern-Selbst" (*Stern* 1985, zitiert bei *Dornes* 1994) hin zur kognitiven Selbstwahrnehmung des Individuums.

„Fragmentierungen des Selbst" (*Kohut* 1979) als Ausdruck schwerer Persönlichkeitsstörungen liegen chronische Spaltungsprozesse, z.B. „i.S. Idealisierungs-/Abwertungs-, Grandiositäts-/Ohnmachtspolarisierungen" zugrunde *(Petzold* 1995, 432).

1.2.1 Selbstentwicklung und Säuglingsforschung

Der Beginn des Selbst im neugeborenen Kind ist die Phantasie seiner Betreuungspersonen, daß es bereits eins hätte oder ein Gesprächspartner „im vollwertigen Sinn" sei (*Bruner* 1993, 34), denn es ist noch nicht fähig, „sich selbst ... als eine im Raum kohärente und in der Zeit dauernde Einheit zu erfahren" (*Kohut* 1979, 95). Im Rahmen gegenseitiger Empathieprozesse teilt sich dem Kind diese Phantasie mit. Die Mutter beginnt mit der Lenkung des Selbst über ihre Erwartungen an das Kind, die dieses zu erfüllen sucht. Sie reagiert empathisch auf „gewisse Möglichkeiten des Kindes" (*Kohut* 1979, 95), z.B. auf Aspekte des „Größen-Selbst" oder angeborene Begabungen, die es benutzt, und läßt andere unbeachtet. Das „Kern-Selbst" des Säuglings wird durch diese Reaktion, „die letztlich eine Funktion des jeweiligen eigenen Kern-Selbst der Mutter ist" (*Kohut* 1979, 96), geprägt. Diese Selbstzustände des Säuglings lassen sich als leibliche Spannungszustände beschreiben.

Säuglingsforscher haben bei Neugeborenen Motivationsfaktoren ausgemacht. Neben Hunger und Durst sind diese auch kommunikativer Art, so vor allem das Bedürfnis, „über Umweltveränderungen eigene Kontrolle zu gewinnen und die soziale Relevanz unterschiedlicher Ereignisse, insbesondere des eigenen Verhaltens, kennenzulernen" (*Papousek & Papousek* 1995, 129). Diese Aspekte des hypothetischen Konstrukts vom Selbst können anhand von Säuglingsbeobachtungen beschrieben werden.

Der Prozeß sich entwickelnder Selbstwahrnehmung steht von Anfang an in einem Mittel-Ziel-Zusammenhang: Der Säugling erlebt, daß ein differenziertes, selbstgesteuertes Handeln körperliche und seelische Spannungszustände reduziert. Nach *Stern* (1985, zitiert bei *Petzold* 1992a, 666) beginnt sich dieser Prozeß in den ersten beiden Lebensmonaten als eine „Sensibilität für Selbst-organisierende Prozesse" und im 3. Lebensmonat als „Kern-Selbst" auszubilden. „In diesem Stadium ... vermag das Kind sich als von der Mutter in körperlicher, aktionaler und affektiver Hinsicht getrennt zu erleben" (ebenda, 667).

In der Forschung zum Selbsterkennen des Säuglings spielen Spiegelexperimente eine bedeutsame Rolle (vgl. *Vyt* 1995). Beim Blick in den Spiegel kann er eine mentale Übereinstimmung mit der Erfahrung seines Körpers entwickeln. Durch die visuell-sensumotorische Informationsverarbeitung seiner beobachteten Bewegungen oder eines ihm unbemerkt angebrachten roten Punktes auf Stirn oder Nase konstruiert es sich eine Vorstellung von sich selbst. Der Schritt vom Verhalten in Spiegel-Situationen bis zur Entwicklung von Selbsterkennen, Selbstbewußtsein und der Bildung einer Identität verläuft jedoch nicht gradlinig (*Vyt* 1995, 117). Neben der Gleichzeitigkeit der Bewegung im Spiel müssen soziale Kontingenzen mit seinem eigenen effektiven Verhalten hinzukommen, um über Symbolisierungen ein Selbstkonzept zu bilden (S. 119). Bei Spiegelexperimenten mit sprachlich und anders behinderten Kindern wurde festgestellt, daß ein bestimmtes kognitives Niveau zum Selbsterkennen notwendig ist. Mißhandelte

Kinder zeigen dagegen im Hinblick auf visuelles Selbsterkennen keinen Rückstand (S. 96).
Zwischen dem 7. und 9. Monat ist das Kind in der Lage, mit Bezugspersonen Aufmerksamkeit, Intentionen und Gefühlslagen zu teilen. Transkulturelle Vergleiche haben gezeigt, daß die Formen der frühen elterlichen Sorge durch Sprache nur wenig beeinflußt werden (vgl. *Resch* 1996). Sprachproduktion, Sprachverständnis, Vorstellungstätigkeit und Reflexivität sind die Grundlagen des „Sense of verbal self". Dieses Stadium beginnt zwischen dem 15. und 18. Monat. Der Einstieg des Kindes in das System Sprache verbessert seine Chancen, sich in der von Reizen übervollen Welt zu orientieren. Die Vielfalt der bis dahin möglichen Verhaltens- und Erlebensweisen, für die es mit der Mutter passende Kommunikationsinstrumente entwickelt hatte, wird aber reduziert.

Wie der Säugling die Erfahrungen mit sich und der Umwelt ordnet und organisiert, beschreibt *Stern* mit dem Begriff „Selbstempfinden". Bis zum Stadium des „Sense of verbal self" fehlt die Reflexivität des Selbst, es erlebt sich un-, allenfalls vorbewußt.

Aufgrund der Fähigkeit zur Herstellung von Verbindungen und Zusammenhängen zwischen verschiedenen Sinneseindrücken (z.B. Saugen und Hinschauen; *Bruner* 1993) und der Fähigkeit, die „vitalen Tönungen" (*Dornes* 1994) von Affekten und Handlungen wahrzunehmen und zu empfinden, kommt beim Säugling „eine Einheitlichkeit des Welt- und Selbsterlebens" (*Dornes* 1994, 86) zustande.

1.2.2 Die Selbstentwicklung im Lichte einiger Erkenntnisse vorsprachlicher Kommunikationsentwicklung

Die Sprache ist das Medium, mit dem sich Kinder den kommunikativen Zugang zu immer größeren Gemeinschaften eröffnen. Weiß sich das sprachentwicklungsgestörte Kind noch von seiner Mutter und seinem nur wenig älteren Geschwister verstanden, so erfährt es im seltenen Kontakt mit dem Vater, daß dieser oft nachfragt, es falsch versteht oder die Kommunikation beendet, obwohl das Mitteilungsbedürfnis des Kindes noch nicht befriedigt ist. In der Gemeinschaft mit anderen Kindern, die altersangemessen zu sprechen gelernt haben, erlebt es die Enttäuschung, verzögert oder gar nicht zu verstehen, um was es geht.

Diese Erfahrungen beeinflussen das Kind in den Bereichen von Selbst, Ich und Identität seiner Persönlichkeit. Verschiedene Verhaltensmuster, wie Rückzug, hohe Lernbereitschaft oder Aggressivität sind in Abhängigkeit von weiteren Kontextvariablen als Folge der Sprachprobleme denkbar.

Im Sinne eines Rückkopplungssystems zwischen der Erfahrung, Sinneseindrücke nicht in passenden, d.h. von Menschen im sozialen Kontakt verwendeten Begriffen ordnen zu können, der dadurch bedingten Unklarheit im Denken, Erfassen und Mitteilen und den besonderen Reaktionen der Gemeinschaft konventional sprechender Menschen darauf, wird die Selbstentwicklung des Kindes über affektive wie kognitive Prozesse beeinträchtigt.

Bruner (1993), der vom „Nutzen der Sprache" für das Anpassungslernen des Säuglings und der Kleinkinder an die kulturellen Gegebenheiten spricht, sieht deren Zielorientiertheit bereits sehr früh im aktiven Suchen nach Bedeutungen mütterlichen Handelns. Seine Gesten und Töne dienen einer frühen Form von Selbstbestätigung in zweifacher Hinsicht. Sie erfüllen die Erwartungen der Mutter, die ihm so begegnet, als habe er bereits ein rudimentäres Selbst, wodurch ihre Bemühungen, es deutlicher hervortreten zu lassen, gesteigert werden. Gleichzeitig erlebt der Säugling, daß er sich mit seinen Mitteln ein Bedürfnis erfüllen kann, indem ihm z.B. der gewünschte Gegenstand in die Hand gegeben wird (vgl. *Bruner* 1993).

Welche Fähigkeiten zur Verarbeitung und zum Ordnen von Sinneseindrücken sind nach der Geburt vorhanden?

Im Zusammenhang mit der Thematik dieses Abschnitts ist die Fähigkeit des Neugeborenen, die Umgebung zu kontrollieren und mit ihr zu interagieren sowie die Kontrolle über wichtige Artikulationsmerkmale, wie z.B. die musikalischen Elemente der Vokalisation wie Melodik, Betonung, Lautstärke, Dauer und Rhythmus (*M. Papousek* 1994, 83) zu gewinnen, interessant.

Anhand einer Skala zur Verhaltensbeurteilung Neugeborener (vgl. *Brazelton & Cramer* 1994) und der Fülle von Ergebnissen aus Untersuchungen über nichtsprachliches Kommunikationsverhalten von Säuglingen (vgl. *M. Papousek* 1994) läßt sich die Existenz von Selbstvorläufern schon in den ersten Monaten nach der Geburt belegen.

Nach der von *Brazelton* entwickelten Skala kann die Fähigkeit des Neugeborenen im Hinblick auf eine Kontrolle folgender innerer wie äußerer Reizzustände beurteilt werden:
(1) „Verhaltenszustände zu kontrollieren,
(2) sich an störende Vorgänge zu gewöhnen (Habituation),
(3) sich einfachen und, in einigen Fällen, komplexen Vorgängen in der Umgebung zuzuwenden sowie sie zu beobachten,
(4) motorische Spannung und Aktivität während der Beobachtung dieser Vorgänge zu kontrollieren und
(5) integrierte motorische Aktivitäten auszuführen, wie z.B. ... ein Tuch wegzuschlagen, mit dem sein Gesicht bedeckt wurde" (*Brazelton & Cramer* 1994, 91).

Wie verschieden sich Neugeborene vom Untersucher angebotenen Reizen zuwenden, läßt sich als Ausdruck unterschiedlicher neurologischer Entwicklungen oder als Temperamentsfrage (vgl. *Zentner* 1993) diskutieren. Verschiedene Temperamente sind beim Neugeborenen in folgenden Konstellationen zu beobachten: „einfach", „langsam auftauend" und „schwierig". Das Ausmaß der Kontrolle innerer wie äußerer Reizzustände, welches mit der Skala zu erfassen ist, ist im Zusammenhang mit ihren konstitutionellen Verhaltensunterschieden zu interpretieren.

Im Prozeß sich entwickelnder Kontrollfähigkeiten wenige Monate alter Säuglinge, z.B. über Lautmerkmale, die dem Kind als „auditive Rückkopplung" (*M. Papousek* 1994, 83) zugänglich sind, über die Fähigkeit, Sprachlaute zu kategorisieren (S. 128) oder über die Wirkung verschiedener Vokalisationen innerhalb des Kommunikationsrahmens mit der Mutter (z.B. sie zur Wiederholung von Kitzelspielchen anzuregen), sehen wir die „Wurzeln der kindlichen Intentionalität" (S. 162). Die wachsenden Möglichkeiten, voraussagbare Ereignisse in der Umwelt selbst bewirken zu können, prägen das „Selbstempfinden" (*Stern*) des Säuglings. Mit Hilfe „melodischer Konturen" in Lautformungen vermögen sie zu „erbitten, fordern oder abzulehnen" (*M. Papousek* 1994, 163).

Daß das Selbst nicht ohne den anderen in Erscheinung treten kann, gehört seit der Veröffentlichung von *Mead* (1934) über das Selbst und die anderen zur Grundaussage interaktionistischer Betrachtungen der Persönlichkeitsentwicklung des Menschen. Vom Beginn der Übertragung einer abstrakten Idee von der Persönlichkeit des Föten und Säuglings auf diese, verändern die Eltern ihre Bilder vom Kind und passen ihr Verhalten seinen sich verändernden Bedürfnissen an („intuitive elterliche Didaktik", z.B. der „baby talk", vgl. *M. Papousek* 1994). Die elterliche Didaktik, die das sich herausbildende Selbst in harmonischer Weise anregt, akzeptiert und nicht überfordert (*Brazelton & Cramer* 1994 sprechen hier vom „symmetrischen Dialog"), ist als Ausdruck eigener Erfahrungen der Eltern (vgl. Grossmann et al. 1988; *Main & Hesse* 1990) nicht nur dyadisch, sondern auch systemisch zu betrachten (vgl. Abschnitt II 2.).

Von *M. Papousek* wurde beobachtet, daß bis zum 7. Monat die Mutter mit einer entschieden höheren Äußerungsdichte ihrem Kind entgegentritt als der Säugling ihr. Vom 7. bis 15. Monat steigt der Anteil kindlicher Vokalisationen signifikant an und die mütterliche Äußerungsrate sinkt (S. 95). So sind monologische kindliche Lautsequenzen jetzt häufiger zu hören als vor dieser Zeit. Dieses Anwachsen der kindlichen Beteiligung am Interaktionsgeschehen verstehe ich als Ausdruck seines sich herausbildenden konkreten (im Gegensatz zu dem hypothetischen) Selbst.

1.2.3 Selbsterkennen und Emotionen

Beobachtungen früher Interaktionen zwischen Mutter und Säugling haben gezeigt, daß Emotionen in emotionsrelevanten Situationen und spezifischen sozialisatorischen Interaktionsstrukturen stattfinden. Aber wie soll man sich neben diesen kontextuellen Aspekten der Emotionsentwicklung nun auf der Ebene innerer Arbeitsmodelle die Ausbildung der „motivationalen Istlagen und Sollkonzepte" (*Lenk* 1994, 149) des Individuums vorstellen? Was wissen wir über den Vorgang und das Ergebnis der Selbstbearbeitung dessen, was das Kind in Interaktionen mit relevanten Bezugspersonen und ökologischen Kontexten erlebt und erkannt hat? Wie wirkt sich seine kognitive Deutungskompetenz (z.B. in Intelligenzuntersuchungen und sensumotorischen Entwicklungsprofils objektiviert) auf die Selbstbearbeitung aus? Wie beeinflussen psychische Mißhandlungen die kognitive Deutungskompetenz? Weitere Mißhandlungen treffen auf veränderte selbstrelevante Schemata, die nun das Gefühlserleben und die dazu gehörigen Reaktionen regeln. Wenn kognitive Selbstbearbeitungen von Gefühlen, *Scheele* spricht von „persönlichen Theorien" (*Lenk*

1994, 148), zentral für Emotionen sind, die sie als „Zustand der Bewertung von Selbst-Wert-Relationen unter Bezug auf bedürfnisrelevante Wertmaßstäbe" (S. 150) definiert, so müssen Emotionen in Abhängigkeit von der kognitiven Reife des Kindes gesehen werden. Bei Säuglingen ist von physiologischen Reaktionen auf Gefühlszustände zu schließen. Physiologische Erregungszustände sind von bewußtwerdenden Gefühlen, eben Emotionen, zu unterscheiden (*Lenk* 1994, 149). Emotionsschemata, die sich mit den erweiterten Möglichkeiten des Langzeit-und Kurzzeitgedächtnisses ausbilden, überlagern differenzierend, spezifisch zuordnend, identifizierend und konstituierend die physiologischen Erregungszustände (S. 151). So entsteht die Fähigkeit, „die Zukunft vorwegzunehmen, d.h. innere Repräsentationen möglicher Ereignisse zu schaffen" (*Mussen* et al. 1995, 153). Am Ende des 1. Lebensjahres wird beobachtet, daß manche Kinder schon zu weinen beginnen, wenn die Mutter nur auf die Tür zugeht.

Ebenso wie die physiologischen Erregungszustände sind die unbewußten Gefühle, Befindlichkeiten, Stimmungen, die nicht sprachlich erfaßt, konkretisiert, nicht zugeordnet bzw. identifiziert werden können, solange nicht als „Emotionen" zu verstehen, bis sie durch Zeichendarstellung repräsentiert, erfaßt werden. „Die Artikulation erst macht die Emotion" (*Lenk* 1994, 152).

Psychische oder körperliche Traumatisierungen, kognitive und sprachliche Entwicklungen können sich gegenseitig so beeinflussen, daß Repräsentationsprobleme entstehen. Daraus werden Mitteilungsprobleme und Probleme der Zugänglichkeit zu Emotionen. Die Fähigkeit, Gefühle mitzuteilen, sie zu übertragen oder auf sie in der Erinnerung zurückzukommen, ist eng an Sprache, aber auch an Bewegungen und Spielverhalten gebunden. Für sprechbehinderte Kinder sind die letztgenannten Darstellungsformen das „bildende Organ" des Fühlens.

Mit *Scheele* unterscheidet *Lenk* (S. 155 ff.) Innen- und Außenemotionen. Innenemotionen wären danach Liebe, Scham, Verachtung ..., Außenemotionen dagegen Ärger, Zorn, Schreck, Wut ... Zwar spielen kognitive Bewertungsprozesse bei der Gestaltung der Innenemotionen eine größere Rolle als bei Außenemotionen, doch die zentrale Rolle der Kognitionen für das gesamte Erleben ist empirisch bestätigt worden.

Besondere Behinderungen, Gefühlszustände zu repräsentieren und damit als Emotionen zu erfassen, sind bei kognitiv beeinträchtigten

Kindern zu erwarten. Ihre kognitiven Kompetenzen werden auch davon beeinflußt, ob ihre Mütter vom entwicklungsgemäßen Funktionieren ihres Säuglings überzeugt sind oder nicht (*Vyt* 1993, 120). Anzunehmen ist, daß Kinder aufgrund beeinträchtigter Semiozität Erlebtes nur undeutlich kennzeichnen können und länger von den kognitiven Bewertungen anderer abhängig bleiben, mit allen Konsequenzen für ihre Individualisierung und Triangulierung. Es kann daher angenommen werden, daß die Selbstbewußtwerdung entwicklungsbeeinträchtigter Kinder aus zwei Gründen verzögert wird:
1. Sie verfügen über eingeschränkte Fähigkeiten wie Gedächtnis, Vorstellung und Koordination der Hirn- und Verhaltensfunktionen. Sie sind bei der motivationalen Abgleichung zwischen Istlagen und Sollzuständen aufgrund undifferenziert interpretierter Gefühlslagen beeinträchtigt.
2. Bei der Individualisierung und Triangulierung können sie sich nur an undifferenziert erarbeiteten Emotionsschemata orientieren. Vermutlich bleiben sie daher länger in Abhängigkeit von den Bewertungen ihrer Bezugspersonen und zeigen eher ungezieltes Loslösungsverhalten.

1.2.4 Ich-Formung im Triangulierungsgeschehen

Ohne der ja weiterhin prozeßhaften Fortentwicklung des Selbst hier ein künstliches Ende setzen zu wollen, ist nicht zu übersehen, daß sich mit Beginn des 2. Lebensjahres eine Entwicklung abzeichnet, die ein konturiertes Ich schon recht deutlich hervortreten läßt (vgl. *Petzold* 1992a).

Als „Individuation" bezeichnet *Mahler* (1987) die Entwicklung „intrapsychischer Autonomie" auf der Grundlage von Ich-Funktionen wie „Wahrnehmung, Gedächtnis, Erkundungsvermögen, Realitätsprüfung" (S. 85) und als „Loslösung" den Prozeß, in dem sich das Kind von der Mutter distanziert und abgrenzt. Anders als die Säuglingsforschung unterteilt sie die frühkindliche Entwicklung in Phasen.

Elemente dieses Loslösungsverhaltens lassen sich an neuen Verhaltensmustern des Säuglings beobachten, die sich im 2. Lebenshalbjahr als das gemeinsame Ausrichten der Aufmerksamkeit von Mutter und Kind auf Aspekte der Umwelt (*M. Papousek* 1994, 126) vorbereiten. Der Prozeß, in dem der Gegenstand zwischen Mutter und Kind kommt, gipfelt schließlich in der Entwicklung der sprachlichen Referenz, im Sinne von „wir sprechen über/denken an denselben Gegenstand" (*Bruner*, zitiert nach *Zollinger* 1991, 44). Die dabei erworbene Fähigkeit zur Herstellung der „Dreiecksverbindung Ich-Du-Gegenstand" (vgl. *Zollinger* 1991) ermöglicht den sprachlichen Aufbau des „gemeinsamen Realitätsbezuges" (vgl. *Lempp* 1992) zwischen Kind und Erwachsenem.

Als eine wesentliche, die Persönlichkeit organisierende Ich-Funktion wird diese kommunikative Referenz im klinischen Teil meiner Arbeit zu einem diagnostischen Kriterium bei der Beurteilung devianter Entwicklungsverläufe, deren Verhaltenskomponente *Main* und *Solomon* (1990) als „desorganisiert/desorientiert" beschrieben haben. Ich gehe davon aus, daß die konstruktive Lösung von Entwicklungsaufgaben im Beziehungskontext von Familien durch „unzeitgemäße Typen von Triaden" (*Buchholz* 1995, 223) behindert wird. Zwischen ihnen und Desorganisation sehe ich Zusammenhänge. Unzeitgemäß ist beispielsweise die Triade, in der das Kind an der symbolischen Einheit mit der Mutter festhält bzw. sie als Abwehrmechanismus produziert, weil die „elterliche Didaktik" es überfordert.

Die Vorläufer sprachlicher Referenzentwicklung hat *Bruner* (1993) in frühen Mutter-Kind-Interaktionen beobachtet. Bei Säuglingen zwischen fünf und neun Monaten sah er zunehmend mehr Aufmerksamkeit für Gegenstände, z.B. im Greifen und Lautieren, wozu die Mutter durch das Einführen von Gegenständen und die Ausweitung ihrer sprachlichen Aktivität angeregt hatte. Mit sieben Monaten nahmen Kinder an der gehobenen Stimme der Mutter wahr, daß sie auf etwas blicken sollten, was sie hielt (S. 58). Mit 12 Monaten schauten Kinder suchend in die Richtung, die ihnen der Erwachsene durch Drehung des Kopfes und Worte vorgab, behielten dabei aber das Gesicht des Erwachsenen im Blickfeld (S. 61). Sie wechselten mit ihren Blicken zwischen Eltern und Spielzeug und verbanden „stimmliche Gesten mit konventionellen referentiellen Gesten wie Zeigen, Anbieten oder Bitten" (*M. Papousek* 1994, 163). So definieren *Bates* u.a. (zitiert ebenda) „intentionale Kommunikation". Nach *Bruner* glauben Kinder mit einem Jahr, daß es eine Welt „dort draußen" gebe, „und daß die anderen dieselbe Welt erleben wie sie selbst" (S. 61).

Dem Erleben dieses ersten gemeinsamen Realitätsbezuges aus verschiedenen Positionen sind unzählige gespeicherte und über das Erinnerungsvermögen abrufbare Interaktionen zwischen Mutter und Kind vorausgegangen. Aus den Beobachtungen von *Bruner* läßt sich schließen, daß die Selbst- und Ich-Entwicklung, die zu dieser Ausdehnung des Erfahrungsbereiches geführt hat, in Abhängigkeit von intrapsychischen Zuständen der Mutter erfolgte. Er schildert den Interaktionsprozeß als langsam von mehr Vertrautheit getragenes Geschehen, in dem Stufen zu diesem Ziel (erweiterte gemeinsame Kommunikation) Schritt für Schritt aufgebaut werden. Die niederen Sprachformen werden von der Mutter nicht mehr akzeptiert, wenn sie meint, ihr Kind beherrsche höhere (S. 82). Trotz ihres verbalen wie nicht-verbalen Vorangehens bleibt sie doch verständnisvoll und nachsichtig gegenüber den kindlichen Zeitintervallen von Aktivität, Rückzug und erneuter Aktivität. Sie läßt dem Kind ein „Maximum an Verarbeitungskapazität zur Erfassung und Benennung des offenen Bedeutungselementes" (S. 106). Nähme sie dem Säugling z.B. die Eigenbeteiligung an der Kommunikation (Laute zu finden, Such- und Greifbewegungen zu machen) weitgehend ab, so verliefen die Selbst- und Ich-Entwicklung des Kindes vermutlich gestört.

Das Charakteristikum der ersten gemeinsamen Realitätserfahrung für das Kind ist, daß es sich durch die Wahrnehmung und Manipulation eines Gegenstandes jenseits der Ich-Du-Beziehung die Ich-Realitäts-Beziehung erschließt, so daß die „Dreiecksverbindung Ich-Du-Gegenstand" möglich wird. Hier sieht *Zollinger* (1991) den Beginn der Sprachverständnisentwicklung, in dem das Kind Wörter benutzt, die „mit der Situation, in der sie ausgesprochen werden, in Verbindung gebracht werden" (S. 79) und nicht nur die Ich-Du-Beziehung gestalten. Lernt das Kind, auch dann an die Existenz von Gegenständen zu denken, wenn sie nicht mehr direkt wahrnehmbar sind, so hat es „Objektpermanenz" erworben. Entdeckt es, daß Wirkungen auch von Gegenständen und Personen und nicht nur von den eigenen Handlungen ausgehen, so hat es eine Vorstellung von „Kausalität" erworben (S. 79). Mit Hilfe dieser Kompetenzen vermag das Kind sich von anderen differenziert zu empfinden und erste symbolische Handlungen vorzunehmen. *Bruner* (1993) beobachtete bei 1;9 Jahre alten Kindern das „als-ob-Spiel", in dem sie Gegenstände so wie Menschen begrüßten. Daran zeigt sich, daß sie in der Lage sind, die Begrüßungssituation symbolisch zu repräsentieren. Eine

Vorstufe dieses Denkvorganges hatten 1;4 Jahre alte Kinder erreicht, was sich daran zeigte, daß sie nicht gegenwärtige Gegenstände benannten oder bittend auf sie zeigten.

Um ihr Ziel zu erreichen, mit dem Kind bedeutungsvoll über Gegenstände und Ereignisse kommunizieren zu können, versucht die Mutter, dem Kind die Idee nahezubringen, „daß eine stimmliche Äußerung für etwas steht, was Mutter und Kind gemeinsam betrachten" und daß es dafür eine „Standardäußerung" gibt (*Bruner* 1993, 107). Wichtig sei ihr aber nach Bruner auch, daß das Kind lernt, Bedeutungen in Interaktionen auszuhandeln.

Diese Stufe, auf der das Kind den Umgang mit Symbolen lernt, ist gekennzeichnet durch sein Bemühen, „Ich-(Du)-Realität-Symbol" (*Zollinger* 1991, 80) zu verbinden. Mit zunehmendem Spachverständnis lernt es, daß Symbole bei sich und den anderen dieselbe Vorstellung hervorrufen. Etwa ab dem 20. Monat wird auf diesem Weg die Kommunikation des Kindes zur symbolischen, und es erkennt die Kraft von Wörtern als Bedeutungen vermittelnde Zeichen, die es zu nutzen weiß.

Die Stärkung von Ich-Funktionen durch kognitives Lernen ermöglicht Reflexionen über das Selbst, die ein ahnendes Bewußtsein von Macht, aber auch von Ohnmacht als Folge von Unerfahrenheit in erstmals zugänglichen Erfahrungsbereichen mit sich bringen. Ob sich das Kind auf diesem neu erschlossenen Gelände, das es ‚individualisiert' und von der Mutter losgelöst betritt, verliert, hängt von seiner Fähigkeit, sich imaginative Brücken zum anderen zu bauen, ab. Wie Bindungssicherheit und symbolische Kommunikationsfähigkeit an der Schaffung des „intermediären Raumes" (*Winnicott*) im weiteren Individuationsprozeß des Kindes zusammenwirken, beschäftigt mich im folgenden Kapitel.

1.2.5 Zusammenfassung und Weiterführung

Mit Erkenntnissen aus der empirischen Säuglingsforschung wurde die Selbst-Entwicklung als zielorientierter Handlungsprozeß zwischen Mutter und Kind beschrieben. Die dabei stufenweise anwachsende Kontrollfähigkeit des Kindes über seine inneren Zustände und sein Verhaltensrepertoire wurde zum Kriterium für die Beurteilung seines Überganges aus dem Stadium des Selbstempfindens in das der Selbstbewußtheit. Die mit projektiven Wünschen verbundene Erwartungshaltung der Mutter an ihr Kind wirkt von Geburt an motivierend auf die Weiterentwicklung seiner Anlagen zur aktiven Kommunikation. Sie erwartet z.b. genau die Geste von ihrem Kind, deren Beherrschung sie durch dorthin führende Schritte mit ihm geübt hatte. Diese an das Verhaltensrepertoire appellierenden Erwartungen sind eingebettet in die grundsätzliche Annahme, daß ihr Gegenüber von Anfang an ein dialogfähiger Partner sei.

Kognitive Fähigkeiten sind bedeutsam sowohl für die Transformation von physiologischen Erregungszuständen, Stimmungen und Gefühlen in „Emotionen" als auch für die Repräsentation derselben. Da Handlungsorientierung auch von den durch Selbstbearbeitung von Gefühlen aufgebauten Emotionsschemata abhängt, wird angenommen, daß kognitiv beeinträchtigte Säuglinge und Kleinkinder größere Individualisierungsprobleme haben als kognitiv durchschnittlich entwickelte Kinder.

Dem Umgang mit Gegenständen als erstem Realitätsbezug des Kindes außerhalb der Mutter-Kind-Beziehung kommt erhebliche Bedeutung für die Entwicklung symbolischer Kommunikationsfähigkeit zu, die eine neue Stufe autonomen Verhaltens einleitet. Diese Entwicklung gipfelt in der Verbindung von „Ich-Du-Gegenstand-Symbol", die wir in der verbalen Kommunikation des Kindes über gemeinsam gedachte Themen mit der Mutter erkennen. Die in diesem Geschehen gewachsenen Ich-Funktionen bewirken die Transformation von Selbstempfinden zur Selbstreflexivität.

Die von *Bowlby* u.a. der Entwicklung von Bindungsverhalten zugrunde gelegte Korrespondenz von Erkundungsverhalten des Kindes und Fürsorglichkeit der Mutter läßt sich auch in der vorsprachlichen Kommunikationsentwicklung beobachten. Ebenso wie der durch sensible Fürsorglichkeit der Bezugsperson wachsenden emotionalen Sicherheit kommt auch dem Fortschritt in der symbolischen Kommunikationsentwicklung Grundlagenqualität für die Individuation des Kindes zu. In dem System von Selbst-Ich- und ersten Identitätsbezügen muß das Kind, um zunehmend sicherer in der „gemeinsamen Realität" kommunizieren zu können, zwischen Innen und Außen, Phantasie und Fakten unterscheiden. Unter welchen Voraussetzungen ihm dies gelingen kann, wird im folgenden Kapitel diskutiert.

1.3 Räumliches Erleben und Ich-Entwicklung

Wenn Kinder in ihren Phantasien Bilder oder andere Zeichen, die sie von nicht gegenwärtigen Wirklichkeiten gespeichert haben, evozieren, können sie neue Handlungs- und Erlebensräume betreten. Die abrufbare Erinnerung an das Gesicht der Mutter und ihre Worte, mit denen das Kind von ihr nach einer Trennung auf den Arm genommen wurde und sich dort beruhigte, wirkt Trennungsängsten in Räumen, in denen es sich jetzt klarer von der Mutter abgegrenzt erlebt, entgegen. Werden die Vorstellungen von Sicherheit und Geborgenheit vermittelnden Erfahrungen weiterhin im zwischenleiblichen Kontakt bestätigt, so erlebt sich das Kind als gestärkt für neue Verhaltensexperimente. Im Idealfall wirkt in dem Kind ein „internes Arbeitsmodell", das sich durch die Repräsentationen überwiegend positiver Bindungs- und Selbsterfahrungen gebildet hat. Es zeigt sich als optimistische Erwartung und sicheres Handeln in unbekannten sozialen Situationen. Die Repräsentationen erinnerter Erfahrungen erlauben dem Kind Annäherungen an Wirklichkeiten, die jenseits vertrauter Ich-Du-Beziehungen liegen.

Die Frage, was frühkindliche Phantasien sind und wie sie wann festgestellt werden können, wird von Theoretikern der Psychoanalyse (vgl. *Mahler* 1987; *Klein* 1991; *Winnicott* 1993) anders als von Säuglingsforschern (vgl. *Dornes* 1994) beantwortet.

Daß Eltern schon vor der Geburt ihres Säuglings beginnen, Wünsche und Phantasien an ihn heranzutragen, wurde bereits mehrmals erwähnt. Vorstellbar ist, daß auch das Kind schon sehr frühzeitig eine Erwartungshaltung darüber entwickelt, wie sein Gegenüber zu sein und zu reagieren habe, um Bedürfnisse, die aus Störungen der Homöostase entstehen, befriedigt zu bekommen. Anzunehmen ist nämlich, daß es immer eine Diskrepanz zwischen dem eigenen intuitiven biologischen und kommunikativen Regulationssystem und dem intuitiven Reagieren der sozialen Umwelt auf die vom Kind gesendeten Signale gibt. Nach den dargestellten Erkenntnissen der empirischen Säuglingsforschung muß von Anfang an von einem Dialog zwischen zwei Persönlichkeiten ausgegangen werden. Ebenso wie die Mutter Entwicklungsschritte ihres Kindes vordeutet, kann angenommen werden, daß auch ihr Säugling Vorstellungen entwickelt, die über den wiederholt erlebten Interaktionsverlauf hinausreichen. Diese können z.B.

dann entstehen, wenn Eltern die „Habituation" (*Brazelton* & *Cramer* 1994, 86), eine angeborene Schutzreaktion des Neugeborenen vor zu starker äußerer Stimulation, nicht beachten. Zunächst in Ahnungen, später als gedachte Möglichkeiten, konstruiert sich das Kind Vorstellungen vom optimalen Sein, in dem Spannungen zumindest vorübergehend aufgehoben sind.

Nach *Dornes* (1994), der sich ausführlich mit dem Entstehen von Repräsentationen in der theoretischen Auseinandersetzung mit *Piaget*, psychoanalytischen Autoren und Babyforschern beschäftigt hat, gibt es in den ersten 18 Monaten im Leben des Kindes zwar „kognitive Schemata als Aufzeichnungen intelligenten Handelns" (S. 171), aber noch keine evozierbaren symbolischen Repräsentationen von Bildern oder Worten i.S. von Phantasien. Diese entstehen erst danach.

Von Omnipotenz- und Verschmelzungsphantasien (vgl. *Mahler* 1987; *Lempp* 1988, 1992; *Winnicott* 1993) kann infolgedessen nach *Dornes* nicht gesprochen werden, jedenfalls nicht im Zusammenhang mit der normalen Frühentwicklung von Kindern. Sie sind vielmehr als spätere Reaktionen auf die Erfahrung von Verlust zu interpretieren. Omnipotenzphantasien und halluzinatorisch abgewehrte Angstphantasien werden mich in meiner Untersuchung (Teil IV) als Symptome von Persönlichkeitsstörungen bei Vorschulkindern beschäftigen.

1.3.1 Phantasierte und realisierte Auseinandersetzungen mit der Mutter im Individuationsprozeß

*Winnicott*s Gedanken über die Bedeutung des „intermediären Raumes" für den Individuationsprozeß des Kindes tragen sowohl zu einem differenzierteren Verständnis der Entwicklungen von Selbst, Ich und Identität als auch der Erweiterung des Realitätsbezuges auf der Grundlage vorsymbolischer Kommunikationsverbindungen von Ich-Du-Gegenstand (*Zollinger* 1991) bei. Die Unterscheidung und Wechselwirkung zwischen den Ebenen intrapsychischer Dynamik und beobachtbarer Interaktionen muß bei Fragen der Frühdiagnostik und -therapie bedacht werden. So bildet sich beispielsweise die psychische Unterscheidungsfähigkeit zwischen Innen und Außen, Phantasie und Realität in der verbalen oder nonverbalen Kommunikation des Kindes mit dem Du und dem Gegenstand ab. Die kognitive und emotionale Selbst- und Fremdbewertung seiner Leistungen (z.b. des „als-ob"-Spiels) trägt dazu bei, daß sich das Kind in der „Hauptrealität" sicherer fühlt.

Dem Spielen schreibt *Winnicott* die Funktion zu, den Raum zwischen Ich und Nicht-Ich betreten und Omnipotenzphantasien, die aus dem Verschmelzungserleben resultieren, überwinden zu können. In den ersten Monaten lebt der Säugling in einem ungeteilten Raum mit der Mutter. Durch die Korrespondenz der Blicke, die *Winnicott* als Spiegelprozesse beschreibt, erfährt der Säugling, daß ihm die Mutter zugewendet ist und er sein darf (vgl. *Winnicott* 1993; *Neubaur* 1987).

In dieser Zeit und unter der Bedingung, daß die Mutter „gut genug" ist, bildet sich im Säugling die Illusion, daß Aspekte der Mutter Teil seines Selbst sind. Daraus entstehen die Allmachtsphantasien des Kindes, eine magische Kontrolle über die Mutter zu haben. Aufgrund erlebter Frustrationen wird der Desillusionierungsprozeß eingeleitet. Neben wachsendem Zeitgefühl und der sich aufbauenden Erinnerung hilft auch die autoerotische Befriedigung, die Abwesenheit der Mutter zu bewältigen. Aggressionen des Kindes, mit denen es seine Mutter in der Phantasie zerstört, interpretiert *Winnicott* als notwendigen innerpsychischen Mechanismus. Nur er bewirkt die Befreiung des Kindes aus den Allmachtsphantasien und leitet eine realistische „Verwendung" der bis dahin „besetzten" Mutter ein. Diese muß allerdings den Anstürmen ihres Kindes gewachsen sein und „überleben", indem sie sich nicht rächt (*Winnicott* 1993; vgl. auch *Neubaur* 1987). In dieser Auseinandersetzung wird das Ich als „Gefühl für die Realität des anderen und dessen Gefühl für meine Realität" (*Neubaur* 1987, 67) geboren. Auf der Grundlage, zwischen Ich und Nicht-Ich, zwischen Innen und Außen unterscheiden zu können, erfolgt erst jetzt die Beziehungsgestaltung zwischen Mutter und Kind. „Spielen" i.S. von *Winnicott* und damit auch die Erschaffung des intermediären Raumes hängen von dieser Differenzierungsfähigkeit des Kindes ab und stabilisieren sie gleichzeitig.

Vertrauen und Fürsorge in frühen Interaktionen zwischen Mutter und Kind sehen die empirischen Säuglingsforscher ebenso wie *Winnicott* als Bedingungen dafür an, daß ein erfolgreicher Dialog entstehen und aufrechterhalten werden kann. So entwickelt sich Vertrauen in die eigene Leistungsfähigkeit der Sinnesorgane und damit in innere und äußere Wahrnehmungen, in die Angemessenheit der Sprachwerkzeuge und den dadurch ermöglichten Realitätsbezug sowie in die Beziehung zu Eltern, den Verwaltern der für das Kind „stärkeren Realität" (*Stierlin* 1994, 18). Wenn hier und an anderen Stellen der Arbeit immer wieder vom Dialog zwischen Kind und Eltern geschrieben wird, so ist es mir wichtig zu betonen, daß die Eltern aufgrund ihrer Macht und der Formbarkeit des Kindes das Verhalten des Kindes stärker beeinflussen als umgekehrt (*Vyt* 1993, 122).

„Um sich als Ich/Selbst affirmativ zu haben, muß sich das Kind zunächst dieser Abhängigkeit ausliefern können" (*Stierlin* 1994, 41). Doch auf dem Weg zu „wissender Individuation" (*Stierlin*) muß es sowohl den Einklang mit den Eltern als auch die Abgrenzung gegen sie erleben. Zunächst empfindet sich der Säugling in einer „schwächeren Realität" gegenüber seinen Eltern. „Aber in dem Maße, in dem Dialog und Verhandlungen in Gang kommen, geraten diese Positionen in Fluß" (*Stierlin* 1994, 21). Neben die „Individuation mit" den Eltern kann nun und muß die „Individuation gegen" sie treten. Für die „Individuation mit" den Eltern haben die Säuglingsforscher viel Anschauungsmaterial zusammengetragen und frühe Formen der „Individuation gegen" in Selbstbehauptungen des Säuglings gegen seine Bezugsperson beobachtet. Über beide Erfahrungen löst sich das Kind aus seinen Allmachtsgefühlen und macht sich den Weg frei für eine Beziehungsaufnahme zu Menschen. Je größer der innere und äußere Freiraum zum „Nein" für das Kind ist, um so stärker wächst auch die Kraft, andere abzustoßen und zu entwerten. Nach den Ergebnissen der Säuglingsforscher ist sie bereits in den ersten Lebensmonaten und nicht, wie Psychoanalytiker annehmen, erst in der analen Phase des zweiten Lebensjahres zu beobachten.

„Wissende Individuation bedeutet nun, daß sich die Sprach- und Denkwerkzeuge entfalten und differenzieren und sich damit auch die ursprünglich harte Realität der stärkeren elterlichen Persönlichkeiten differenziert, wandelt, wenn man will: erweicht. Wissende Individuation erscheint somit nur innerhalb einer familienweiten Ko-Evolution und Ko-Individuation möglich. Darin differenziert, wandelt und erweicht sich nunmehr auch die gemeinsame familiäre Beziehungsrealität – und bleibt doch hart genug, um immer wieder Konsens, Austauch und fortschreitenden Dialog zu ermöglichen" (*Stierlin* 1994, 45). „Wissende Individuation" läßt sich demnach als Integrationsergebnis zweier entgegengesetzter und daher subjektiv wie intersubjektiv konfliktträchtiger Strebungen charakterisieren.

1.3.2 Die klinische Relevanz gestörter Individuationsprozesse

Aus den Ergebnissen der Säuglings- und Bindungsforschung, die die Bedeutung früher interaktiver und empathischer Regulationsprozesse für den Aufbau des Kern-Selbst und des Ich aufgezeigt haben, läßt sich für das Zusammenwirken der ambivalenten Kräfte, die *Stierlin* als „Individuation mit" und „Individuation gegen" bezeichnet hat, folgende Dynamik annehmen: Asymmetrische Regulationsprozesse zwischen Säugling und Mutter, bedingt z.b. durch ihre depressive Stimmungslage oder das Temperament des Kindes, für das sie keine konsonante Passung findet (vgl. *Zentner* 1993), lassen Zuwendungs- und Anregungsbedürfnisse im Kind unbefriedigt. Dazu kommt es nicht nur, wenn es in seiner Bedürfnisäußerung übergangen wird, „sondern auch dann, wenn unempathische Erwachsene spontane Aktivitäten unvorhersehbar unterbrechen oder durch unberechenbare Aktionen in andere Bahnen lenken" (*Resch* 1996, 64). Erfolgt in der Eltern-Kind-Beziehung eine Abstimmung der elterlichen Reaktion in der zeitlichen Folge und der inhaltlich-emotionalen Entsprechung, so individualisiert sich das Kind „mit" seinen Eltern. Diese Erfahrung ist die Grundlage für individualisierende Auseinandersetzungen, in denen sich das kindliche „Gegen" manifestiert. Das Kind individualisiert sich im Spannungsverhältnis von Hingabe und Abwendung, wofür es, wir haben es gesehen, bestimmter kontextueller Gegebenheiten bedarf. Wenn Familien sich verstärkt Nähe und Geborgenheit wünschen (vgl. *Beck & Beck-Gernsheim* 1990; *Buchholz* 1995) und zum Schutz vor extremem Subjektivismus eher Binnenkonzentration als Differenzierung betreiben (vgl. *Lüscher* 1995), so läßt sich vermuten, daß Kinder eher Probleme mit ihrer „Individuation gegen" als der „Individuation mit" bekommen. So sehe ich, sicher nicht losgelöst von den soziologischen Arbeiten zur postmodernen Familie, Kinder eher mit ihren Ablösungsschwierigkeiten und „unzeitgemäßen Triangulierungen" als mit Geborgenheitswünschen im Spitzschen Sinne (1985) beschäftigt.

1.3.3 Spielend Denken lernen

Hier stelle ich den Gedanken *Winnicott*s über die beim Spielen ablaufenden innerpsychischen Prozesse Ergebnisse aus Spielbeobachtungen gegenüber, um die Rolle des Spielens für die vorsymbolische Kommunikationsentwicklung auf beiden Ebenen herauszuarbeiten.

Grundlage für die Spielentwicklung des Kindes sind nach *Winnicott* (1993) seine im Grundvertrauen gesättigten Emotionen. Wurden diese in der Verschmelzungsphase archaisch angelegt, und überstanden sie die Bewährungsprobe destruktiver Phantasien, so kann es sich im Spielen zwanglos und uneingeschränkt verwirklichen. „Übergangsobjekte" wie Kuschelkissen oder Teddy sind Symbole, „die in gleicher Weise für Phänomene der äußeren Welt wie für die des einzelnen Menschen ... stehen" (*Winnicott* 1993, 126). Sie „sind" der Gegenstand und zugleich auch die Mutter. In diesem potentiellen Raum zwischen beiden, der sich gerade dann aufbaut, wenn sie abwesend ist, bleibt das Kind mit ihr in seiner Vorstellung verbunden. Es geht davon aus, daß sie wegen der erfahrenen Zuverlässigkeit erreichbar ist und bleibt, selbst wenn sie im Spiel vergessen wurde. Da Ich und Nicht-Ich noch nicht fest etabliert sind, treten hin und wieder „ungeformte" Zustände auf, in denen das Kind zusammenhanglose „Einfälle, Gedanken, Impulse und Empfindungen" (*Winnicott* 1993, 67) mitteilt. Dieser „Unsinn" muß von Erwachsenen angenommen werden, weil das Kind dann entspannen und weitere kreative, motorische und sensorische Impulse zulassen kann. Es findet so neue „Arrangements", durch die es seine Existenz fundiert. Aus dem Erleben von „Ich bin" wird „Ich-bin-ich" (*Winnicott* 1993, 69).

Säuglingsbeobachter sehen bei wenige Monate alten Säuglingen Vokalisierungen ohne kommunikative Absicht. Die Monologe des Kindes vor dem Einschlafen, nach dem Aufwachen und beim Explorieren von Spielzeug sind ein Spiel mit der Stimme (*M. Papousek* 1994, 81). Auch das Spiel zu zweit ist mit 3-4 Monaten zu beobachten, wenn „... auf jedes Lächeln, jede Lautäußerung und jede Berührung die entsprechende Antwort" erfolgt (*Brazelton & Cramer* 1994, 142). Ab 9 Monaten exploriert der Säugling im Mund oder mit seinen Händen Gegenstände, ab dem 12. Monat tut er dies vorrangig mit Blicken. Dieses Explorationsverhalten tritt mit etwa 15 Monaten in den Hintergrund, während im Vordergrund das „Funktionsspiel" steht (*Zollinger*

1991, 33). Zu erkennen ist es daran, daß Kinder Gegenstände so benutzen, wie sie es bei anderen sehen, z.B. mit dem Kamm die Haare der Puppe glätten. Die Bedeutung des Gegenstandes ist für das Kind noch untrennbar mit Handlung und Gegenstand verbunden. Auf der nächsten Stufe, die Zollinger beschreibt, kann das „autosymbolische Spiel" beobachtet werden, in dem die Loslösung vom Gegenstand oder der Situation über den Körper erfolgt, in dem das Kind z.B. tut, als ob es schläft. Beim „dezentrierten Symbolspiel" ab 18 Monaten sind handlungsleitende Schemata abstrakter, so daß das Kind mit sich selbst durchgeführte Spiele auf andere, z.B. die Puppe, übertragen kann. Ab 21 Monaten erreicht das Kind die Phase des „Kombinatorischen Symbolspiels", in der es symbolische Spielzeuge, die inhaltlich verbunden sind, aneinanderreiht. Voraussetzung ist die eindeutige Befreiung der symbolischen Handlung vom Gegenstand. Das eigentliche Symbolspiel beginnt nach *Zollinger* (1991), wenn das Kind mit zwei Jahren fähig ist, das Spiel vor dessen Ausführung zu planen (S. 34). Aktives Suchen nach einem fehlenden Gegenstand, z.B. – was soll jetzt der Hund sein – wird als Spielplanung gedeutet.

Es wurde gezeigt, daß gedankliche Vorstellungen, die aus dem unmittelbaren Umgang mit dem Gegenstand bzw. der emotionale Sicherheit vermittelnden Mutter in neue Situationen „mitgenommen" werden, unerläßlich für die weitere Differenzierung zwischen sich, dem Gegenstand und dem Anderen und damit für die Autonomieentwicklung sind.

1.3.4 Zusammenfassung und Weiterführung

Aufgrund detaillierter Beobachtungen von Säuglingen läßt sich die Annahme von Phantasien vor dem zweiten Lebensjahr kaum noch halten. Statt dessen wird vorgeschlagen, von „kognitiven Schemata intelligenten Handelns" (*Dornes* 1994) zu sprechen. Verschmelzungs- und Omnipotenzphantasien seien eher Inhalte von Abwehrmechanismen. In dieser Sicht wird das Entstehen von Repräsentationen in Bildern aus Lernprozessen des Kindes abgeleitet, komplexe Verbindungen zwischen Ich-Du-Gegenstand und Symbol herzustellen. Erst wenn das Kind diese Kommunikationsebene erreicht hat, seien Repräsentationen von sich in sozialen Bezügen geistig evozierbar, die ihm sowohl die Unterscheidung als auch die Verbindung von Vertrautem und

Fremdem, Innerem und Äußerem sowie Ich und Du ermöglichen. In Zuständen von Angst, Aggressionen oder Halluzinationen, die als Bewältigungsversuche nach Traumatisierungen auftreten können, scheinen die Weite emotionalen Erlebens geschrumpft und geistige Repräsentationen über Bindungserfahrungen und die autonome Rolle des Selbst und Ich darin erloschen zu sein. Aufgrund defizitärer oder gestörter Individuationserfahrungen des Kindes mit Bezugspersonen gelingt es ihm nicht, Autonomie aufzubauen bzw. durch aggressive Abgrenzung gegen diese aufrechtzuerhalten.

Angenommen wird, daß frühestens ab dem 20. Monat in seelischer Not Bilder vom Einssein mit der Mutter oder von magischer Macht über sie evozierbar seien. Wie sie entstehen, ohne daß sich im ersten Lebensjahr wenigstens schemenhafte Vorstellungen davon aufgebaut haben, wovon die zitierten psychoanalytischen Autoren ausgehen, bleibt unklar.

2. Gefährdungen der Entwicklung kommunikativer Kompetenzen

Mich beschäftigen in diesem Kapitel die Situationen, in denen die Interaktionen zwischen Mutter und Kind nicht mit der geschilderten Präzision ablaufen. Individuelle Faktoren, wie Teilleistungsstörungen oder Temperamentsverschiedenheiten oder soziale Faktoren, wie Armut, Gewalt oder Persönlichkeitsstörungen der Eltern können den Prozeß stören.

Die bisherige Betrachtung der Wechselwirkungsprozesse zwischen Mutter und Kind wird durch die Einbeziehung der Wirkungen von Kontexterfahrungen auf die Eltern und die Analyse der Spuren, die diese im Kind hinterlassen, denen wir wiederum in seinen psychischen und sozialen Veränderungen im Kontakt mit sich und anderen begegnen, erweitert.

Zwar werden das „intuitive" Suchen des Kindes nach Bindung und das „intuitive" Fürsorgeverhalten der Eltern aus Annahmen über „biologische Reproduktionsinteressen" abgeleitet, doch zur Entfaltung gelangen diese Anlagen nur im Zusammenwirken mit bestimmten Umweltkonstellationen (vgl. *Asendorpf* 1993; *Voland* 1993). Diese Wechselwirkungsprozesse werden in theoretischen Konzepten und empirischen Studien der „developmental psychopathology" (vgl. *Rutter* 1993) untersucht. Es geht darin um die systemischen Aspekte im Entwicklungsprozeß des Kindes zur sozialen Anpassung. Ich werde herausarbeiten, wie bestimmte Kontexterfahrungen des Kindes seine Persönlichkeitsentwicklung beeinflussen und sich zu Elementen „interner Arbeitsmodelle" verdichten. Meine Ergebnisse aus der Beschreibung vorsymbolischer Kommunikationsentwicklung des Kindes, das auf der Grundlage emotionaler Sicherheit durch Bindungserfahrungen am Ende des zweiten Lebensjahres sowohl über „kognitive Schemata intelligenten Handelns" (*Dornes* 1994) als auch über Repräsentationen aus Bindungserfahrungen verfügt (vgl. *Bretherton* et al. 1990) und für seine weitere Antonomieentwicklung nutzen kann, werden nun mit Erkenntnissen konfrontiert, die über die Bewährung und Veränderung dieser Fähigkeiten im sozialen Kontext vorliegen.

Zur Erklärung der Genese „schizophrener Kommunikationsstörungen" (*Lempp* 1988, 33) hat *Lempp* herausgearbeitet, wie das Kind lernt, zwischen verschiedenen Realitäten mit Hilfe seiner „Überstiegsfunktionen" zu wechseln. In der Bewältigung dieser schwierigen Aufgabe, die nach *Lempp* im extrauterinen Raum beginnt und nach einer weitgehend normalen Entwicklung am Ende der Vorschulzeit abgeschlossen ist, erweist sich, ob die „internen Arbeitsmodelle" des Kindes seine soziale Anpassung ermöglichen oder blockieren. Kommt es angesichts der Forderungen der Umwelt zu einem Identitätsverlust im Kind, so bedeutet dies nach dem bisher Gesagten den Zusammenbruch von inneren Konzepten zur Sinnerfassung, die durch Abstraktionen von Erfahrungen entstanden sind. Das Kind sieht in diesem Zustand die Welt um sich herum ausschließlich mit seiner subjektiven Sichtweise, „die nur für das Kind selbst Gültigkeit hat" (*Lempp* 1992, 26).

Ab dem Ende des zweiten Lebensjahres hat es gleichzeitig eine Beziehung zur Umwelt gefunden, die „in weitgehender Übereinstimmung mit derjenigen" steht, „welche die Mitmenschen des Kindes entwickelt haben" (ebenda), die von *Lempp* als gemeinsame oder „Hauptrealität" im Gegensatz zur „Nebenrealität" bezeichnet wird. Das Kind ist in seiner Nebenrealität Bedrohungen grundsätzlich schon deshalb ausgesetzt, weil es sie im täglichen Leben nicht mit Erwachsenen teilen kann. Es wird von Phantasien beeinflußt, so daß es im Glauben an seine eigenen Vorstellungen erschüttert werden kann. Es neigt nach *Lempp* dazu, z.B. über Nachahmungen, sich frühzeitig mit Inhalten und Gesetzmäßigkeiten der Erwachsenenwelt vertraut zu machen. „Durch eine Fehlinformation oder eine in sich widersprüchliche Information des Kindes durch seine Umwelt" (*Lempp* 1988, 33) kann der Aufbau des Realitätsbezuges gestört werden. So enthalten beispielsweise psychopathologische Verhaltensweisen von Eltern häufig Fehlinformationen an ihr Kind, und sei es nur, wenn Vater und Mutter, zu denen das Kind etwa gleichstarke Bindungen hat, sich in ihren Informationen an das Kind häufig widersprechen (vgl. *Lempp* 1988).

Die Entwicklung der „Überstiegsfunktion" kann aber auch „durch eine Störung oder Veränderung der kognitiven Fähigkeit bei der Reizaufnahme und Reizverarbeitung" (*Lempp* 1988, 33), also durch Teilleistungsstörungen beeinträchtigt werden. Sprachstörungen zählen nach *Lempp* zu den ursächlichen Faktoren der Teilleistungsstörungen.

Die „Überstiegsfunktion" ermöglicht dem Kind die Herstellung eines erweiterten Realitätsbezuges, in dem das Ich sich nicht mehr als Mittelpunkt der Welt sieht.

2.1 Veränderungen „interner Arbeitsmodelle" durch Interaktionserfahrungen nach dem 12. Lebensmonat

Ich befrage einige Studien von Bindungstheoretikern über mögliche Zusammenhänge zwischen Bindungsstrategien (A, B und C) von Säuglingen im 12. Monat und Verhaltensauffälligkeiten dieser Kinder in den folgenden Jahren.

Mein Interesse gilt dabei möglichen Charakterisierungen „interner Arbeitsmodelle" im Hinblick auf die Erklärung devianter Entwicklungsverläufe aus bestimmten mentalen Repräsentationen früher Bindungserfahrungen. Was hat z.B. eine sichere Bindungserfahrung (B) im 12. Monat mit der Fähigkeit eines drei Jahre alten Kindes zu tun, zwischen Neben- und Hauptrealitäten zu wechseln, oder eine ambivalent unsichere (C) mit dem Zusammenbruch der Grenzen zwischen Innen und Außen, Phantasie und Realität?

Die am Ende der vorsymbolischen Kommunikationsentwicklung aufgebaute Verbindung von Ich-Du-Gegenstand-Symbol erlaubt dem Kind Überstiegshandlungen, die auf einer einfachen Sprachebene sichtbar werden. Das dreijährige Kind kommuniziert in einer Sequenz beispielsweise sowohl mit seinem Teddy über dessen Rolle im Zirkus als auch mit der Mutter über das für das Zirkuszelt benötigte Bettlaken. Die „internen Arbeitsmodelle", auf die sich das Kind dabei unbewußt stützt, sind jedoch bislang nicht formuliert worden, um sie für Diagnostik und Therapie nutzen zu können. Da angenommen wird, daß sich aktuelles Verhalten aus „internen Arbeitsmodellen" erklären läßt, ist es von Interesse zu wissen, ob, wie und wodurch sie sich im Älterwerden der Kinder verändern. Umgekehrt kann aus Verhaltensauffälligkeiten auf Funktionen früh angelegter „interner Arbeitsmodelle" rückgeschlossen werden. Wie mittels „interner Arbeitsmodelle" reagiert werden kann, zeigt sich im „Handeln, Interpretieren und Fühlen" (*Stern* 1995, 210) des Kindes und den daraus motivierten und geprägten Verhaltensformen.

Bates, *Maslin* und *Frankel* (1985) haben herausgefunden, daß im 12. Monat als „unsicher gebunden" eingestufte Säuglinge im dritten Lebensjahr keine Verhaltensauffälligkeiten zeigten. Die frühen mentalen Repräsentationen, so läßt sich mit den Autoren argumentieren, haben sich im Verlauf kompensatorischer Prozesse in der Familie so verändert, daß sich die Kinder mit 24 Monaten sozial angepaßt verhalten konnten. Sie fanden ferner heraus, daß die Wahrnehmung der Kinder durch ihre Mütter als gesellig, schwierig oder aktiv/passiv (i.S. verschiedener Temperamente) ein starker Vorhersagefaktor für beobachtete Verhaltensprobleme bei Kindern im dritten Lebensjahr ist.

Die Interpretation dieser Untersuchung zeigt, daß sich einmal aufgebaute „interne Arbeitsmodelle" nicht linear in die Zukunft verlängern lassen. Vielmehr lassen sie sich als ein für veränderte Familieninteraktionen und Projektionen der Mütter offenes System beschreiben.

Erickson, Sroufe und *Egeland* (1985) stellten zunächst fest, daß ursprünglich „sicher gebundene" Kinder mehr Ich-Flexibilität, Unabhängigkeit, Nachgiebigkeit, Empathie und soziale Kompetenz zeigten und aufgrund ihres größeren Selbstbewußtseins im Verhältnis zu ursprünglich „unsicher gebundenen" Kindern im Vorschulalter im Gegensatz zu diesen kompetentes Anpassungsverhalten zeigten. Doch die auf das 24 Monate alte Kind einwirkende negative Versorgungshaltung seiner Mutter, die noch mit 18 Monaten positiv gewesen war und zu einer „sicheren" Bindung geführt hatte, läßt Verhaltensauffälligkeiten im Vorschulalter vorhersagen. Kinder, die mit 24 Monaten in einem geduldig und liebevoll bereitgestellten Freiraum lebten, zeigten im Vorschulalter keine Verhaltensauffälligkeiten, unabhängig davon, ob sie ursprünglich „sicher" oder „unsicher" gebunden waren.

Auch mit diesen Ergebnissen läßt sich das „interne Arbeitsmodell" als ein gegenüber emotionalen, kognitiven und verhaltensmäßigen Veränderungen im Betreuungsverhältnis offenes System verstehen. Die Annahme grundsätzlicher Kontinuität der in „internen Arbeitsmodellen" repräsentierten Bindungserfahrungen bleibt nach den Autoren dennoch bestehen.

Lewis, Feiring et al. (1984) fanden heraus, daß ursprünglich „unsicher gebundene" Jungen im Gegensatz zu Mädchen im sechsten Lebensjahr psychopathologische Verhaltensweisen zeigten, allerdings nur dann, wenn sie Streßfaktoren wie z.B. Tod, Scheidung und Wohnortwechsel ausgesetzt waren. Dieses Ergebnis macht darauf aufmerksam, daß hinsichtlich der Bindungserfahrungen gleich aufgebaute „interne Arbeitsmodelle" geschlechtsspezifischen Veränderungen nur im Zusammenhang mit Streßfaktoren unterliegen.

Schneider-Rosen et al. (1985) fanden heraus, daß mißhandelte Kinder im Alter von 18 und 24 Monaten häufiger „unsichere"

Bindungsmodi zeigten als nicht mißhandelte Kinder, wobei im 12. Monat noch kein Unterschied erkennbar war. Zur Erklärung dieser Entwicklungen führen sie an, daß es „intentional" und „passiv" Bedrohungen aus der Umwelt vermeidende Kinder gibt. „Intentional" handelnde Kinder setzten im Gegensatz zu „passiv" handelnden Intelligenz, soziale Gewandtheit und Kommunikationskompetenz ein, so daß sie unter Streß zu unterschiedlichem Bindungsverhalten neigen: unabhängig oder anklammernd. Die Autoren interessiert die Frage nach der Veränderbarkeit von Verhalten beeinflussenden „internen Arbeitsmodellen" in Abhängigkeit von individuellen Eigenschaften und von Transaktionen des Kindes mit Betreuern und der gemeinsamen Umwelt. Sie unterscheiden Faktoren psychologischer, soziologischer und biologischer Natur, die das Kind in seiner Entwicklung schützen, von solchen, die es bedrohen. Die einen machen die Wahrscheinlichkeit späterer Manifestationen ursprünglich „unsicherer" Bindungen geringer, die anderen größer. Zwischen ihnen wird Wechselwirkung angenommen. Ob mißhandelte Kinder „unsichere" Bindungsmodi entwickeln, hängt nach den Autoren von dieser Dynamik und nicht von einer, „internen Arbeitsmodellen" unterstellten Kontinuität ab.

Suess et al. (vgl. 1992) und *Wartner* et al. (vgl. 1994) interpretieren dagegen ihre Untersuchungsergebnisse über Zusammenhänge von frühen Bindungsmustern und Spiel- bzw. Bindungsverhalten im fünften bzw. sechsten Lebensjahr als Ausdruck einer von Kontexteinflüssen weitgehend unabhängigen Stabilität derselben.

2.1.1 Zusammenfassung und Weiterführung

Es wurde von Bindungserfahrungen und dem Aufbau „interner Arbeitsmodelle" berichtet, die Kinder in der „Fremden Situation" entweder sicher, unsicher oder ambivalent, aber nicht widersprüchlich reagieren lassen. Durch die Verarbeitung späterer Interaktionserfahrungen können bestehende „interne Arbeitsmodelle" modifiziert werden. Gegenüber einigen Umwelteinwirkungen erweisen sie sich als resistent, anderen gegenüber als veränderbar. So gewährleistet ein „großes Selbstbewußtsein" (vgl. *Erickson* et al. 1985) eine gewisse Resistenz des Kindes zwischen dem 13. und 24. Monat insofern, als es im dritten Lebensjahr, sozusagen erwartungsgemäß, als nicht feindselig, nicht isoliert, sondern verbunden mit anderen von Vorschullehrern beschrieben wurde.

Mit *Schneider-Rosen* (1985) ist von einem multifaktoriellen Zusammenspiel auszugehen, dem „interne Arbeitsmodelle" prozeßhaft ausgesetzt sind, so daß die am Verhalten ablesbare Kontinuität von Bindungsmustern als Besonderheit oder als Ausdruck einer selektiven Betrachtung dieses Prozesses zu verstehen ist.

In den folgenden Abschnitten wird darüber diskutiert, um welche Faktoren die Untersuchung von *Main* und *Solomon* (1990) die Betrachtung der Zusammenhänge zwischen frühen Bindungserfahrungen und den in der „Fremden Situation" im 12. Monat beobachteten Bindungsstrategien erweitert hat. In den bisher dargestellten Befunden über die Genese und Veränderung von „Bindung", die zwar Entwicklungsbeeinträchtigungen, aber keine Zusammenbrüche beschreiben, bleiben frühe Persönlichkeitsstörungen, die als „psychosenah" (vgl. *Kuntzag* 1996) beschrieben werden, unberücksichtigt.

Main und *Solomon* (1990) beschäftigen sich mit Interaktionserfahrungen von Kindern aus Familien mit hohem und niedrigem Risiko, deren Folgen sie in der „Fremden Situation" beobachtet haben. Bei einigen von ihnen erkennen sie Verhaltensweisen, die sie als „desorganisiert/desorientiert" bezeichnet haben. *Massie* et al. (1993) und auch *Bretherton* et al. (1990) verfolgen Entwicklungen von Kindern, die als „desorganisiert/desorientiert" klassifiziert worden waren, bis ins Vorschulalter.

Ich suche in den Arbeiten dieser Autoren nach Erklärungsansätzen dafür, ob und wie Bindungserfahrungen sowohl den Aufbau der Verbindung „Ich-Du-Gegenstand-Symbol" (*Zollinger* 1991) als auch den der „Überstiegsfunktionen" (*Lempp* 1988, 1992) stören können, um möglichst komplexe Deutungsvorlagen für klinische Persönlichkeitsstörungen bei Vorschulkindern zu finden.

2.2 Formen und Entwicklungsbedingungen „desorganisierter/desorientierter" Verhaltensmuster

2.2.1 Die Abgrenzung „organisierter" von „desorganisierten" Verhaltensmustern

Bevor ich kurz die Schritte nachvollziehe, die *Main* und *Solomon* (1990) dazu brachten, das traditionelle, von *Ainsworth* entwickelte Klassifikationssystem (A, B, C) um die Bindungsstrategie D „desorganisiert/desorientiert" zu ergänzen, stelle ich dar, warum weder Kategorie A noch Kategorie C die von *Main* und *Solomon* in der „Fremden Situation" beobachteten besonderen Verhaltensweisen erfassen. Sowohl „unsicher gebunden" (A) als auch „unsicher ambivalent" (C) beurteilte Kinder gelten als psychologisch wie verhaltensmäßig „organisiert", obwohl sie noch eher von Desorganisation bedroht sind als Kinder der Klasse B („sicher gebunden"). Für manche, nicht klassifizierbare Kinder mit merkwürdigen Verhaltensweisen hatte *Crittenden* (*Main & Solomon* 1990, 128) die Kategorie A-C aufgestellt.

Es folgt nun die Begründung von *Main* und *Solomon* (1990) dafür, daß sie sowohl A- als auch C-klassifizierte Kinder als „organisiert" beurteilen.

Das den Kontakt zur Bindungsperson vermeidende Kind (A) zeigt seinen „organisierten" Zustand dadurch, daß es sein Bindungsverhalten verringert, indem es seine Reaktivität auf Angstsignale, die es beim Suchen von Bindung erlebt, reduziert (*Main & Hesse* 1990, 178). Indem es seine Aufmerksamkeit von der Bezugsperson abzieht und weiter die Umgebung exploriert, erweist es sich als „organisiert".

Das „unsicher ambivalent" gebundene Kind (C) erweist sich als „organisiert", weil sein Fokus auf die Bezugsperson gerichtet bleibt, indem es durch erhöhte Unruhe versucht, die Aufmerksamkeit einer unberechenbar reagierenden Bezugsperson auf sich zu ziehen. Es verstärkt sein Bindungssuchen (*Main & Hesse* 1990, 179).

Da die Widersprüchlichkeit im Bindungsverhalten auch von C-klassifizierten Kindern offensichtlich war – sie lassen sich von Eltern nicht beruhigen, suchen Nähe bei ihnen und zeigen unmittelbar danach Wut auf sie (vgl. *Main & Solomon* 1990) –, war Widersprüchlichkeit nicht das einzige Beobachtungsergebnis, das sie nach einem neuen Klassifikationstyp Ausschau halten hieß. Vielmehr waren *Main* und andere Autoren (*Main & Solomon* 1990, 125-130) immer wieder bei der Beurteilung der Verhaltensformen von Kindern in der „Fremden Situation", die sowohl aus der Mittelschicht als auch aus Risikofamilien (Armut, Mißhandlung, Vernachlässigung, sex. Mißbrauch) kamen, mit der Schwierigkeit konfrontiert worden, angesichts „unerklärbarer, seltsamer oder konflikthafter Verhaltensmuster" (*Main & Solomon* 1990, 132; Übers. v. Verf.) eine Zuordnung in das schon bestehende Klassifikationssystem vorzunehmen. Gemeinsam war diesen Verhaltensweisen, daß sie „kein klar erkennbares Ziel, keine Absicht und keine Erklärung" erkennen ließen. Charakteristisch war ihr Mangel an Übereinstimmung und Organisiertheit. Die Vermutung außergewöhnlich großer Schwierigkeiten in den Eltern-Kind-Beziehungen dieser Kinder lag nahe. Um so mehr Zweifel an der Ausschließlichkeit des von *Ainsworth* entwickelten Klassifikationsschemas mußte aufgrund von Ergebnissen einer Untersuchung an mißhandelten Kindern aus Risikofamilien aufkommen (vgl. *Main & Solomon* 1990). Mit 12 Monaten waren 33% von ihnen als „sicher gebunden", mit 18 Monaten sogar 47% eingestuft worden. Die Interaktions- und Bindungsgeschichte von „sicher gebundenen" Kindern zeichnet sich dem gegenüber doch gerade durch einfühlsam und verantwortungsbewußt handelnde, nicht mißhandelnde Eltern aus.

Bei ihrer Suche nach Begriffen, mit denen die so vielfältigen, nicht klassifizierbaren Verhaltensweisen zu ordnen waren, entschieden sich *Main* und *Solomon* (1990) für „Desorganisation/Desorientiertheit". Bezeichnen sie bei Erwachsenen geistige Zustände, so bei den Kindern in der „Fremden Situation" an Bewegungen beobachtbare Verhaltensmuster (*Main & Solomon* 1990, 133). „Desorganisation" definieren sie „as ... an observed contradiction in movement patterns, corresponding to an inferred contradiction in intention or plan". Danach sind die sichtbaren Widersprüche Ausdruck innerer Widersprüche in der Intentionalität oder Planung. „Desorientiertheit" definieren sie „ as ... a lack of orientation to the immediate environment".

2.2.2 „Desorganisierte/desorientierte" Verhaltensmuster in der „Fremden Situation"

Main und *Solomon* (1990) haben den Versuch unternommen, unter sieben thematischen Überschriften Beispiele verschiedener Typen von „desorganisiertem/desorientiertem" Verhalten zu ordnen (S. 134-146):

1. Kinder zeigen schnell hintereinander widersprüchliche Verhaltensmuster. Sie zeigen deutlich die Suche nach Bindung und vermeiden plötzlich den Kontakt, frieren ihre Bewegungen ein und wirken benommen. Z.B.: Ein Kind schreit in der Trennungsphase nach seinen Eltern, und wenn es sie sieht, wendet es sich scharf von ihnen ab.

2. Kinder zeigen gleichzeitig widersprüchliche Verhaltensmuster. Sie suchen Nähe und vermeiden sie. Z.B.: Ein Kind sitzt anschmiegsam auf dem Schoß seiner Mutter, wendet den Kopf weg und ignoriert ihre Kontaktangebote. Manche Kinder können weder auf ihre Eltern reagieren noch sich ihnen nähern oder ihre Aufmerksamkeit völlig von ihnen abziehen.

3. Kinder zeigen ungezielte, fehlgerichtete, unvollständige und unterbrochene Bewegungs- und Ausdrucksformen. Z.B.: Ein Kind blockiert in seiner Bewegung auf die Eltern zu, obwohl der Weg frei und das Kind sichtbar erschrocken ist. Z.B.: Ein Kind zeigt außergewöhnlich langsame und schwere Bewegungen in der Annäherung, „so als ob das Kind Widerstand gegen die eigene Bewegung leistet, die es gerade vornimmt" (S. 137; Übers. v. Verf.). Z.B.: Ein Kind beginnt mitten im Spiel, ohne ersichtlichen Grund plötzlich zu schreien. Es zeigt Angst, ohne sich an einen Erwachsenen zu wenden.

4. Kinder zeigen Stereotypien, asymmetrische, zeitlich unpassende Bewegungen und unregelmäßige Körperhaltungen. Z.B.: Ein Kind zieht nur den linken Mundwinkel hoch. Beim Krabbeln bewegt es eine Seite schneller als die andere. Z.B.: Ein Kind schlägt häufig den Kopf auf, zieht am Ohr oder dreht seine Haare.

5. Kinder erstarren und verlangsamen ihre Bewegungen und den Ausdruck. Z.B.: Ein Kind verweilt in diesem Zustand 20-30 Sek. und wirkt dabei benommen wie in Trance.

6. Kinder zeigen direkte Anzeichen von Besorgnis bei der Betrachtung ihrer Eltern. „Der Ausdruck von starker Furcht oder Besorgnis folgt unmittelbar auf die Rückkehr der Eltern, ihr Rufen oder Annähern" (S. 139; Übers. v. Verf.). Z.B.: Ein Kind zuckt mit einem ängstlichen Ausdruck zurück, oder es wirft seine Hände über oder vor das Gesicht oder an den Mund. Z.B.: Ein Kind läuft hinter ein Möbelstück, ohne etwas zu suchen, und ist dort für seine Eltern unerreichbar.

Angst in einem „sicher gebundenen" Kind, das nicht zu fliehen vermag, kann zu dem Gefühl, gefangen zu sein, führen, woraus Desorganisation entstehen kann.

7. Kinder zeigen direkte Anzeichen von Desorganisation und Desorientiertheit. Z.B.: „Ein Kind führt beim Anblick der Eltern seine Hand zum Mund, ohne Anzeichen von Verwirrung, Vorsicht oder Furcht zu zeigen", oder „es begrüßt den Fremden, indem es sich ihm mit ausgestreckten Armen in dem Augenblick nähert, wenn die Wiedervereinigung mit den Eltern erfolgt" (S. 139; Übers. v. Verf.).

Die dargestellten, in der „Fremden Situation" beobachteten Verhaltensmuster zeigen, daß die Dyade des Kindes mit Mutter oder Vater in dem Augenblick der Wiedervereinigung nicht von eindeutigem Kontaktsuchen oder -vermeiden gekennzeichnet ist.

Die Säuglingsforschung hat gezeigt, daß Säuglinge schon bald nach der Geburt in der Lage sind, auf der Grundlage ihres „Selbstempfindens" Handlungen selbst zu steuern, um körperliche und seelische Spannungszustände zu reduzieren. Zwischen dem siebten und neunten Monat sind sie in der Lage, mit Bezugspersonen Aufmerksamkeit, Intentionen und Gefühlslagen zu teilen (*Stern*) und „eine Einheitlichkeit des Welt- und Selbsterlebens" zu empfinden, die es ihnen ermöglichen, die Umgebung zu kontrollieren und mit ihr zu interagieren. Sie sind in der Lage, intentional zu kommunizieren, was sich daran zeigt, daß sie mit Blicken zwischen Eltern und Spielzeug wechseln und mit Gesten diese auf etwas hinweisen können. Ansätze zur Fähigkeit, an Gegenstände und Personen zu denken, die nicht mehr direkt wahrnehmbar sind („Objektpermanenz"), helfen dem Kind, kurze Trennungen zu überbrücken.

„Desorganisierten/desorientierten" Kindern stehen diese Kompetenzen, so ist aufgrund ihrer Verhaltensmuster zu vermuten, nicht in so reifer Form zur Verfügung wie „organisierten" Kindern. Der Frage, aufgrund welcher Erfahrungen (neurologische Merkmale schließen *Main* und *Solomon* 1990 weitgehend aus) sich hier „interne Arbeitsmodelle" entwickelt haben, die sie in der „Fremden Situation" so reagieren lassen, gehen *Main* und *Hesse* (1990) nach.

2.2.3 Die Angst traumatisierter Eltern und die Angst ihrer „desorganisiert/desorientiert" klassifizierten Kinder

Traumatisch sind die Erfahrungen intensiver Angst oder Hilflosigkeit, die ein Individuum mit psychologischer oder verhaltensmäßiger Desorganisation bedrohen, wobei das, was für den einzelnen traumatisch ist, von seiner Erfahrungsgeschichte und seinen persönlichen Wahrnehmungen abhängt (vgl. *Main & Hesse* 1990). „Körperliche oder sexuelle Gewalt durch ein Elternteil wirken nahezu unvermeidbar traumatisch, während Verlusterfahrungen nur potentiell traumatisch wirken" (S. 162; Übers. v. Verf.).

Main und *Hesse* (1990) untersuchen, ob bindungsbezogene Traumata im Leben der Eltern zu „desorganisierten/desorientierten" Verhaltensmuster in der „Fremden Situation" führen.

In Interviews mit Erwachsenen über ihre Bindungsgeschichte haben die Autoren bei ihnen drei Kategorien für Bindungsmodelle gefunden: Eine „sicher-autonome", die sie mit der von *Ainsworth* aufgestellten Bindungskategorie B in Verbindung bringen, eine „distanzierte" (diese Übers. von „dismissing of attachment" stammt von *Fremmer-Bombik & Grossmann* 1993), die sie mit der Bindungskategorie A in Verbindung bringen, sowie eine „verstrickte" (diese Übers. von „preoccuped by past attachments" stammt von *Fremmer-Bombik & Grossmann* 1993), die sie mit der Bindungskategorie C in Verbindung bringen.

Die „sicher-autonomen" Erwachsenen erleben Bindungen als bedeutsam und betrachten entsprechende Erfahrungen als wesentlich für ihr Leben. Die „distanzierten" sehen sich als unabhängige Menschen, „für die Nähe zu anderen und Bindungen wenig bedeuten" (vgl. *Fremmer-Bombik & Grossmann* 1993). Die „verstrickten" wirken „passiv, ängstlich oder auch ärgerlich gegenüber den Bindungspersonen" (S. 96) und sind in frühen Bindungserfahrungen gefangen.

Tauchen aus den Bindungsgeschichten Erwachsener nichtbearbeitete, bindungsbezogene Traumata auf (Trauer hilft nach *Main & Hesse* 1990, 168, den Verlust zu akzeptieren) und zeigen diese sich in den Interaktionen mit ihren Kindern, so kann sich daraus eine desorganisierte Beziehung zu ihnen entwickeln (vgl. *Main & Hesse* 1990). Durch welche elterlichen Interaktionen mit ihren Kindern werden nun „desorganisierte/desorientierte" Verhaltensformen entwickelt? Die Autoren nehmen an, daß ein Kind aufgrund von Angst in der Wiedervereinigungsphase beispielsweise sein Verhalten einfriert und keine alternative Lösung für den Kummer findet, obwohl seine Mutter oder sein Vater anwesend sind. Sie vermuten, daß diese Kinder in der davor erlebten Trennungssituation „eine Angst oder einen Schmerz erlebt haben, die zu intensiv waren, als daß sie durch ein Abwenden von der Mutter (A) oder durch eine Annäherung an sie (B, C) gelindert oder aufgehoben werden konnten" (S. 163; Übers. v. Verf.).

Die nicht aufgelöste Angst aus eigenen Traumatisierungen bewirke in der Interaktion mit dem Kind dessen Ängstigung, eben weil sie anläßlich eines aktuellen Ereignisses aus der Erinnerung des Erwachsenen plötzlich wieder aufsteige, aus einem für das Kind fremden Zusammenhang also. Es entsteht im Kind insofern eine Paradoxie, als es die Bindungsperson gleichzeitig als ängstigend und als Quelle der Beruhigung in diesem Schrecken erlebt.

Daß das Kind in dieser Interaktion geängstigt wird, nehmen die Autoren spekulativ an (S. 174), denn es könne sich auch um den Ausdruck neurologischer Zustände im Kind oder um Indikatoren für seine Verwirrung handeln. Bei mißhandelnden Eltern erscheint Angst als wesentlicher Aspekt des „internen Arbeitsmodells" von „desorganisierten/desorientierten" Kindern unmittelbar plausibel, bei Eltern mit unbearbeiteten Verlusterfahrungen dagegen weniger. Es könnte allerdings sein, daß ein „Verlustelternteil" im Kontakt mit dem eigenen Kind über die unbewußt belebte Verbindung zum eigenen Verlust diesem unbewußt anzeigt, daß es selbst die Quelle des eigenen Schreckens ist und damit Flucht vor dem Kind oder die Neigung, es als Sicherheitshafen zu benutzen, signalisiert (vgl. *Main & Hesse* 1990).

Festzuhalten bleibt, daß Kinder von traumatisierten Eltern „interne Arbeitsmodelle" entwickeln, die zur Entwicklung „desorganisierter/ desorientierter" Verhaltensmuster beitragen, wobei die Autoren nicht

Theoretischer Teil 65

ausschließen, daß individuelle Faktoren im Kind, die sie die Interaktionen besonders wahrnehmen lassen, beteiligt sind.

Auch die Beeinflussung dieses Entwicklungsprozesses durch Temperamentsvariablen oder durch ein ungünstiges Verhältnis von schützenden zu schädigenden Faktoren, jenseits der frühen Interaktionsqualität, muß bedacht werden (vgl. *Schleiffer* 1993).

Insgesamt sind die bei der Entwicklung von Desorganisation im Säuglings- und Kleinkindalter wirkenden psychodynamischen Zusammenhänge noch erklärungsbedürftig (vgl. *Wartner* et al. 1994).

2.2.4 „Desorganisiertes" Verhalten im Vorschulalter

Über Verhaltensformen „desorganisierte/desorientierte" Kinder im sechsten Lebensjahr berichten *Bretherton* et al. (1990).

Den Experimentalaufbau ihrer Untersuchung habe ich bereits unter 1.1.3 dargestellt. In ihr wurden „sicher" und „desorganisiert/desorientiert" klassifizierten Kindern im 6. Lebensjahr Bilder mit Trennungsmotiven vorgelegt und ihre Reaktionen darauf erfaßt. Im Gegensatz zu den sicher gebundenen Kindern gaben desorganisierte Kinder im Anblick von Trennungsbildern irrationale bzw. bizarre Antworten oder schwiegen. Gaben sicher gebundene Kinder im Anblick des Familienfotos lachend Kommentare ab, zeigten desorganisierte Kinder depressive Affekte und desorganisiertes Verhalten.

In Familienzeichnungen von sicher gebundenen Kindern gab es Darstellungen differenzierter Nähe zwischen den Familienmitgliedern, individuelle Persönlichkeitsmerkmale und Arme, die so gezeichnet waren, daß an eine Umarmung gedacht werden kann. Bei desorganisierten Kindern gab es eine Mischung aus diesen Merkmalen, für die allerdings bizarre Formen gewählt worden sind: unpassende Details, Unvollendetes, Übermalungen. Hinweise auf Freude, wie Herzen oder Regenbögen, wurden ohne Bezug zum Gesamtzusammenhang eingefügt.

Waren die Dialoge sicher gebundener Kinder flüssig und inhaltlich komplex, so waren die der desorganisierten Kinder stammelnd und unecht.

In ihrer Longitudinaluntersuchung filmten, testeten und beobachteten *Massie* et al. (1993) Mütter und Kinder vom dritten Schwangerschaftstertial an über drei Jahre und untersuchten sie erneut im Grundschulalter. Sie wollten herausfinden, wie der von bewußten wie unbewußten Vorstellungen der Mütter geprägte Interaktionsstil mit ihren Kindern von Bedeutung für denjenigen ihrer Kinder wird, mit dem diese sich an die Ereignisse des Lebens anpassen.

Da sie herausgefunden haben, daß frühe Bindungsstrategien in der „Fremden Situation" spätere Verhaltensmuster „präfigurieren", richtet sich ihre Neugier weiter auf die Frage, wie sich Muster, die Verhaltenskontinuitäten zugrunde liegen, herausbilden. Diese Muster, die von „prä-verbalen Erfahrungen, die in einer Mutter-Kind-Interaktion auftauchen" (*Massie* et al. 1993, 272), gebildet werden, lassen sich bereits in der frühesten Lebenszeit und Jahre später in einer veränderten Weiterführung, aber gleichartigen Form beobachten, wie sie das Kind „auch in der Beziehung anderen Menschen gegenüber in Sprache, Phantasie und Aktivität ausdrücken kann".

In ihrer Analyse der frühen Prozesse von „Mutualität" (*Winnicott*) zwischen Mutter und Kind entdecken sie die „Melodie" im wechselseitigen Rhythmus von Responsivität zwischen Mutter und Kind, die für die Ausbildung von Verhaltensmustern auf der Grundlage von „internen Arbeitsmodellen" verantwortlich ist. Die Mutter läßt sich auf die Zustände des Säuglings ein, wobei sie wahrnimmt, „wie die Affekte des Säuglings ihr Selbst anfüllen" (S. 264).

Sie fühlt, wie es ist, wenn ihr Baby ermüdet, irritiert oder gelangweilt ist. Hat sie so die Babywelt ‚betreten', übernimmt sie manchmal die Führung, „oft aber gestattet sie dem Baby, sich selbst und die Mutter zu regulieren". In diesem Prozeß ist allerdings auch zu beobachten, daß Mütter „unbewußt ihr eigenes Gefühl der Bedürftigkeit durch Verleugnung und Überkompensation" wiederholen (S. 264), wodurch sie nicht in der Lage waren, die Wünsche der Kinder nach Nähe angemessen zu empathieren. Es werden zwei „Projektionsmechanismen" unterschieden: „Das elterliche Selbst, das eine Projektion in die Stimmung eines Babys vollzieht, um sich mit dem Kind zu identifizieren, und die elterliche Projektion auf das Baby mittels eines Bildes, das man von ihm hat" (S. 264). Sie beeinflussen die sich herausbildenden Ich-Funktionen und das Selbstbild des Kindes.

An einem Beispiel verdeutlichen die Forscher, wie in einer Art Kettenreaktion die Distanz zwischen Mutter und Kind größer wird. Es beschreibt einen mütterlichen Projektionsvorgang *auf* das Kind, der zu „desorganisiertem" Verhalten führt. Eine Mutter sagt, „er ist so gierig!" und sie phantasiert, ihr Kind könne sie auslaugen. Beobachtet wird, „wie sie dem Säugling die Brust hinhing ohne Körperkontakt aufzubauen" (S. 265), es also in einer ablehnenden Haltung versorgt. Im sechsten Lebensmonat erfolgt dann abruptes Abstillen und plötzliche Weggabe des Kindes zu einer Tagesmutter. Auch in den auf Skalen gemessenen Bindungs-Parametern zeigte sich außer bei „Berührung mit Blicken" im 18. Lebensmonat die gewachsene Entfernung zwischen beiden. Selbst über Blicke waren sie nur gut miteinander verbunden, „wenn sie ihn so sah, wie sie ihn sehen wollte, ein aktiver, kräftiger, beweglicher und geschmeidiger Junge" (S. 265).

Die beobachtete motorische Unruhe des Kindes in der „Fremden Situation" wird als „restitutive Aktivität, (um) ein aufkommendes Gefühl der Desorganisation zu bewältigen" (S. 266), gedeutet, zugleich aber auch als unbewußte Erfüllung des Wunsches der Mutter, ein aktives Kind zu haben. Auf diese Art könne der Junge sich eine Verbindung mit seiner Mutter phantasieren, die sein Gefühl „des von der Mutter Getrennt-Seins abwehrt".

Bretherton et al. (1990) zeigen in ihrer Untersuchung, daß im Ausdruck über kreative Medien, wie ihn sechsjährige Kinder als Reaktion auf Trennungsthemen zeigen, Elemente „desorganisierter/desorientierter" Klassifikationsmerkmale wieder zu finden sind.

Massie et al. (1993) zeigen in ihrer doch recht spekulativ ausgewerteten Untersuchung, wie durch frühe Interaktionsmuster zwischen Mutter und Kind „interne Arbeitsmodelle" ausgebildet werden, aus denen „desorganisierte/desorientierte" Verhaltensmuster hervortreten können, die sich in späteren Lebensjahren über „Sprache, Phantasie und Aktivität" in Beziehungen mitteilen. Diese Hinweise auf die ‚Methodik des Rekonstruierens' werde ich in meiner empirischen Untersuchung (Teil IV) aufgreifen.

Zwei Untersuchungen belegen zu etwa 85% die Stabilität der Mutterbindung vom zweiten zum sechsten Lebensjahr bzgl. der ABCD-Klassifikation (vgl. *Fremmer-Bombik* & *Grossmann* 1993).

Wie sich „desorganisiertes/desorientiertes" Verhalten bei sechsjährigen Kindern, die erstmals in diesem Alter einer „Fremden Situation" ausgesetzt wurden, darstellt, zeigt sich in einer für sie geschaffenen Untersuchungssituation (vgl. *Main* et al. 1985, zitiert bei *Fremmer-Bombik* & *Grossmann* 1993, 92).

Sie werden während einer einstündigen Trennung und in der anschließenden Wiedervereinigungsphase hinsichtlich ihres Bindungsverhaltens eingeschätzt. Beurteilungskriterien für ein „sicher" gebundenes Kind (B): Es begrüßt seine Bezugsperson freundlich, ist der Bindungsperson zugewandt und tritt in einen offenen Dialog mit ihr.

Beurteilungskriterien für „unsicher vermeidend" gebundene Kinder (A): Es ist höflich, aber distanziert zur Bindungsperson und antwortet ihr nur mit den nötigsten Worten. „Das Kind scheint eine Art unsichtbare Mauer aufgebaut zu haben, hinter der es nicht hervorkommt, über die aber auch die Bindungsperson nicht hinweg kann" (*Fremmer-Bombik & Grossmann* 1993, 92).

Beurteilungskriterien für „unsicher ambivalent" gebundene Kinder (C): Es wirkt sehr unreif, „es erinnert in seinem Bindungsverhalten eher an ein Kleinkind" (ebenda).

Als „desorganisiert" bezeichnen *Main* et al. (1985) bei sechsjährigen Kindern deren kontrollierendes Verhalten gegenüber ihren Müttern. Es äußert sich entweder als überfreundliches, am Wohlergehen der Mutter orientiertes oder als unkooperatives bzw. aggressives Verhalten ihr gegenüber. Es wird von „Rollenumkehr" gesprochen, weil es ihr als sorgende oder erziehende Bezugsperson gegenübertritt.

Wartner et al. (1994) bezeichnen Verhaltensweisen bei sechsjährigen Kindern, die sie in einer Testsituation beim Spielen und in ihrem Verhalten nach einer einstündigen Trennung von ihren Müttern beobachteten, als desorganisiert, wenn diese mit Beziehungsstreß nicht konstruktiv umgehen können.

Sie bezeichnen die sechsjährigen Kinder als „unsicher-kontrollierend (D)"-gebunden, also als desorganisiert, die aktiv versuchen, die Aufmerksamkeit oder das Verhalten ihrer Eltern zu kontrollieren und damit ein Verhalten zeigen, das üblicherweise den Bezug von Eltern zu ihrem Kind charakterisiert (S. 1017). Zur Klassifizierung dieser Kinder führen zusätzlich die Werte, die die Autoren auf einer Skala zur Beurteilung von Beobachtungen bei der Wiedervereinigung mit ihren Müttern in bezug auf ihr Vermeidungsverhalten gegenüber diesen erhalten. „Avoidant children appear emotionless or affectionless toward the mother, and their interactions albeit polite, seem distant" (S. 1018). Im Ergebnis zeigte sich eine 75%ige Stabilität der als D klassifizierten Bindungsmuster vom ersten bis zum sechsten Lebensjahr. In den fünf Jahren haben sich nur die Erscheinungsformen des

Bindungsmusters verändert. Es fand in dieser Zeit ein „Verschlüsselungsprozeß" von Bindungsmustern statt (S. 1023).

2.2.5 Zusammenfassung, Diskussion und Weiterführung

Es gibt gut belegte Hinweise auf Zusammenhänge zwischen unverarbeiteten bindungsbezogenen Traumatisierungen, denen Erwachsene in ihrem Leben ausgesetzt waren, und „desorganisierten/desorientierten" Verhaltensmustern ihrer Kinder im 12. Monat, soweit es sich um Risikogruppen handelt. Die widersprüchlichen, ziellosen, fremdartigen, starren Bewegungsformen von Kindern in der Begegnung mit ihren Eltern nach einer kurzen Trennung spiegeln erhebliche Störungen in der frühen Persönlichkeitsentwicklung dieser Kinder wider. Das Selbst des Kindes tritt „fragmentiert" (*Kohut* 1979) in Erscheinung.

Da von *Main* und *Solomon* (1990) die Verhaltensmuster der 12 Monate alten Kinder in der Testsituation am Maßstab ihrer widersprüchlichen Bezogenheit zur Betreuungsperson beurteilt werden, und wir von der empirischen Babyforschung wissen, daß das frühe Selbst des Kindes sowohl von der Kompetenz des Säuglings als auch von dem empathischen, symmetrischen Dialog der Bezugsperson mit ihm getragen und geformt wird, ist die Schlußfolgerung, daß Widersprüche im Verhalten der Bezugspersonen Fragmentierungen im Selbst des Kindes auslösen oder verstärken können, plausibel. Untersuchungen der Bindungsgeschichte ihrer Eltern haben ergeben, daß häufig unbewußte Ängste dazu führen, in Projektionen auf ihre Kinder diese zu ängstigen oder zu verwirren. Massive Projektionen, die lange auf Kinder einwirken (*Brazelton* & *Cramer* 1994 haben darauf hingewiesen, daß es ohne Projektionen keine Persönlichkeitsentwicklung gibt), lassen das „Selbstempfinden" (*Stern* 1985) nicht gedeihen. Das Streben nach und die Freude über den Zugewinn an Kontrolle über Innen- und Außenreize, ein wichtiges Kriterium für die Selbstentwicklung, ist im Verhaltensausschnitt, den *Main* und *Solomon* (1990) als „desorganisiert" beschreiben, nicht beobachtbar. Die Kinder erscheinen vielmehr diesen Zuständen hilflos ausgesetzt zu sein.

Eine Hinwendung zur Realität in Form erster Spielgegenstände ab der zweiten Hälfte des ersten Lebensjahres ist dem Säugling nur im Rahmen seiner Ich-Du-Beziehung zur Bezugsperson möglich. Da eine basale Organisiertheit „interner Arbeitsmodelle" über das Selbst in Bindungserfahrungen, also ein Empfinden vom Selbst in Bezogenheit zum Du, bei „desorganisierten" Kindern nicht angemessen entwickelt wurde, ist zu vermuten, daß der Schritt zum Dreiecksaufbau „Ich-Du-Gegenstand" (*Zollinger* 1991) nicht erwartungsgemäß vollzogen werden kann. Sprachverständnis und Sprache als Aspekte der „Überstiegsfunktion" (*Lempp* 1992) des Kindes in die gemeinsame Realität entwickeln sich dann vermutlich zeitverzögert oder gestört.

„Interne Arbeitsmodelle" wurden als ein veränderten Interaktions- und Bindungserfahrungen gegenüber relativ offenes System geschildert. Es kann von sensiblen Zuständen bei Kindern, in denen Ängste und verleugnete Affekte ihrer Eltern stärkere und von anderen, in denen sie schwächere Spuren hinterlassen, ausgegangen werden. Ferner ist zu vermuten, daß die Ausprägung von „Angstbindungen" (*Bowlby* 1982) von allgemeinen Kontextbedingungen und den unter ihnen erfahrenen und kognitiv bewerteten Stimmungslagen beeinflußt wird.

Kind und Kontext sind i.S. einer „Ökologie der menschlichen Entwicklung" (*Bronfenbrenner* 1981, zitiert bei *Hagmann* 1994, 41) verbunden, die sich als fortschreitende wechselseitige Anpassung „zwischen dem aktiven, sich entwickelnden Menschen und den wechselnden Eigenschaften seiner unmittelbaren Lebensbereiche" vollzieht.

Indem die „developmental psychopathology" z.B. die „Balance" zwischen Bewältigungsfähigkeiten und Streßfaktoren in der Entwicklung von Kindern und individuelle biologische, innerpsychische oder soziale Faktoren nicht isoliert untersucht (vgl. *Sameroff & Seifer* 1990), betont sie die Veränderbarkeit von Verhaltensmustern in Abhängigkeit vom Zusammenwirken aller am Prozeß beteiligten Teile.

Nach *Zentner* (1993) wird in einem Bereich zwischen Temperamentsvariablen des Kindes und den Erwartungen und Möglichkeiten der Umwelt entschieden, ob „Passung" in Interaktionsbeziehungen eher konsonant oder dissonant verläuft. Fehlangepaßtes Verhalten und eine gestörte Entwicklung sind zu erwarten, wenn dies überwiegend dissonant geschieht. Das Temperament als individuelle Qualität läßt dagegen keine Vorhersagen zu. Mütterliche Beurteilungen des

Temperaments und der Entwicklungsqualität ihrer Säuglinge prognostizieren dagegen zuverlässig deren Berichte über Probleme bei ihren Drei- und Sechsjährigen (Vyt 1993, 119).

Um „Schutz- und Risikofaktoren", aus deren Zusammenspiel sich im interaktionistischen Paradigma der „developmental psychopathology" der Anpassungsprozeß des Kindes vollzieht, im Hinblick auf meine Untersuchung (Teil IV) näher bestimmen zu können, beschäftige ich mich im folgenden Kapitel mit vier, diesem Forschungsansatz verpflichteten Studien.

2.3 Das Zusammenwirken von „Risiko- und Schutzfaktoren sowie Kompetenzen und Verletzlichkeit"

2.3.1 Kontinuitäten und Diskontinuitäten in Entwicklungen

Haben die bisher dargestellten Arbeiten aus dem Bereich der Bindungsforschung unter gewissen Einschränkungen Kontinuitäten zwischem dem Bindungsverhalten im 1. Lebensjahr und dem im Vorschulalter bzw. psychopathologischen Entwicklungen in diesem Lebensabschnitt festgestellt, so ist *Rutter* (1993) daran interessiert, anhand von Longitudinaluntersuchungen bis ins Erwachsenenleben hinein „Vermittlungsfaktoren zwischen Kontinuitäten und Diskontinuitäten" auszumachen (S. 46).

Er geht davon aus, daß Verhalten sich sowohl kontinuierlich als auch diskontinuierlich entwickelt. So wirken einerseits genetische, biologische, aber nicht genetische wie psychosoziale Faktoren in Verhaltensmanifestationen mit, aber andererseits auch aktuelle wie vergangene Erfahrungen und diese wiederum in Abhängigkeit von den genannten Faktoren.

Negative Kindheitserfahrungen in Form von defizitärem Bindungserleben seien wegen des daraus erwachsenen negativen Selbstwertgefühls z.B. für eine Depressionsneigung im Erwachsenenleben verantwortlich. Dieses Ergebnis der Bindungsforschung impliziert Annahmen über kontinuierliche Entwicklungsverläufe. Einen Nachweis für diese Hypothese durch Längsschnittuntersuchungen gibt es bisher

jedoch nicht. „Belegen läßt sich aber, daß erfolgreiche Bewältigung und/oder positive Erfahrungen tendenziell eine Schutzfunktion haben, und es scheint durchaus plausibel, daß diese Schutzfunktion in dem durch solche Erfahrungen gestärkten Selbstvertrauen liegt" (S. 53).
Der Verhaltensentwicklung von Menschen liegen positive wie negative „Ereignisketten" zugrunde. Um Kettenwirkungen zu erkennen, muß jedes einzelne Glied in seiner Bedeutung für die anderen untersucht werden. Es wird angenommen, „daß durch Wiederholungen gewohnheitsmäßige Verhaltensweisen entwickelt werden, die sich selbst verstärken, von anderen verstärkt und durch die Entwicklung kognitiver Muster über die eigene Person, die Beziehungen, sowie die Umgebung, innerpsychisch strukturiert werden" (S. 53).

Rutter unterscheidet sieben „Vermittlungsfaktoren zwischen Kontinuitäten und Diskontinuitäten" (S. 46): genetische, biologische Mechanismen wie Schwangerschafts- oder Geburtskomplikationen, Kindheitserfahrungen, kognitive und soziale Fertigkeiten, Erfahrungen von erfolgreicher Bewältigung von Notsituationen, habituell ausgebildete kognitive Muster und Bewältigungsstile sowie positive oder negative Umgebungserfahrungen, wie z.B. Psychopathologie der Eltern.

Triangulierungen, sowohl gelingende wie mißlingende, vermitteln Kontinuität. „Triangulierung" kennzeichnet verschiedene Entwicklungsaspekte: den Aufbau der Verbindung von Ich-Du-Gegenstand als Grundstein der sprachlichen Kompetenz (vgl. *Zollinger* 1991), die Fähigkeit, sich in der Dreiecksbeziehung Mutter-Vater-Kind zurechtzufinden (*Schneewind* 1996, 286), die Einbeziehung des Kindes in die elterlichen Auseinandersetzungen (v. *Schlippe & Schweitzer* 1996, 132) oder „Triangulierung" als Begriff für ungelöste Beziehungsprobleme (*Petzold* 1993a, 1120).

Die familiäre Triade, für Buchholz das „Subjekt der Entwicklung", beginnt als „Triade der Phantasie", wenn das Kind in der Phantasie der Eltern zu existieren beginnt. Sie setzt sich in der „Triade der Symbiose", die als Triade bezeichnet wird, weil der Säugling in der Flasche oder der Brust die erste Erfahrung mit dem „Dritten" macht, fort (*Buchholz* 1995, 207 ff.). „Durch die Beziehung zum Vater, der in den Raum der mütterlichen Abwesenheit tritt, wird eine neue Zwischenetappe exzentrischer Positionalität erreicht". Macht das Kind die Erfahrung von Einigung als gelingendes Zusammenspiel in der Triade, so wird es sich frei und gebunden zugleich erfahren, eine wesentliche Voraussetzung für seine Individualisierung. Erzwungener

Konformismus in der Triade, z.B. als Koalition mit einem Elternteil (vgl. v. *Schlippe & Schweitzer* 1996), kann dazu führen, daß das Kind am Versuch der Etablierung symbolischer Einheit festhält (*Buchholz* 1995, 212) oder sie als Abwehrmechanismus aufbaut (vgl. *Dornes* 1994). Hier ist von pathologischen Triangulierungen und pathologischen Delegationen zu sprechen, die in allen Fällen von sexuellem Mißbrauch an Kindern in Familien vorhanden seien (*Reichart* 1996, 321f).

2.3.2 Entwicklungen von Kindern unter Streß in Form von psychiatrischen Familienstörungen

Sameroff und *Seifer* (1990) definieren „developmental psychopathology" als „the study of the origins and course of individual patterns of behavioral adaption" (S. 52). Im integrativen Prozeß seiner biologischen, psychischen und sozialen Funktionen erwirbt der Mensch sein individuelles Verhaltensmuster. Risiko, Verwundbarkeit und Kompetenz sind die Begriffe, anhand derer die Fähigkeit von Kindern, ihre Erfahrungen zu organisieren und Anpassungsverhalten zu erwerben, untersucht werden. Im noch immer vorherrschenden psychiatrischen Verständnis werden Menschen dagegen als „isolated units with strong unidirectional effects of biological events on behavioral expression" gesehen (S. 53). Innerhalb des Ansatzes der „developmental psychopathology" gibt es Verwundbarkeit nur im Verhältnis zur Balance zwischen Bewältigungsfähigkeiten und Streßfaktoren innerhalb der persönlichen Lebensgeschichte.

In ihrer Untersuchung begleiten die Autoren (vgl. *Sameroff & Seifer* 1990) Kinder von, im psychiatrischen Sinn, kranken Müttern vom vierten bis zum achten Lebensmonat und beurteilen ihre Entwicklung im 4., 12., 30. und 48. Lebensmonat. Jedesmal wurde deutlich, daß die ernsthafte und chronische Psychopathologie der Mütter in allen Phasen deutliche Folgen für das Verhalten der Kinder hatte. Sie waren weniger spontan und zugänglich als Kinder der Kontrollgruppe. Auch hinsichtlich des sozioökonomischen Status der Familie zeigte sich ein Zusammenhang mit dem Verhalten der Kinder. Im Alter von 30 Monaten zeigten die Kinder aus der Gruppe, in der die Mütter geisteskrank waren, ebenso wie die Kinder, deren Familien einen niedrigen SES hatten, gleichermaßen weniger Kooperativität, mehr

Angst und Furchtsamkeit, erwiesen sich als niedergeschlagener und zeigten häufiger bizarre Verhaltensweisen als die Kinder der Kontrollgruppe. In einer Verhaltensbeurteilung der Kinder im Alter von 48 Monaten waren die Unterschiede bezüglich des Sozialstatus geringer als zum Zeitpunkt der Untersuchung mit 30 Lebensmonaten. Die Autoren folgern daraus, daß der Faktor, ein Elternteil mit sozial-emotionalen Problemen zu haben, für Vorschulkinder durchdringender und langfristiger wirkt als der niedrige soziale Status der Eltern (S. 60).

Radke-Yarrow und *Sherman* (1990) fragen sich angesichts der Untersuchungsergebnisse von *Spitz*, warum, wie und in welchem Ausmaß es Kindern gelang, trotz schwerer Deprivationen zu überleben. Ob die je unterschiedliche Verletzlichkeit dabei als Schwellenphänomen, das durch ein bestimmtes Maß an Streß einen massiven Zusammenbruch auslösen kann oder eher als gleichförmige Verhaltensdimension, die mal mehr, mal weniger erfolgreich Anpassung an Streß ermöglicht, definiert wird, hängt von den Untersuchungszielen ab. Für das Verstehen der im Prozeß des Anpassungsverhaltens wirkenden Mechanismen, worum es in meiner Untersuchung geht, im Gegensatz zu Entwicklungsvorhersagen, wird die Annahme einer eher gleichförmigen Verhaltensdimension zugrunde gelegt. Methodologisch seien Kasuistiken angebracht, wenn es um das Erkennen von komplexen Zusammenhängen geht, epidemiologische Studien dagegen, wenn Faktoren mit allgemeiner Vorhersagewirkung herausgearbeitet werden sollen.

Die Autoren untersuchten in Fallstudien Kinder, die trotz genetischer und kontextuell riskanter Lebensverhältnisse diese bewältigten, und zwar in dem Sinne, daß sie ohne psychiatrische Diagnose waren, daß sie schulische Anforderungen vergleichbar mit anderen Gleichaltrigen sowie die der Erwachsenen auch zu Hause erfüllten und daß sie ein positives Selbstkonzept hatten. Sie wollten herausfinden, wie und zu welchem Zeitpunkt Intelligenz, Geschlecht, Alter und familiärer SES der Familien die Wirkung von Risikofaktoren auf die Entwicklung der Kinder verhindern können.

In 25 Familien gab es in einem hohen Maß Risiken für die Kinder in Form von Depressivität der Eltern, anderen Gefühlserkrankungen, Abwesenheit des Vaters von zu Hause, chronisch-chaotischen und rauhen Familienlebens sowie gestörten elterlichen Verhaltens als Folge emotionalen Verwirrtseins. Als Kontrollgruppe gab es 18 Familien ohne psychiatrische Störungsbilder.

Kinder in beiden Gruppen wurden hinsichtlich ihres Anpassungsverhaltens sowohl im Alter von fünf und sechs als auch im Alter zwischen acht und 11 Jahren verglichen.

In der Risikogruppe fanden die Autoren zwar keine unverwundbaren Kinder, aber als „survivors" werden sie bezeichnet, weil sie trotz extremer Streßerfahrungen heranwuchsen und sich entwickelten. Als beschützende Faktoren traten Intelligenz, Wißbegierde, angenehmes Äußeres, ein für sich einnehmendes Sozialverhalten sowie die Fähigkeit, etwas Bedeutsames für die kranken Eltern tun zu können, hervor. Daraus entwickelte sich ein positives Selbstbild und ein wirkungsvoller Stil, Streßfaktoren zu begegnen. Alle Kinder, die in Risikofamilien „überlebten", zeichneten sich darin aus, daß sie ihren erlebten Kummer ausdrückten (vgl. *Radke-Yarrow & Sherman* 1990).

Garmezy (1985) erkennt in der Literatur nach der Durchsicht verschiedener, meist longitudinaler Untersuchungen immer wieder die Triade protektiver Faktoren: „dispositional attributes, family cohesion and warmth, and support figures available in the environment" (S. 220).

Als genetische und konstitutionelle Faktoren werden die Art und Weise wie Kinder auf Umweltveränderungen reagieren, wie sie sich trösten lassen, wie sie physiologische Reaktionen ausgleichen können und wie sie Schlaf-Wach-Zustände verändern, genannt. Als eine zum Aufbau von protektiven Faktoren bedeutsame Umwelterfahrung wird die erfolgreiche Bewältigung gefährlicher oder schwieriger Aufgaben, deren Lösung sozial wünschenswert ist, in mehreren Studien betont.

2.4 Ablehnung und Vernachlässigung von Säuglingen und Kleinkindern

In den bisher vorgestellten Untersuchungen der Bindungsforschung ging es um Erkenntnisgewinn über den Vorgang der Bindung von Säuglingen und Kleinkindern an ihre Bezugspersonen.

In einer prospektiven Studie (vgl. *Schmidt* 1993; *Esser & Weinel* 1993; *Stöhr* 1993; *Laucht* 1993; *Wendrich & Löffler* 1993) wurde das Verhalten von Müttern, unter dem Konstrukt von Ablehnung und Vernachlässigung als Formen psychischer Mißhandlung an drei Monate alten Säuglingen, aus Familien mit unterschiedlichen biologischen und psychosozialen Risiken im Hinblick auf psychiatrische

Fehlentwicklungen der Kinder im dritten und 24. Lebensmonat untersucht. Ich referiere Ergebnisse aus dieser Untersuchung, um sie daraufhin zu beurteilen, ob und wie sie mit den von *Main* und *Solomon* (1990) im 12. Lebensmonat beobachteten „desorganisierten/desorientierten" Verhaltensmustern in Einklang zu bringen sind.

Anhand von Angaben der Eltern und Beobachtungen von Interviewern wurden 15,4% aller 362 drei Monate alten Säuglinge als abgelehnt oder vernachlässigt beurteilt (vgl. *Schmidt* 1993). In zehnminütigen Beobachtungen der Mütter beim Wickeln und Spielen mit ihren Säuglingen zeigte sich die Ablehnung und Vernachlässigung ihren Säuglingen gegenüber als verringerte Reaktivität und Stimulation im Vergleich zur Kontrollgruppe. Da besonders ihre verminderten sprachlichen Äußerungen deutlich hervortraten, wird von ihnen als einem „Kennzeichen vernachlässigender Mütter" gesprochen (*Esser & Weinel* 1993, 25). Bei den abgelehnten und vernachlässigten Kindern zeigte sich kein signifikanter Haupteffekt. Dieses überraschende Ergebnis wird mit der Optimierung mütterlichen Verhaltens vor der Kamera begründet, das im Vergleich zu dem im Alltag gezeigten Verhalten ausreiche, ihre Kinder zu „normalisieren".

Je schwieriger die sozioökonomische und innerfamiliäre Lebenslage ist, desto nachlässiger und indifferenter ist die Mutter-Kind-Beziehung und desto größer wird die Gefahr für die Entstehung eines „mißhandlungsträchtigen Milieus" (*Stöhr* 1993, 37). Doch ebenso wie von den zitierten Autoren der „developmental psychopathology" wird hier kein gesetzmäßiger Zusammenhang zwischen defizitären sozialen Lebensumständen und psychischer Kindesmißhandlung gesehen. Vielmehr müssen neben randgruppenspezifischen und familiendynamischen auch die Merkmale des Kindes und der Mutter-Kind-Beziehung in den Erklärungszusammenhang einbezogen werden (vgl. *Stöhr* 1993).

Als individuelle Merkmale auf Seiten des Opfers elterlicher Mißhandlungen werden das Geschlecht, organische Risikomerkmale bei der Geburt sowie psychologische Entwicklungsmerkmale im Alter von drei Monaten unterschieden (vgl. *Laucht* 1993). Jungen überwiegen, ohne statistische Signifikanz, bei schweren Mißhandlungsformen. Frühgeburtlichkeit ist bei schwer mißhandelten Kindern etwas stärker vertreten, in einem statistisch jedoch nicht signifikanten Maß.

Der Anteil der Säuglinge, die in ihrer geistigen Entwicklung verzögert sind, ist unter den mißhandelten jedoch statistisch bedeutsam erhöht. Und „nahezu jeder zweite schwer mißhandelte Säugling weist Verhaltensauffälligkeiten gegenüber jedem neunten aus der Vergleichsgruppe" auf (*Laucht* 1993, 45). Welche spezifischen Auffälligkeiten sind nun für mißhandelte Säuglinge kennzeichnend?
1. Dysphorische Säuglinge, die häufig und lange schreien.
2. Dysrhythmische Säuglinge, die hinsichtlich ihrer biologischen Bedürfnisse (Trinken, Verdauen, Schlafen) für die Eltern unberechenbar sind.
3. Säuglinge mit Aufmerksamkeitsstörungen, deren Aufmerksamkeit nur schwer zu erregen und aufrechtzuerhalten ist. Dies gilt insbesondere für das Verhalten des Säuglings im Sozialkontakt (*Laucht* 1993, 45).

Ferner zeichnen sie sich dadurch aus, daß sie auf Fremdumgebung eher ängstlich und abweisend reagieren. Unklar ist jedoch, „welche Merkmale eines mißhandelten Kindes Folge oder Ursache elterlicher Mißhandlungen sind" (S. 45).

Wie haben sich nun die mit drei Monaten von ihren Müttern vernachlässigten und/oder abgelehnten Kinder (N=31) bis zum Alter von 24 Monaten geistig und seelisch im Vergleich zu nicht mißhandelten Kindern (N=160) entwickelt? Mit zwei Jahren ist ihre geistige und seelische Entwicklung nach wie vor auffällig, wobei eine leichte psychomotorische Entwicklungsverzögerung hinzugekommen ist. Unverändert ist ihre verminderte Belastbarkeit und gestörte Aufmerksamkeit. Sie haben mehr Einschlafprobleme, sind in der Kontaktaufnahme mit Fremden „entweder extrem scheu oder distanzlos" (*Weindrich & Löffler* 1993, 53) und haben häufiger Wutanfälle. Eßstörungen, dysrhythmisches Verhalten, dysphorische Stimmung sowie Kontaktstörungen treten vermindert auf. Die Autoren weisen ausdrücklich darauf hin, daß „manches im Alter von drei Monaten auffällige Kind ... zwischenzeitlich in die Gruppe der unauffälligen überwechselt, wie auch manches Kind erst im Alter von zwei Jahren auffällig geworden ist" (*Weindrich & Löffler* 1993, 53).

Die Untersuchungen zeigen, daß es Kontinuitäten und Diskontinuitäten in der Entwicklung von Kleinkindern gibt (vgl. *Rutter* 1993).

2.5 Desintegrationsprozesse in der postmodernen Gesellschaft

Können postmoderne Sozialtheorien (vgl. *Honneth* 1994) und ihre Aussagen über Kontexte von Familien die Bedingungen, unter denen sich Beziehungen in ihnen entwickeln, weiter erhellen? Sie beschreiben, in welchem Ausmaß die Lebenswelten von Kindern und Erwachsenen durch gesellschaftlichen Wandel verändert werden (vgl. *Metzmacher & Zaepfel* 1996a). Wird, wie in der Arbeit bisher dargelegt, Entwicklung intersubjektiv hervorgebracht, so muß die Lebensumwelt des Kindes und seiner Bezugspersonen nicht nur bei der Beurteilung des kindlichen Sozialisationsprozesses, sondern auch im intersubjektiven Diagnostik- und Therapieprozeß deutlich werden.

Subjektiv empfundene und objektiv vorhandene Einengungen, wie sie von Kindern unter Streß in Risikogruppen, die desorganisierte Verhaltensweisen und Identitätszustände zeigen, erlebt werden, sind sowohl Ausdruck innerpsychischer wie kontextueller, also lebensweltlicher Erfahrungen und können daher nicht ohne diesen Bezug verstanden und verändert werden.

Honneth sieht Deutschland in einem Zustand der „Desintegration" als Folge von Privatisierungstendenzen der Menschen, des Auflösungsprozesses von Familien und von ökonomischen Verelendungsprozessen.

Diese Veränderungen zeigen sich vor allem „innerhalb der kommunikativen Infrastruktur der sozialen Lebenswelt" (S. 14). Unter Privatisierung oder Vereinzelung ist der Zerstörungsprozeß intersubjektiv erlebbarer Gemeinschaftsbezüge zu verstehen, der die Individuen ihrer gesicherten Sozialkontakte beraubt. Nach *Honneth*s Darstellung der postmodernen Sozialtheorien, deren empirische Befunde er auch seinen Deutungen zugrunde legt, bewerten diese die „diagnostizierte Verschränkung von kultureller Erosion und individuellem Authentizitätsverlust" positiv als „Chance einer spielerischen Entfaltung von individuellen Besonderheiten" (S. 15).

Da *Honneth* jedoch davon ausgeht, daß Menschen sich nicht unabhängig von „normativen Rückbindungen" verwirklichen können, kann er in der Auflösung sozialer Gefüge keine Chance für die Entfaltung subjektiver Lebensentwürfe sehen. Er sagt dagegen, daß Menschen in ihrer Identitätsbildung „konstitutiv auf die normative Zustimmung anderer angewiesen sind, weil sie sich ihrer praktischen Ansprüche und Zielsetzungen nur anhand der positiven Reaktionen eines Gegenübers vergewissern können" (S. 18).

Eine Untersuchung, anhand derer Honneth verdeutlicht, auf welche neuen Rückbindungssysteme sich Menschen in einer veränderten Kommunikationsgesellschaft beziehen können, stellt das Bindungssystem von Kindern zu ihren Eltern und Großeltern als motivierende Kraft für die Entwicklung neuer Dyaden und Triaden zwischen Erwachsenen und Kindern in der Nachscheidungssituation in den Mittelpunkt (*Krappmann* 1990, zitiert nach *Honneth* 1994, 95/96). Honneth sagt, daß sich aus dem „Verhältnis" des Kindes zu den Erwachsenen, aus der „Form der nachehelichen Betreuung der Kinder", bzw. danach, wer zur „zentralen Bezugsperson" des Kindes wird, entscheidet, welche neue Art und Weise von Familienleben entsteht.

Diesen Familien neuen Typs, die andernorts als „Wahlverwandtschaften" bezeichnet worden sind, liegen zwar neue Normen über die private Lebensführung der Erwachsenen zugrunde, aber traditionelle Vorstellungen über die Wirkung von Bindungssystemen. Kindern kommt, worauf *Honneth* (S. 96) hinweist, eine „neue, wenn auch schwache Macht" zu.

Scheidungen schaffen spezifische Sozialisationskontexte für Eltern und Kinder. Wird eine Ehe geschieden und im Zeitpunkt der Wiederverheiratung hat mindestens einer der neuen Partner bereits Kinder, so entsteht durch Wiederverheiratung eine „Mehrelternfamilie" (vgl. *Napp-Peters* 1993). *Napp-Peters* unterscheidet zwei Scheidungsmodelle. Das Desorganisatonsmodell besagt, daß die „Auflösung der Ehebeziehung als Abbruch des normalen Verlaufs des Familienzyklus" gesehen wird. Nach dem Reorganisationsmodell wird Scheidung „nicht als Störung, sondern als Ausdruck einer veränderten Einstellung zur Institution Familie sowie als Ausdruck eines grundlegenden Bedeutungswandels der individuellen Investitionen in das familiäre System verstanden" (S. 15).

Die faktischen, z.B. besuchsrechtlichen Auswirkungen dieser Modelle, aber auch ihre psychischen, z.B. in Form von Selbstbewertungen des erlebten Scheidungsschicksals, sind von Bedeutung für die kognitiven wie emotionalen Organisationsmuster in Nachscheidungsfamilien. Orientieren sich Mitglieder der Nachscheidungsfamilie überwiegend am Desorganisationsmodell, weil z.B. die Trauerarbeit noch vieles offen gelassen hat, so werden sie eher ängstlich

Binnenkonzentration erhalten wollen. Orientieren sie sich am Reorganisationsmodell, so werden sie vermutlich ihre Individualisierungstendenzen eher als konstruktive Veränderungen im Familienzyklus bewerten. Ein Zusammenhang mit der Entwicklung des Bindungsmusters „desorganisiert" bei Kindern in „Mehrelternfamilien" läßt sich konstruieren. Die Vorstellung, Scheidung sei ein Bruch der Normalität, kann zu einer Identitätsverunsicherung der Mutter führen. Pathologische Triangulierungen in Form von Rollenumkehrungen zwischen Eltern und Kind können zur Bildung desorganisierter Bindungsmuster beitragen.

Die Auflösung traditioneller Familien und Nachbarschaften sind ein Merkmal hochentwickelter Gesellschaften. Vor diesem Hintergrund können beispielsweise Verluste wichtiger Bezugspersonen, auf die *Main* und *Hesse* (vgl. 1990) im Zusammenhang mit der Entstehung „desorganisierter/desorientierter" Verhaltensweisen bei Kindern aufmerksam gemacht haben, in ihrer traumatisierenden Wirkung schlechter kompensiert werden als innerhalb funktionierender Kommunikationsgemeinschaften mit ihren protektiven Wirkungen. Die Vereinzelung der Individuen, wie sie in den sieben, von *Main* und *Solomon* (vgl. 1990) beschriebenen Verhaltensmustern zutage tritt, verstehe ich als Ausdruck von Regulations- und Passungsproblemen zwischen Eltern und Kindern sowie der geschilderten gesellschaftlichen Erosionsprozesse.

2.6 Zusammenfassung und Diskussion

Während *Main* und *Solomon* (1990) an den Bewegungen zwölf Monate alter Kinder im Hinblick auf ihr Kontaktverhalten zu anderen Personen interessiert waren, richtet *Laucht* (1993) seinen Blick primär auf den somatischen Ausdruck biologischer Bedürfnisse und nur sekundär auf das Verhalten der Säuglinge im Sozialkontakt. Seine Ergebnisse umschreiben zwar Defizite in den biologischen Voraussetzungen für Interaktionen mit Bezugspersonen, jedoch nicht die Bewegungen, die mißhandelte im Gegensatz zu nichtmißhandelten Säuglingen in Interaktionen zeigen.

Ihre Mißstimmungen können Auslöser oder Folge der festgestellten vegetativen Störungen sein. Die beobachteten Aufmerksamkeitsstörungen können zu (weiteren) dialogischen Störungen in Mutter-

Kind-Interaktionen führen, durch die wiederum die Entwicklung ihrer Bindungsstrategien (A-D) beeinflußt werden. Ob diese im Alter von zwölf Monaten i.S. der Klassifikationen von *Main* und *Solomon* (1990) als „organisiert" oder „desorganisiert" hervortreten werden, ließe sich aus „Kettenwirkungen" (*Rutter* 1993) weiterer, die beobachtete Ängstlichkeit in Fremdumgebungen beeinflussender Faktoren vorhersagen. Die an ihnen im dritten Lebensmonat vollzogene psychische Mißhandlung stellt in Verbindung mit individuellen und psychosozialen Risikofaktoren eine Gefährdung der kindlichen Entwicklung dar, die durch veränderte Lebensumstände vermindert oder verstärkt werden kann.

Daß die im dritten Lebensmonat festgestellten, auffälligen leiblichseelischen Zustände als umschriebene Verhaltensauffälligkeiten bei zwei Jahren alten Kindern beobachtbar waren, läßt vermuten, daß bei diesen Kindern protektive Faktoren die Wirkungen von Risikofaktoren nicht hineinreichend puffern konnten. Umgekehrt kann angenommen werden, daß die Risikofaktoren puffernden Faktoren bei den Kindern gewirkt haben, die mit drei Monaten auffällig und mit 24 Monaten unauffällig waren.

Die Mannheimer Studie liefert Ergebnisse über Beobachtungen an psychisch mißhandelten Säuglingen und verfolgt deren Entwicklung bis ins zweite Lebensjahr. Sie lassen sich als ein Beitrag lesen, der Zusammenhänge zwischen biologischen und psychosozialen Lebensbedingungen von Säuglingen und ihren Verhaltensentwicklungen erhellt und dem Konstrukt von den Wechselwirkungen zwischen protektiven und Risikofaktoren zugeordnet werden kann.

Die „Ökologie der menschlichen Entwicklung", die das Individuum in einer fortschreitenden Veränderung sieht, vernetzt mit seiner auf mehreren Ebenen erfahrbaren, sich ebenfalls verändernden Umwelt, stellt hohe Anforderungen an innerpsychische Ordnungsfunktionen des einzelnen Menschen. „Interne Arbeitsmodelle", in denen sich mentale Repräsentationen von Lebensläufen niederschlagen, sind als theoretisches Konstrukt offen für die Enkodierung vielfältiger Interaktionserfahrungen in unterschiedlichen mikrosoziologischen Kontexten.

Es ist ein Verdienst der „developmental psychopathology", auf ‚mentale Bilanzierungsmöglichkeiten' zwischen den biologischen, emotionalen und sozialen ‚Posten' der Interaktionsteilnehmer aufmerksam zu machen.

Bemüht sich nun der Untersucher und Diagnostiker, diesen Entwicklungsprozeß zu rekonstruieren, so muß er sich auch damit beschäftigen, welche spezifische Bedeutung die Lebensumwelt des Kindes für dessen Sinnfindungsprozeß hat.

3. Die aus der Bindungs- und Säuglingsforschung abgeleiteten Arbeitsmodelle

Im folgenden Abschnitt werden die von den Bindungstheoretikern herausgearbeiteten, zu Mustern organisierten Bindungserfahrungen, die der Strategie D zugrunde liegen, altersunangemessene sexuelle Stimulierungen sowie Armut als Risikofaktoren klinischer Entwicklungsprozesse von Vorschulkindern untersucht.

Im darauf folgenden Abschnitt werden acht Kasuistiken daraufhin beurteilt, wie sich diese Risikofaktoren in Wechselwirkungsprozessen mit protektiven Faktoren auf die Selbst-Ich- und Identitätsentwicklung der Vorschulkinder ausgewirkt haben.

Als wesentliches Kriterium für die Beurteilung der Auswirkungen der ausgewählten Risikofaktoren auf die Identitätsentwicklung der Kinder gilt die Stabilität einer Vorstellung vom autonomen Ich in flexibler kommunikativer Abgrenzung von Imaginationen einerseits und Mitmenschen (bzw. Dingen) andererseits (vgl. *Winnicott* 1993).

Ich beurteile Kinder als „desorganisiert/desorientiert", deren Spiele und Zeichnungen auf ein internes Arbeitsmodell verweisen, in dem die „Überstiegsfunktion" defizitär angelegt ist (vgl. *Lempp* 1988, 1992) und Triangulierungen mißlungen sind (vgl. *Buchholz* 1995).

Mein Arbeitsmodell besteht aus fünf Punkten:

1. Die dargestellten Theorien zeigen, daß psychische Zustände von Kindern anhand ihrer auf Bezugspersonen gerichteten Reaktionsformen beurteilt werden können. Aus den gelebten Erfahrungen eines Kindes mit sich und anderen, die als „Erinnerungsspuren" im Gedächtnis enkodiert werden, lassen sich psychische Zustände und Verhaltensformen erklären. Die zu Repräsentationen organisierten Erinnerungen werden interne Arbeitsmodelle genannt. Sie beeinflussen aktuelle und zukünftige Kontakt- und Beziehungsformen. Ihre Entstehung kann mit spezifischen Früherfahrungen in Verbindung gebracht werden. Sie werden im Verlauf von Entwicklungen ständig modifiziert, so daß sie kontinuierliche Entwicklungen nicht vorhersagbar machen. Neben den tatsächlich gelebten Interaktionen zwischen Kind und Eltern werden auch deren unbewußte Phantasien und Wünsche als Erinnerungen an Bindungserfahrungen sowie die aus Interpretationen der gefühlsmäßigen Valenzen von Bindungen gebildeten Emotionsschemata enkodiert.

2. Von Säuglingsforschern wurde herausgefunden, daß Säuglinge bereits in den ersten Lebensmonaten ihr Handeln selbst steuern. Diese Fähigkeit ermöglicht es ihnen, Spannungszustände zu reduzieren und sich getrennt von der Mutter zu erleben. Die Kontrollfähigkeit des Säuglings über seinen leiblichen Ausdruck bei der Kommunikation mit der Mutter ist die Grundlage seiner frühen Intentionalität.

Bezieht das Kind in seine Kommunikation mit der Mutter Gegenstände und Symbole ein, so hat es damit die Voraussetzung erworben, zwischen seiner inneren Welt und der der Erwachsenen kommunikativ zu wechseln und die Welt nicht mehr ausschließlich subjektiv zu betrachten.

Die darauf aufbauenden (verbalen) Selbstreflexionsprozesse lassen das Kind den Gegensatz von Macht oder Ohnmacht in Beziehungen erkennen und erleben.

Die Säuglingsforschung hat gezeigt, daß von den in psychoanalytisch orientierten Theorien postulierten frühen Verschmelzungs- und Omnipotenzphantasien nicht ausgegangen werden kann. Diese sind vielmehr als reaktive Symptome auf Verlusterfahrungen zu deuten.

3. Im symptomatischen Verhalten von Vorschulkindern kann zwischen organisierten und desorganisierten Zuständen unterschieden werden. Die Bindungserfahrungen des Kindes mit seiner Mutter im ersten Lebensjahr können zu „desorganisierten/desorientierten" Verhaltensmustern führen. Folgende Verhaltensweisen von Kindern im zwölften Lebensmonat in der „Fremden Situation" werden als „desorganisiert/desorientiert" klassifiziert.

1. Widersprüchliches Verhalten: Kontaktsuche und -vermeidung treten gleichzeitig bzw. unmittelbar hintereinander auf. Kinder verharren im Raum zwischen klarer Annäherung und klarer Vermeidung ihrer Bezugsperson.
2. Die Annäherung an die Bezugsperson bleibt unvollständig, obwohl ein Kontakt zu ihr intendiert war.
3. Das Kind zeigt bizarre Bewegungen, Stereotypien oder Selbstverletzungen.
4. Das Kind verlangsamt Bewegungen und ‚erstarrt'.
5. Es zeigt Angst in der Nähe seiner Bezugsperson.

Diese beziehungssprachliche Deutung von Symptomen (vgl. *Metzmacher* & *Zaepfel* 1996b) bei Säuglingen läßt sich auch an das Verhalten von Vorschulkindern anlegen.

4. In Zeichnungen von Vorschulkindern können unpassende Details, Unvollendetes, Übermalungen sowie der fehlende Bezug von Hinweisen auf starke Gefühle (z.B. Freude) zum Gesamtzusammenhang für desorganisierte Zustände sprechen.

Die motorische Unruhe eines Kleinkindes in der Nähe seiner Bezugsperson wird als Aktivität gedeutet, um ein aufkommendes Gefühl von Desorganisation zu bewältigen.

Kontrollierendes Verhalten von Vorschulkindern gegenüber Bezugspersonen in Form von
➤ überfreundlichem, versorgendem oder
➤ aggressivem Verhalten,
was für eine Rollenumkehr in der Beziehung zwischen Kind und Bezugsperson spricht, wird als Hinweis auf Desorganisation gedeutet.

Wie ich in Abschnitt III ausführen werde, deute ich auch bestimmte Formen altersunangemessenen sexuellen Verhaltens bei Vorschulkindern als Hinweise auf Desorganisation: als Abwehr des Kindes, von der Mutter getrennt zu sein (vgl. *Buchholz* 1995), bzw. als Ausdruck pathologischer Triangulierung (vgl. *Reichhart* 1996).

5. Außer dem Zusammenhang zwischen nichtverarbeiteten, traumatischen Bindungserfahrungen von Eltern und den desorganisierten Verhaltensmustern ihrer Kinder gibt es bislang keine psychodynamischen Erklärungsansätze für diese Verhaltensmuster (vgl. *Wartner* et al. 1994).

Aus dem Zusammenwirken folgender Entwicklungsfaktoren – schädigender wie protektiver Qualität – lassen sich weitere Hypothesen über die Ausbildung desorganisierter Verhaltensmuster aufstellen:
➤ Psychopathologische Zustände bei Eltern
➤ Sozioökonomische Verhältnisse (vgl. *Stöhr* 1993; *Herrenkohl* et al. 1995) sowie gesellschaftliche Erosionsprozesse (vgl. *Honneth* 1994) können gestörte Mutter-Kind-Beziehungen hervorbringen.
➤ Selbstgesteuertes und den Kern von Selbst, Ich und Identität gegen Grenzverletzungen durch Bezugspersonen schützendes Verhalten von Vorschulkindern ist ein Ausdruck ihrer Individuation.
➤ Unfähigkeit von Kindern, zwischen ihrer Eigenwelt und der Welt der Erwachsenen zu wechseln.

Aus den Arbeitsmodellen werden Leitlinien zur Unterscheidung organisierter von desorganisierten Verhaltenszuständen bei Vorschulkindern abgeleitet (Teil IV).
Die Literatur zu klinischen Fragestellungen (Teil III) dient der Präzisierung der Arbeitsmodelle. Sie wird daraufhin untersucht, ob explizit oder – was wahrscheinlicher ist – implizit Konzepte zu finden sind, die sich mit dem theoretischen Konstrukt von „Desorganisation" zur Beschreibung psychopathologischer Entwicklungsprozesse verbinden lassen.

III. Klinischer Teil

Obwohl die Darstellung und Beurteilung der Kasuistiken erst unter Abschnitt IV erfolgen wird, schildere ich bereits an dieser Stelle das Untersuchungsfeld, aus dem sie entstanden sind. Damit führe ich den Leser in den praxeologischen Teil meiner Arbeit ein.

4. Das Untersuchungsfeld

4.1 Institutionsbeschreibung

In den Einrichtungen, aus denen hier berichtet wird, werden Kinder im Alter zwischen drei und sieben Jahren bis zur Schulreife in sonderpädagogischen und sprachtherapeutischen Gruppen teilstationär betreut. Die Kostenregelung erfolgt über das BSHG. Die Betreuungszeit beträgt durchschnittlich sechs Stunden täglich. In den sonderpädagogischen Gruppen werden sechs, in den sprachtherapeutischen acht Kinder in der Regel ein Jahr, auf Antrag auch länger, betreut.

Meist arbeiten zwei Erzieherinnen in einer Gruppe. Sparmaßnahmen zwingen hin und wieder zu weniger qualifizierten Besetzungen. In den sonderpädagogischen Gruppen arbeiten meist Praktikantinnen oder Zivildienstleistende ergänzend mit. Letztere sind oft die einzigen männlichen Betreuer. Zwei der acht Kinder, um deren Entwicklung es in dieser Arbeit geht, wurden von Männern als Zweitkräften neben den Gruppenleiterinnen betreut, die anderen ausschließlich von Frauen.

Die Zuweisung der Kinder erfolgt durch Gesundheitsämter, wobei als Kriterium für den sonderpädagogischen Bereich die Feststellung einer aktuellen oder drohenden geistigen, körperlichen oder seelischen Behinderung und für den sprachtherapeutischen die der Sprachbehinderung gilt. Oft sind Entwicklungsbeeinträchtigungen, Persönlichkeitsentwicklungs- und Verhaltensstörungen sowie psychopathologisches Verhalten hinter der Behinderungsklassifikation zu erkennen. Prä-, peri- oder postnatale somatische Noxen sind bei schweren geistigen und körperlichen Behinderungen, nicht jedoch bei den hier vorgestellten Kindern zu erkennen. Sie sind wegen Sprachbehinderungen (Kasuistiken 4 und 6) bzw. wegen drohender geistiger oder seelischer Behinderungen den Einrichtungen zugewiesen worden.

Sowohl das Erlernen alltagspraktischer und kommunikativer Fähigkeiten als auch ihre sozial-emotionale Nachversorgung sind Inhalt und Ziel der pädagogischen Arbeit. Sie dient der Individualisierung und Autonomisierung der Kinder. Entwicklungserfolge werden an verbesserten Wechselwirkungsprozessen, z.B. zwischen sensumotorischen und kognitiven Fortschritten und dem Affektausdruck bzw. der Affektkontrolle bemessen.

Normal entwickelte Kinder zwischen drei und sieben Jahren handeln zwar noch oft aus der „egozentrischen Perspektive", in der sie nicht zwischen eigenen und fremden Interpretationen eines Ereignisses unterscheiden können. Sie sind sich aber bereits der „Subjektivität von Perspektiven" bewußt und erkennen, „daß andere Menschen andere Perspektiven, Gedanken und Gefühle haben" (*Mussen* et al. 1993, Bd. 2, 58).

Den Kindern in sonderpädagogischen Gruppen fehlt im Gegensatz zu denjenigen in sprachtherapeutischen weitgehend die subjektive Perspektive. Die Kinder des sonderpädagogischen Bereichs beschäftigen sich, überwiegend im Einzel- oder Parallel- und nur in Ausnahmesituationen im kooperativen Spiel, vorwiegend mit funktionalen, sensumotorischen Spielen und seltener mit konstruktivem Spiel. Manchmal wird dies, wenn auch in undifferenzierter Form, zum fiktiven Spiel. Fiktive Spiele machen die „Integration komplementärer oder wechselseitiger Handlungen und Rollenbeziehungen" erforderlich (*Mussen* et al. 1993, Bd. 2, 54).

Nach meinem Verständnis sind das Spiel und die Zeichnungen aller Kinder, die ich vorstelle, „Erzählungen" über bewußt und unbewußt gemachte, kognitiv und imaginativ verarbeitete Erfahrungen. Ob Kinder allerdings wissende Distanz i.S. von Exzentrizität zu ihrem Spiel oder ihren Zeichnungen einnehmen können, wie es z.B. Kinder im Vater-Mutter-Kind-Rollen-Spiel tun, hängt vom Stand ihrer Persönlichkeitsentwicklung ab.

Die Zusammenarbeit mit den Eltern gestaltet sich reibungslos, solange die Mitarbeiter die Entlastungswünsche der meist überforderten und durch materielle Sorgen und traumatische Ereignisse belasteten Familien erfüllen. In familiendynamischer Sicht spielen die Kinder häufig weit über ihr Entwicklungs- und Lebensalter hinausreichende tragende und tragische Rollen, deren Veränderung für ihre langfristige Stabilisierung notwendig ist. Diese neurotisierende Kontextabhängigkeit der Kinder wird von den PädagogInnen wahrgenommen. Da sie das, was sie sehen und erkennen, in der Regel nicht verändern können, steigern sie ihre Fürsorge für die Kinder und tragen zu enormen Entwicklungsfortschritten bei. Ohne die Einbettung der erreichten Veränderungen in eine veränderte familiäre Rollenstruktur, z.B. durch die Rollenumkehr des parentifizierten oder die Entlastung des „omnipotenten" Kindes, haben diese langfristig keinen Bestand. Unbefriedigende sozioökonomische Bezüge zur Gesellschaft beeinträchtigen die Identitätsbefindlichkeiten der Eltern und erhöhen ihre Erwartungen an die emotionale Kompensationsfunktion ihrer Familien (vgl. *Honig* 1985, zitiert bei *Buchholz* 1995, 76f). Diese erfüllen sie sich z.b. durch mißbräuchliche Liebesverhältnisse zu ihren Kindern, die als Regelbeziehungen von strafrechtlich definierten sexuellen Mißbrauchsbeziehungen zu unterscheiden sind.

Ein Kindertherapeut berät die Pädagoginnen in diagnostischen sowie therapeutischen Fragen, arbeitet kurz- oder langfristig mit einzelnen Kindern und unterstützt die Fachkräfte bei der Elternarbeit, insbesondere dann, wenn diese bei den Kindern Auffälligkeiten sehen, die auf Familienkonflikte verweisen, oder dann, wenn Diskrepanzen in der Leistungsbeurteilung zwischen Eltern und ihnen bestehen.

Beendet ist der institutionelle Arbeitsauftrag mit einer Schulempfehlung am Ende der Vorschulzeit.

4.2 Fragestellungen und Untersuchungsziele

Ich verfolge in den Teilen III und IV dieser Arbeit die Frage, ob die im Teil II 3 entwickelten Arbeitsmodelle geeignet sind, klinische Entwicklungsprozesse von Vorschulkindern differenzierter zu betrachten, zu verstehen und diagnostisch zu beurteilen.

Folgende Annahmen sind die Grundlage für eine Beobachtungsanleitung:

1. Die tiefenpsychologische Dimension des Bindungsmusters – Desorganisation – wird durch Selbst-Entwicklungsstrategien des Babys in seiner Bezogenheit zu familiären Verhältnissen erweitert. Dadurch wird das traditionelle bindungstheoretische Dogma linear-kausaler Erklärungen des Kontakt- und Beziehungsverhaltens von Kindern für vielfältige interaktionistische und systemische Wechselwirkungsprozesse geöffnet.

2. Wird die Entwicklung als derart komplexer Prozeß und nicht mehr determiniert aus der Mutter-Kind-Dyade betrachtet, so bedarf es für den Prozeß des Verstehens kindlicher Entwicklungen theoretischer Vermittlungskonzepte, die deutlich machen können, wie sich komplexe Lebensumwelten und innerpsychische Strukturbildungen wechselseitig beeinflussen.

Im Mittelpunkt meiner Themenstellung sehe ich die Frage, unter welchen Voraussetzungen das Kind seiner Persönlichkeit auf den Ebenen von Selbst, Ich und Identität so weit Kontur geben kann, daß es seine Identität im sozialen Kontext autonom und doch bezogen entwickeln kann. Zu ihrer Beantwortung halte ich die von *Winnicott* (vgl. 1993), *Lempp* (vgl. 1988; 1992), *G. Benedetti* (vgl. 1989; 1992), *Stierlin* (vgl. 1994) sowie von *Buchholz* (vgl. 1995) entwickelten Arbeitsmodelle als gut geeignet. Die Autoren verbindet in meiner Sicht die Suche nach Transformationskonzepten zwischen Umwelterfahrungen und innerpsychischen Organisationsprozessen bei beziehungssprachlich gestörten Menschen.

3. Schließlich geht es mir darum, Beobachtungs- und Interpretationskriterien zu finden, anhand derer das Verhalten von Vorschulkindern im Hinblick auf seinen psychodynamischen und sozialen Sinn besser zu verstehen ist.

4. Hinweise auf desorganisierte Verhaltenszustände werden bei Kindern im durchschnittlichen Alter von 6;3 Jahren bei der Erstuntersuchung und 7;9 Jahren bei der Nachuntersuchung
  a) anhand der von Erzieherinnen geschilderten oder beobachteten Verhaltensweisen der Kinder im Vorschulkindergarten und
  b) anhand der in dyadischen Situationen in Interaktionen mit den Kindern erlebten Verhaltensweisen und
  c) anhand der von den Kindern produzierten Bilder und Testergebnisse untersucht.

Als Hinweise auf innerpsychische Desorganisation werden die unter 1.-6. beschriebenen Verhaltensformen interpretiert. Sie haben die Bedeutung von „Abwehrmaßnahmen", von „perzeptuell-affektiven Handlungsantworten" auf Unlust und Schmerz. Sie dienen der Bewältigung einer schwierigen Situation (*Petzold* 1995, 427). Die Abwehrmaßnahmen haben solange protektiven Charakter, bis sie dysfunktional fixiert sind und alternative Verhaltensmöglichkeiten ausschließen.
  Eine Beobachtungsanleitung in sechs Punkten:

1. Kinder zeigen wiederholt im Spiel, daß sie sich um Erwachsene sorgen und dabei ihre Bedürfnisse nach emotionalem Versorgtwerden verleugnen.

2. Kinder kommunizieren wiederholt mit anderen oder mit Gegenständen, ohne zwischen sich und diesen einen Abstand über ein Symbolverständnis herstellen zu können. Z.B.: Ein Kind malt Wasser und spricht dabei von seiner Angst unterzugehen. Z.B.: Ein Kind fährt im Spiel ein Fahrzeug und erweckt durch seine Bewegungen und seine Geräusche den Eindruck, es sei dieses selbst (es zieht z.b. eine imaginäre Handbremse an seinem Oberschenkel).

3. Kinder stellen im Spiel elterliche „Introjekte" (*Resch* 1996, 16) dar, indem sie psychische Zustände oder Verhaltensweisen ihrer Eltern als eigene ausagieren. Es wird deutlich, daß Phänomene der „Hauptrealität" in ihrer „Nebenrealität" vorherrschen und nicht von ihnen (ihrem „Ich") kontrolliert werden können. Z.B.: Ein Kind eines in Lebensgefahr wahrgenommenen Vaters stirbt und wird gleichzeitig von ihm gerettet.

4. Kinder zeigen im Spiel ihre Unfähigkeit zu trialogischer Kommunikation. Z.B.: Das Angebot des Untersuchers an ein Kind, mit einer Handpuppe, die er hält, zu kommunizieren, veranlaßt dieses, Gefühle in der Rolle der Handpuppe so auszuleben, daß der Eindruck entsteht, es sei die Handpuppe selbst. Z.B.: Ein Kind fixiert sich ausschließlich auf den Dialog mit der Puppe, ohne dabei den Untersucher, der es anspricht, zu beachten.

5. Kinder zeigen in ihrem Spielverhalten aufeinanderfolgende, widersprüchliche Affekte. Z.B.: Ein Kind spielt und spricht wie ein Baby, und danach ist es Herrscher über Leben und Tod. Kinder zeigen gegenüber Bezugspersonen schnell wechselnde, widersprüchliche Beziehungsbotschaften. Diese Abwehrform läßt sich als Hinweis auf archaische Spaltungsvorgänge deuten (*Petzold* 1995, 434).

6. Kindern fehlt eine im Spiel sich ausdrückende Fähigkeit, Aggressivität so einzusetzen, daß sie in der Interaktion Selbst, Ich und Identität behaupten, aber die Existenz des anderen nicht auslöschen. Z.B.: Ein Kind fesselt den Untersucher mit einem Seil, um ihn ins Gefängnis zu bringen, indem er das eine Ende lose um seine Hand windet und das andere durch die Öffnung eines Schrankschlüssels steckt. Z.B.: Ein Kind tötet im Spiel „Mama", „Papa", „Ich" und „Kinder".

7. Bestimmte Formen sexualisierter Verhaltensweisen – Beurteilungskriterien werde ich auf der Grundlage der Auswertung klinischer Forschungsergebnisse im Teil III dieser Arbeit formulieren.

8. Elemente in Kinderzeichnungen – Beurteilungskriterien werde ich auf der Grundlage der Auswertung klinischer Forschungsergebnisse im Teil III dieser Arbeit formulieren.

4.3 Methodik

4.3.1 Theoretische Überlegungen

Der Zugang zu den Lebenswelten der Kinder wird durch ein phänomenologisch-strukturelles Sinnverstehen ihrer Mitteilungen gesucht. Dabei gehe ich von der Annahme aus, „daß sich ‚soziales Handeln' zu allererst als sinnhafter, vorsprachlicher Funktionszusammenhang von Bewegungen und Gesten verstehen läßt" (*Metzmacher & Zaepfel* 1996b, 78; vgl. dazu auch *Lippitz & Rittelmeyer* 1990). Daran, wie das Kind sich gegenüber anderen Menschen mit seiner Sprache, Aktivität und Phantasie ausdrückt, läßt sich die „Melodie" des wechselseitigen Rhythmus von Responsivität zwischen Mutter und Kind erkennen (*Massie* et al. 1993, 272).

Klassische, linear-kausale, psychoanalytische Theorien und behavioristische oder entwicklungsbiologische Konzepte zur Erklärung von Verhaltensentwicklungen sind nicht geeignet, um die in Erscheinung tretenden Verknüpfungen von Wirkfaktoren in einen verstehenden und erklärenden Zusammenhang mit den beobachteten auffälligen Verhaltensweisen zu bringen.

Die interaktionistische Sicht von der Veränderung menschlicher Verhaltensweisen ist ein wissenschaftliches Deutungsmuster, das geeignet ist, gerade in die Zusammenhänge von Risiko-und Schutzfaktoren sowie von Resilienzen bei Vorschulkindern, deren Persönlichkeitsentwicklung rasanter als in späteren Lebensabschnitten verläuft, eine konzeptionelle Ordnung zu bringen.

Die Interpretationen des kasuistischen Materials (Teil IV), die sich durch die Anwendung nonverbaler Methoden zur Erfassung seelischer Zustände auszeichnen, werden trotz ihrer deutlichen Trennung vom beschriebenen faktischen Geschehen hin und wieder mit diesem verwoben, da das Untersuchungsmaterial aus therapeutischen, also intersubjektiven Prozessen, erhoben worden ist. Dabei wird bereits das beobachtbare Verhalten durch die Person des Diagnostikers und Therapeuten subjektiviert. Insofern verstehe ich mich als Anhänger konstruktivistischen Denkens in der Therapie. „Therapie ist weder eine Verschreibung noch ein Freilegen von Informationen, sondern die Schaffung alternativer Geschichten und Realitäten durch Fragen ... so daß am Rande des Gesprächs der Keim für andere potentielle Geschichten und Realitäten gelegt wird, die vielleicht nie ans Tageslicht dringen, aber auch in Erscheinung treten, das Gespräch selbst formen und so einen Wandel im Prozeß verkörpern können" (Herington 1993, 256).

Woran läßt sich erkennen, ob die neuen Geschichten und Realitäten über das Leben der Kinder, die im diagnostischen Geschehen entstehen, von ihnen aufgegriffen und für einen Wandel genutzt werden? Der Diagnostiker und Therapeut entscheidet, was er beschreibt und als Ausdruck von Wandel oder Stillstand im Leben des Kindes beurteilt. Ist das, was er darlegt, in einem dialogischen Geschehen mit dem Kind entstanden – es konnte also seine Deutungen von sich und der Welt einbringen – so ist das Ergebnis ein gemeinsames. Als solches wird die neu entstandene Geschichte im weiteren Leben des Kindes eine Rolle spielen.

Das Gemeinsame in der Arbeit zwischen Kind und Diagnostiker soll in den Kasuistiken transparent werden. Leser können sich ein Bild machen, ob Korrespondenzprozesse stattgefunden haben. Sie können beurteilen, ob die vorgeschlagene Konzeptualisierung kindlicher Verhaltensweisen mit Hilfe der ausgewählten Theorien ihnen Anhaltspunkte für Beobachtungen und Deutungen in ihren Interaktionsprozessen mit Kindern geben.

4.3.2 Konkretes Vorgehen

Um der Veränderbarkeit von Persönlichkeiten bei Kindern im Vorschulalter Rechnung zu tragen, wurde der Untersuchungszeitraum möglichst lang gewählt und durch Nachuntersuchungen ergänzt (vgl. Tab. 1).

Tabelle 1

Kasuistik	Alter bei Erstuntersuchung	Alter bei Nachuntersuchung
1 Aiko	6;2 – 7;3	8;0 und 9;2
2 Andrea	4;3 – 7;0	7;11

Klinischer Teil 95

3 Dennis	6;8 – 7;4	—
4 Fabian	6;4 – 7;1	—
5 Mario	6;0 – 6;11	7;8
6 Natascha	5;5 – 6;2	6;11
7 Nils	5;11 – 6;11	7;6 – 7;9 und 8;8
8 Sylvia	6;1 – 6;11	7;9

Der durchschnittliche Untersuchungszeitraum für die Erstuntersuchung lag bei zwölf Monaten. Ihr Beginn war durch die Anmeldung der Kinder beim Untersucher und ihr Ende durch das Verlassen der Vorschuleinrichtung bestimmt. Die Kinder der Kasuistiken 3 und 4 konnten einer Nachuntersuchung nicht unterzogen werden. Mit Andrea (Kasuistik 2) bestand bis zum Ende der Arbeit an der Thematik der Kontakt fort. Die Nachuntersuchung im Alter von 7;11 Jahren ist die Zusammenfassung einer Familientherapiesitzung. Die Nachuntersuchung von Nils (Kasuistik 7) im Alter von 8;8 Jahren ist die zusammenfassende Beschreibung und Interpretation von Erfahrungen aus der dyadischen Therapie.

Der Untersucher wurde in der Rolle als Diagnostiker, Therapeut und teilnehmender Beobachter zu einem Mitglied im Interaktionssystem zwischen dem Kind, seinen Erzieherinnen, den Kindern seiner Gruppe sowie, durch Hausbesuche und Familiengespräche, seiner Familie. Er hat vorübergehend den sozialen Kontext des Kindes mitgestaltet, Einfluß auf sein Befinden und Handeln genommen und somit die Befunde teilweise mitproduziert. Die Offenlegung aller wesentlichen Informationen in Teil IV und die ausführliche Schilderung der diagnostischen Methodik (Teil III) machen die subjektiven, interpretatorischen Schlußfolgerungen für Dritte nachvollziehbar und kritisierbar.

Es wurden ganz überwiegend nichtsprachliche Äußerungen der Kinder in Form ihrer Spiel- und Zeichenergebnisse erhoben, wobei der Sceno-Test, Baum-Zeichentest und „verzauberte Familie" sowie freies Spiel und Malen zur Anwendung kamen. Zweimal wurden der CAT und zweimal das Schnörkelspiel nach *Winnicott* eingesetzt. Die kognitiven Fähigkeiten der Kinder wurden durch nichtsprachliche Intelligenzmeßverfahren (S-O-N und CMM) und ihr sensumotorischer Entwicklungsstand anhand des *Kiphard*-Entwicklungsgitters überprüft. Unter Verwendung der Handpuppe „Max" wurde im „Trialog" mit dem Kind versucht, den Grad seiner Triangulierungsmöglichkeiten zu bestimmen. (Gedankt sei Frau Prof. Dr. *N. Katz-Bernstein* für diesen diagnostischen Hinweis.)

In phänomenologischer Tradition wurde vom sichtbaren Bild kindlichen Verhaltens unter Berücksichtigung tiefenpsychologischer Deutungskonzepte auf innerpsychische Strukturen, im Sprachgebrauch der Bindungsforscher auf „internal working models" (IWMs), zurückgeschlossen. Die leicht bis schwer restringierten Sprachtexte der Kinder dienten, ebenso wie das anamnestische Wissen, der Ergänzung und vor allem der Relativierung bildsymbolischer Interpretationen. Hypothesen für diese Interpretationen wurden den Theorien über normale und gefährdete Entwicklungsprozesse von Kindern entnommen.

Ich betrachte die Entwicklung der Kinder auf verschiedenen Ebenen: der sprachlichen, kognitiven, innerpsychischen und sozialen.

Die dyadischen Untersuchungssequenzen und die Familiengespräche der Erstuntersuchung fanden in zwei verschiedenen Spielzimmern statt. Die Nachuntersuchungen fanden in den Spiel- bzw. Wohnzimmern der Familien oder dem Heim statt. Die Frequenz der dyadischen Kontakte variierte zwischen einmal 40 Min. wöchentlich bis einmal 40 Min. sechswöchentlich und wurde durch sporadische Begegnungen in den Gruppen ergänzt. Es fanden zwischen drei und acht Familiengespräche zwischen 60 und 100 Minuten pro Familie statt. Die Eltern bzw. Mütter von Aiko, Fabian und Mario zeigten eine geringe, die von Andrea eine mittlere und die von Dennis, Natascha, Nils und Sylvia eine hohe Mitteilungsbereitschaft. Die Auswirkungen dieser Gespräche auf das Befinden und Handeln der Kinder während der Untersuchungszeit wurden nicht systematisch erfaßt, zeigten sich allerdings an manchen Reaktionen einiger Kinder (Andrea, Fabian und Natascha). Paar- und familiendynamische Veränderungen in den Familien während des Zeitraumes nach der Erstuntersuchung bis zur Zweituntersuchung wurden allenfalls in groben Umrissen bekannt.

5. Ausgewählte Risikofaktoren

Es werden in diesem Kapitel drei Einflußzonen – Bindungen, Sexualität und Armut – in ihren Wirkungen auf die frühkindliche Entwicklung thematisiert. Es wird anhand der Literatur untersucht, wie die aus diesen Zonen hervortretenden Risikofaktoren an der Bildung von IWMs beteiligt sind, aus denen sich über interaktive Wirkprozesse mit anderen Risiko- sowie Schutzfaktoren deviante Verhaltensmuster ausbilden können.

Es geht mir darum, Zusammenhänge zwischen psychodynamischen und entwicklungspsychologischen Prozessen einerseits und desorganisiertem Verhalten bei Vorschulkindern andererseits zu finden. Auf der Grundlage des Modells, daß sich Äußeres im Inneren entwicklungsgeschichtlich wie aktuell repräsentiert, wird aus sichtbarem Verhalten auf organisierte bzw. desorganisierte psychische Zustände geschlossen.

Ich analysiere die unter 5. dargestellte Literatur über psychopathologische Entwicklungsprozesse bei Kindern unter der Fragestellung, ob die drei Risikofaktoren
1. frühe Interaktions-und Resonanzstörungen,
2. sexuelle Identitätsentwicklungsstörungen,
3. sozioökonomisch beeinflußte Identitätsentwicklungsstörungen,
in dem von mir vermuteten Zusammenhang mit der Ausbildung desorganisierter Verhaltenszustände im Vorschulalter stehen.

Im Teil IV meiner Arbeit werde ich diese Hypothesen an den Fallstudien überprüfen.

1. Frühe Interaktions- und Resonanzstörungen

Es wird herausgearbeitet, daß gestörte Kontingenzbeziehungen zwischen Säugling und Mutter sowie eine mangelnde empathische Responsivität der Bezugspersonen die Entwicklung des Kernselbstempfindens von Säuglingen beeinträchtigen. Diese frühen, aus der Säuglings- und Bindungsforschung abgeleiteten Risikofaktoren können die Grundlage der Individuation des Kindes innerhalb seiner Familie massiv erschüttern und psychoseähnliche Entwicklungsprozesse einleiten.

Frühe psychopathologische Entwicklungsprozesse werden, so lautet meine Hypothese, zum psychodynamischen Ausgangspunkt für die Entwicklung desorganisierter Verhaltenszustände, an der auch die kognitive Bewertung von Gefühlen beteiligt ist (vgl. *Lenk* 1994).

Die psychodynamischen Hintergründe für desorganisierte Verhaltenszustände sind in der Literatur bisher nur ansatzweise behandelt worden.

2. Sexuelle Identitätsentwicklungsstörungen

Es wird herausgearbeitet, daß in der frühen familiären Beziehungsgeschichte geschlechtsspezifische Identitätsentwicklungsstörungen entstehen können, die für die Beurteilung der Psychodynamik desorganisierter Verhaltenszustände bei Vorschulkindern bedeutsam sind.

In der von mir umschriebenen Form der Rückzugsmasturbation und in ausgeprägten Formen phallischer Provokationen sehe ich Anzeichen für einen inneren Grenzverlust, den ich als psychodynamischen Risikofaktor für die Entwicklung desorganisierter Verhaltenszustände interpretiere.

In „inzestogenen", aber auch in „inzestoiden" Familienbeziehungen (vgl. *Hirsch* 1993), kann es mögliche Erfahrungshintergründe für diese altersunangemessenen Verhaltensweisen bei Kindern geben.

3. Sozioökonomisch beeinflußte Identitätsentwicklungsstörungen

Es wird herausgearbeitet, daß die ersten Identitätskonturen des Kindes aus der Wechselwirkung mit Faktoren seiner Umwelt und signifikanter anderer hervortreten. Armut in Familien wird, insbesondere in Verbindung mit anderen Faktoren, wie z.B. Psychopathologie von Eltern, als Risikofaktor für die Entwicklung desorganisierter Verhaltenszustände beschrieben (vgl. *Herrenkohl* et al. 1995).

5.1 Frühe Interaktions- und Resonanzstörungen

Ergebnisse der Bindungsforschung enthalten überprüfbare Aussagen über vielfältige Wirkungen psychischer Zustände der Eltern auf ihre Kinder, die sich diesen sowohl in spezifischen Verhaltensweisen als auch in Phantasien über Persönlichkeitsaspekte (z.B. Temperamente) mitteilen und die kindlichen Verhaltensmuster „präfigurieren".

Die Folgen der Unterbrechung von Interaktionsbeziehungen zwischen Mutter und Kind zeigen sich an Verhaltensstörungen der Kinder während und nach Krankenhausaufenthalten (vgl. *Bergerhoff* 1993).

„Muster pathogenen Elternverhaltens" (*Bowlby* 1982), wie sie durch unbearbeitete Verluste wichtiger Beziehungspersonen der Eltern, durch Depressionen und andere Belastungen der Eltern oder schwere psychiatrische Erkrankungen bei Eltern (vgl. *Serbanescu* 1993) entstehen können, stehen in Verbindung mit devianten Verhaltensmustern bei Kindern.

In Abhängigkeit von den Reaktionen von Müttern auf das Bindungssuchen ihrer Säuglinge und der Berücksichtigung ihrer Selbstregulationsmechanismen entwickelt sich soziale Kompetenz oder Inkompetenz bis hin zu schweren Kontaktstörungen im ersten Lebensjahr und irrationalen und bizarren Verhaltensformen im Vorschulalter. Daß das Fürsorgeverhalten von Müttern i.S. von Feinfühligkeit und Empathie nur ein, und zwar veränderbarer, neben vielen anderen dynamisch miteinander korrespondierenden Risikofaktoren ist, zeigen Ergebnisse von Longitudinaluntersuchungen.

Die drei bei Erwachsenen anhand ihrer Bindungsgeschichten gefundenen Kategorien für Bindungsmodelle, nämlich „sicher-autonom", „distanziert" und „verstrickt" (vgl. *Main & Hesse* 1990) werden mit den bei Kindern im ersten Lebensjahr beobachteten Bindungsstrategien in Verbindung gebracht, wobei die Autoren festgestellt haben, daß „verstricktes" Elternverhalten zu „desorganisierten/desorientierten" Verhaltensweisen führen kann.

5.1.1 Persönlichkeitsentwicklungsstörungen im Säuglingsalter

Besonders in Fallstudien lassen sich Balancierungen zwischen Schutz- und Risikofaktoren erkennen. *Berger* (1993) sieht Persönlichkeitsentwicklungsstörungen narzißtischer Art ebenso wie „familiäre Hospitalismusschäden" im Zusammenhang mit „narzißtischer Objekterwartung" der Mutter an das Kind (S. 185). Sie leitet aus dem existentiellen Aufeinanderangewiesensein beider die Entwicklung psychosomatischer Erkrankungen im Kind ab.

Als diagnostischer Begriff findet „Persönlichkeitsentwicklungsstörung" in dieser Arbeit Anwendung, da er sowohl die Veränderbarkeit von Persönlichkeitsstrukturen in der Säuglings-, Kleinkind- und Vorschulzeit respektiert als auch andere als deprivierende Faktoren, die von den Begriffen „Deprivationssyndrom" (*Eggers* u.a. 1989) oder „familiärer Hospitalismus" erfaßt werden, in der Ätiologie psychopathologischer Entwicklungsprozesse berücksichtigt.

Die empirische Säuglingsforschung zeigt, daß es zu Persönlichkeitsentwicklungsstörungen durch Störungen des Kontingenzverhaltens bei Säuglingen (vgl. *Dornes* 1994) kommen kann. Der Zusammenhang, z.b. von Saugmuster und resultierendem Effekt, wird als „Kontingenz" bezeichnet. Lösen die Bemühungen des Säuglings den erwarteten Effekt nicht mehr aus, so „fängt er an zu grimassieren und zu schreien" (S. 237). Es läßt sich bei Säuglingen das Bedürfnis und die Fähigkeit erkennen, über Umweltveränderungen eine eigene Kontrolle zu gewinnen und die sozialen Auswirkungen des eigenen Verhaltens kennenzulernen. Die mangelnde empathische Responsivität, der in Studien von Bindungsforschern als Risikofaktor der Persönlichkeitsentwicklung erhebliche Bedeutung zukommt, steht mit mangelnden Kontingenzerfahrungen derart in Zusammenhang, daß diese „als verhaltensmäßiges Korrelat mangelnder Responsivität betrachtet werden" können (*Dornes* 1994, 240).

5.1.2 Die Bedrohung des Kernselbstempfindens durch Regulationsdefizite und die Entstehung von „desorganisierten/desorientierten" Verhaltensmustern

Mit der Bindungsstrategie D haben *Main* et al. (1990) Verhaltensweisen bei einjährigen Kindern klassifiziert, denen eine frühe Hinweisqualität auf spätere, erst im Kindes- und vor allem Jugendalter sich deutlicher abzeichnende, schizoide Persönlichkeitsstörungen (vgl. *Eggers* u.a. 1989) unterstellt werden kann.

Mangelnden Kontingenzerfahrungen wird eine Verbindung mit narzißtischen Störungen unterstellt (vgl. *Dornes* 1994; *Kohut* 1979). Wie in Longitudinaluntersuchungen nachgewiesen wird, lassen sich in den ersten Lebensjahren allenfalls psychopathologisch wirksame Tendenzen, aber noch keine eindeutigen Persönlichkeitsstörungen erkennen. Die (Teil II 2.1) beschriebene Veränderbarkeit „interner Arbeitsmodelle" macht dies deutlich.

Vorstellbar ist einerseits, daß sich Kinder von Geburt an hinsichtlich ihrer Motivationsstärke, kontingente Antworten zu fordern, unterscheiden, und andererseits, daß durch Trennungen von Bezugspersonen sowohl ihr Erkundungs- als auch ihr Kontingenzverhalten beeinträchtigt werden. Die Erfahrung, daß eigenes Verhalten Effekte erzeugt, fördert das Erkundungsverhalten. Ein Säugling, der lange nicht gewickelt wird, verlangsamt möglicherweise die Hinwendung zur Bezugsperson, wenn diese an sein Bett tritt, oder wendet seinen Kopf in die ihr entgegengesetzte Richtung. Vielleicht ließe sich beobachten, daß er später auch den Bewegungen des Mobile über sich seltener mit den Blicken folgt. Ferner ist anzunehmen, daß der Säugling diese Wirkungen um so deutlicher zeigt, je länger der erwartete Effekt auf sich warten läßt. Diese „Regulationsdefizite" bedrohen das „Kernselbstempfinden", haben aber nach *Stern* nur dann bleibende negative Folgen, wenn sie ein bestimmtes Ausmaß überschreiten.

Desorganisierte Verhaltensmuster können als Reaktionen auf defizitäre Empathieerlebnisse, Trennungserfahrungen oder frustrierte Kontingenzerwartungen interpretiert werden.

5.1.3 „Desorganisation" und Familienbeziehungsmuster

Untersuchungen über die Tradierung von traumatischen Bindungserlebnissen der Eltern in Form „verstrickter" Bindungsmuster an D-klassifizierte Kinder thematisieren Verbindungen zwischen Ergebnissen der Bindungsforscher und der Familientherapieforschung. Nicht mehr der Symptomträger steht mit seiner Fehlwahrnehmung, Fehl-Interpretation oder Fehl-Behandlung der Beziehungsrealität im Mittelpunkt psychiatrisch-diagnostischer Fragestellungen, sondern die Personen mit der „stärkeren Realität", die Erwachsenen also (*Stierlin* 1994, 21). Mittlerweile sieht man deutlicher, daß der Blick auf alle Partner und das gesamte Familiensystem gerichtet werden muß, will man erfassen, „was jeweils das Aushandeln einer tragfähigen, von allen geteilten Beziehungsrealität verhindert" (S. 22). So kann ein Familienkonflikt dann explodieren, wenn von ihren eigenen Eltern überforderte Eltern „ihre Last noch einmal an ein verwundbares Kind weiterreichen".

„Wissende Individuation" – dies ist *Stierlins* Begriff für eine gelungene Integration des Kindes über Prozesse von „Individuation mit" und „Individuation gegen" seine Bezugspersonen – kann nur in der Familie gelingen, in der es einen festen Grund für das Kind in Form von „vermittelten Grundannahmen, Regeln und Werten" gibt (S. 46). „Sie machen es möglich, daß sich die Komplexität der Welt in einer dem Alter und Entwicklungsstand des Kindes angemessenen Weise reduziert – ohne daß sich aber der Zugang zu späterer alters- und entwicklungsgemäßer Komplexität verbaut." ... „Werden diese Annahmen, Regeln und Werte dagegen zu früh und/oder abrupt erschüttert, verliert sich das sich entwickelnde Ich gleichsam in einem Irrgarten, und sowohl seine »Individuation mit« als auch seine »Individuation gegen« Bezugspersonen sind gefährdet." Unter „Individuation mit" sind beispielsweise die oben beschriebenen dialogischen Regulationsprozesse zwischen Mutter und Säugling zu verstehen. „Individuation gegen", Stierlin führt hier das Beispiel vom biologischen Abwehrsystem des Körpers gegen körperschädliche Stoffe an, zeigt sich als „radikale Selbstbehauptung und Selbstabgrenzung beim Bestreben des Kindes, die Punktualität seines Selbstbewußtseins in einer klaren und schroffen Abgrenzung vom Mein und Nicht-Mein zu gewinnen" (*Stierlin* 1994, 42).

Zeitdiagnostische Betrachtungen analysieren Tendenzen der Auflösung fester Regeln und Werte in Familien. Für die Ergebnisse meiner empirischen Untersuchung ist es von Bedeutung, daß in fünf von acht Familien jeweils die Mutter, aber kein Vater, vor der Ehe, aus der die untersuchten Kinder hervorgegangen sind, bereits verheiratet waren. Ich vermute, daß „verstrickte" Bindungsmuster dieser Mütter mit ihren Kindern dann wahrscheinlicher als bei den nicht vorverheirateten sind, wenn die geschiedenen Mütter ihre Vorehen und Trennungen anhand des „Desorganisations-" im Gegensatz zum „Reorganisationsmodell" (vgl. *Napp-Peters* 1994) interpretieren.

5.1.4 „Einssein" als Abwehrform oder primäre Erfahrung?

Daß Säuglinge bereits in den ersten Lebensmonaten Grenzen zwischen sich und anderen empfinden, ist ein weiteres, für die Entwicklung von Persönlichkeitsentwicklungsstörungen wichtiges Ergebnis der empirischen Säuglingsforschung. Zwischen Mutter und Kind „fließen" ... „die Affekte, die Vokalisierungen, die Gebärden und Gesten, aber nicht die Grenzen" (*Dornes* 1994, 78). Grenzen, „die zugleich Ort der Berührung und Trennung von Ich und Du sind" (*Petzold* 1993a, 1098), sind ein strukturelles Persönlichkeitsmerkmal. In grandiosen Selbstüberschätzungen oder distanzloser Aggressivität treten Störungen der Ich-und Identitätsentwicklung hervor. Symbiotisches Verhalten, ein Ausdruck von Grenzverlust, wird damit als Abwehrmechanismus angesichts traumatischer Erlebnisse, z.B. der Unterdrückung von Selbständigkeitsregungen des Säuglings, nicht jedoch als phasenspezifisches Erleben gedeutet, so daß von einer „Flucht in die Symbiose" gesprochen wird (*Dornes* 1994, 77).

Vor dem Hintergrund des phasenspezifischen Entwicklungsmodells der Psychoanalyse, nach dem die Mutter mit dem Säugling zunächst in einer „biologischen Einheit" lebt, sieht A. *Freud* (1988) „Ausbrüche von Trennungsangst und Trennungsschmerz", wenn es in dieser ersten Phase zu Trennungen zwischen beiden kommt. Wenn neben das Erleben wechselseitiger narzißtischer Bedürfnisbefriedigung zwischen Mutter und Kind Vorstufen erster „Objektbeziehungen" getreten sind, so folgen auf Trennungen „Störungen der Individuation (*Mahler*), anaklitische Depressionen (*Spitz*), andere Mangelerscheinungen (*Alpert*), Frühreife in der Ich-Entwicklung (*James*) oder ein sog. „falsches Ich" (*Winnicott*)" (*A. Freud* 1988, 70). In der dritten Phase, wenn die „Libidobesetzung sich von der Bedürfnisbefriedigung unabhängig macht und konstant auf eine bestimmte Person gerichtet bleibt" (S. 70), werden Trennungen besser vertragen, weil die Beziehung des Kindes zur Mutter unabhängiger von ihrer körperlichen An- oder Abwesenheit geworden ist.

5.1.5 Zusammenfassung

Es werden Risikofaktoren früher Persönlichkeitsentwicklungen als Störungen der Selbstregulationsmechanismen von Säuglingen und als mangelnde empathische Responsivität gegenüber den Bedürfnissen und Fähigkeiten von Kindern, über ihre Umwelt Kontrolle zu gewinnen, dargestellt. Die Persönlichkeitsentwicklungsstörungen können unter bestimmten Kontextbedingungen als „desorganisierte/desorientierte" Verhaltensmuster im ersten oder den folgenden Lebensjahren in Erscheinung treten. Trennungen von Bezugspersonen oder Eskalationen von Familienkonflikten können kindliche Individuationsprozesse behindern und zu Formen innerpsychischer Desorganisiertheit führen, beispielsweise dadurch, daß die von Geburt an bestehende Grenze zwischen Ich und Nicht-Ich durch Regulationsdefizite nicht wirklich etabliert oder durch spätere Traumatisierungen aufgelöst worden ist.

5.2 Sexuelle Identitätsentwicklungsstörungen

5.2.1 Die Geschlechtsrollendifferenzierung

Mutter und Vater sind die ersten Liebespartner ihres Kindes. Bereits vor der Geburt projizieren sie ihre Sehnsüchte und geschlechtsspezifischen Phantasien auf es. Unbewußte Erwartungen an die Rolle, die es als Junge oder Mädchen in ihrer Paarbeziehung oder in dem einsamen Leben eines Elternteils spielen soll, wirken daran mit, wie sich das Kind später fühlt und verhält. Ob Mütter beim Nähren, Pflegen und Versorgen in ein Interdependenzverhältnis zum Kind eintreten oder ihre geschlechtsspezifischen Normen in den Leib des Kindes „schreiben", hängt von ihren Sozialisations- und Interaktionserfahrungen ebenso wie von den biologischen Prädispositionen sowie den je unterschiedlichen individuellen Reaktionsbereitschaften ihrer Kinder ab.

Schon zwischen 18 und 36 Monaten erwerben Kinder das Grundgefühl, ein Mädchen oder ein Junge zu sein, doch noch im Vorschulalter steht ihre Geschlechtsidentität, die sich daran zeigt, ob sie sich und andere korrekt als weiblich oder männlich bezeichnen können, auf unsicherem Grund (vgl. *Mertens* 1992; *Mussen* et al. 1993, Bd. 2).

Meist fehlt denen „Geschlechtskonstanz", die die genitalen Unterschiede nicht kennen. Sie neigen dazu, an Geschlechtsveränderungen durch Kleidung und Frisur zu glauben. Wie aber lernen sie, daß sich ein Junge anders verhält als ein Mädchen?

An Spielen, Aktivitäten und der Auswahl von Spielkameraden lassen sich schon früh eindeutige Geschlechtsunterschiede beobachten, während in den Bereichen Persönlichkeit und Sozialverhalten die „Geschlechtsrollendifferenzierung" selbst in der späteren Kindheit weniger ausgeprägt ist (*Mussen* et al. 1993, Bd. 2, 20).

„Kinder erlernen die sozialen Erwartungen an die Geschlechter durch direkte Verstärkung und durch Beobachtung anderer. Diese Information wird aktiv verarbeitet und in bereits erworbenes Wissen integriert. Daraus konstruieren sie dann ihre Konzepte über angemessenes Geschlechtsverhalten" (S. 26). Die Vorstellungen vom typischen Geschlechtsverhalten werden in erster Linie nicht verbal, „sondern mit Hilfe unbewußter Formen der Körpersprache" vermittelt (*Borneman* 1981, 40).

Empirische Ergebnisse von Forschungen über geschlechtsspezifisches Erziehungsverhalten in Familien lassen sich in drei Punkten zusammenfassen (vgl. *Hagemann-White* 1984):

1. Väter drängen mehr auf geschlechtsstereotypes Rollenverhalten ihrer Kinder als Mütter.

2. Eltern beaufsichtigen ihre Töchter aus Angst um ihre körperliche und sexuelle Unversehrtheit stärker als ihre Söhne. Sie werden den Normen ihrer Eltern deshalb stärker ausgesetzt und finden weniger über peer-groups ihren eigenständigen Weg.

3. Mütter sind Jungen gegenüber häufiger aggressiv als gegenüber Mädchen und verhalten sich ihnen gegenüber mit Angeboten tröstenden Körperkontaktes zögerlicher. Jungen ihrerseits sind aggressiver als Mädchen. Diese sind im Gegensatz zu Jungen in angstfreier Anspannung kaum impulsiv, was mit dem das „dopaminerge System" hemmenden Östrogen in Verbindung zu bringen ist, das Jungen fehlt (*Beckmann* 1995, 68).

Manche Jungen im Vorschulalter zeigen Spielaktivitäten, in denen das Starksein, Kämpfen und Beherrschen sowie das phallische Sich-zur-Schau-stellen in Zeichnungen oder sexistischen Sprüchen dominiert, während bei anderen diese Muster schwächer oder seltener hervortreten. Für die erste Gruppe ist das Geschlecht eine besonders auffallende Kategorie, es ist für sie „markant" (vgl. *Mussen* et al. 1993). „Sie interpretieren die Welt dann sozusagen aus der Geschlechtsperspektive" (S. 22).

Die stärkere oder schwächere Betonung des Geschlechtsspezifischen im Verhalten hängt davon ab, „wieviel Wert wichtige Personen der Umwelt dem geschlechtsspezifischen Verhalten beimessen und in welchem Ausmaß sie es verstärken" (*Mussen* et al. 1993, Bd. 2, 27; ebenso *Mertens* 1992).

Die Grundlagen der Aneignung von „Zweigeschlechtlichkeit" (*Hagemann-White* 1984) werden in den frühen Interaktionsbeziehungen zwischen Mutter und Kind gelegt. Ich folge jetzt den Gedanken von *Hagemann-White*. Die Mutter vermittelt ihrem Sohn die Tatsache, daß er das andere Geschlecht ‚ist', „indem sie ihn eher dazu drängt, sich gegen sie zu behaupten" (S. 87). Wenn sie die Beschäftigung ihres Sohnes mit seinem Penis nicht als bedeutungslos empfindet, sondern ihn auch als sexuelles Wesen wahrnimmt, wird der Prozeß der Ich-Werdung des Jungen in der Abgrenzung von der Mutter sexualisiert. Dem Mädchen muß sie nicht vermitteln, „daß sie etwas anderes ist" (S. 87), so daß der Kontakt mit ihr mehr Nähe und Phantasie vom Einssein enthält, was dazu führen kann, daß die Grenze des Mädchens zwischen Ich und Nicht-Ich länger verschwommen bleibt. Mütter nehmen ihre Töchter empathischer als ihre Söhne wahr. Damit sind Mädchen stärker der Gefahr ausgesetzt, von Müttern vereinnahmt zu werden als Jungen. „Dem Sohn werden Größenwahn und Trotz zugestanden, und die Mutter zögert einzugreifen, weil sie letztlich doch nicht weiß, wie weit sie sich wirklich in ihn hineinversetzen kann" (S. 88).

Im Alter von 3-5 Jahren triumphiert der Junge in Omnipotenzphantasien und Verbotsübertretungen, während das Mädchen um ihre Autonomie kämpft und eher Stolz entwickelt, wenn sie als Folge der Verinnerlichung von Verboten weiß, was sie zu tun und zu lassen hat. Aus Angst vor Rückfall in die „undifferenzierte Abhängigkeit" tritt der Junge besonders kämpferisch auf und reizt die Mutter, „ihn mit ihrer körperlichen Überlegenheit in die Grenzen zu weisen, die ihm gerade unsicher sind" (S. 91). Die Schläge des Vaters deutet *Hagemann-White* in dieser Phase als Folge seines Gefühls, die Infantilität, „die er mit Weiblichkeit konnotiert", nicht länger ertragen zu können.

In der Eigendynamik, die Jungen in der Gruppe entfalten, sieht die Autorin deren Lust, sich über väterliche Verbote und mütterliche Eingrenzungen hinwegzusetzen. Doch ihre Spannung zwischen Abgrenzung und Angewiesensein „kann in einer Verletzung der Grenzen des anderen Ausdruck finden" (S. 93).

Nach dem psychoanalytischen Triebkonzept wählt sich das Kind als Teil der „ödipalen Dreieckskonstellation" (*Rhode-Dachser* 1987) in seiner Vorstellung den gegengeschlechtlichen Elternteil, mit dem es seine genital-erotischen Bedürfnisse befriedigen möchte. Es liebt zwar auch den gleichgeschlechtlichen, doch zur Erfüllung seiner inzestuösen Wünsche setzt es sich an dessen Stelle, verdrängt ihn und fürchtet nun, seine Liebe zu verlieren oder seiner Rache ausgeliefert zu sein (vgl. *Battegay* 1991). Es pendelt zwischen Liebe und Haß, wird von Angst- und Schuldgefühlen gequält, die sich erst auflösen, wenn es erkennt, „daß es den gegengeschlechtlichen Elternteil nicht haben kann" (S. 48) und sich schließlich mit dem gleichgeschlechtlichen Elternteil identifiziert.

Im Verlauf der geschilderten Geschlechtsrollenentwicklung kann es, z.B. durch Abwesenheit oder Psychopathologie eines Elternteils, zu einer sexuell-erotischen Inanspruchnahme des Kindes durch einen Elternteil kommen, die eine einseitige, „markante" Betonung des Geschlechtlichen im Kind fördern kann.

5.2.2 Sexualisiertes Verhalten als Ausdruck einer desorganisierten Persönlichkeitsstruktur

Inzestuöse Gefährdungen des Vorschulkindes sind für den Diagnostiker schwer von zärtlichen Kontakten zwischen Eltern und ihren Kindern zu unterscheiden. In familiendynamischen Prozessen können sich „markante", altersunangemessene Betonungen des Geschlechtlichen im Verhalten des Kindes aus realen sexuellen Übergriffen, dem „latenten Inzest", durch den Kinder für die unbewußten, inzestuösen Bedürfnisse von Erwachsenen instrumentalisiert werden (vgl. *Hirsch* 1993), oder aus anderen Traumatisierungen entwickeln.

Ich unterscheide zwei Formen altersunangemessenen Sexualverhaltens bei Vorschulkindern. *Volbert* (1997) beschreibt, wie vielfältig ihr angemessenes Experimentieren mit sexueller Lust ist.

Es gibt die im Verlauf eines Tages häufig wiederholte Masturbation mit orgiastischer Erregung, bei der das Kind den Kontakt zur Umwelt vorübergehend verliert, und das aggressiv Aufmerksamkeit provozierende („phallische") Sexualverhalten. Nach fünfjähriger diagnostischer Arbeit mit jährlich etwa 70 entwicklungsbeeinträchtigten Vorschulkindern war die häufige Masturbation in Verbindung mit betontem Rückzugsverhalten bei zwei Mädchen, die von der Norm abweichende kontaktsuchende Selbst- und Fremdstimulation dagegen häufiger und überwiegend bei Jungen zu beobachten.

Ich bin daran interessiert, Kriterien für die differentialdiagnostische Klärung der Frage zu finden, ob und wie nichtsexuelle, psychodynamische Prozesse oder sexuelle Einwirkungen in Form von realem oder latentem Inzest an der Entwicklung altersunangemessener, sexualisierter Verhaltensformen mitwirken.

Welche nichtsexuellen traumatischen Erfahrungen mit Bezugspersonen schaffen Bedürfnisse oder Zwänge in Kindern, den Kontakt mit sich und anderen Personen zu sexualisieren? Mögliche Zusammenhänge zwischen latentem bzw. realem Inzest und sexualisiertem Verhalten werden unter 5.2.3 behandelt.

Bundungstheoretiker sehen in allen Bindungsstrategien, die Kinder entwickeln, Hinweise auf Formen früher Mutter-Kind-Interaktionen. A. Freud (1988) hatte bei Vorschulkindern eine „mit der Mutterbeziehung zusammenhängende Sexualerregung", die „in der phallischen Masturbation abgeführt" wurde (S. 96), beobachtet. Dem Säugling bot die Autoerotik „ein bescheidenes Maß von Selbständigkeit der Außenwelt gegenüber" (S. 72). Die kindliche Masturbation beobachtete sie bei Kindern auch als Reaktion auf Trennungen von ihren Eltern.

Meine Annahme ist, daß phallische Provokationen bzw. Rückzugsmasturbationen und desorganisierte Verhaltensmuster auf ähnliche interne Arbeitsmodelle, aber verschiedene Kontextbedingungen der Kinder verweisen. In diesen Formen sexualisierten Verhaltens zeigt sich ein aufgegebener Kontaktwunsch (Rückzugsmasturbation) bzw. in einer Art Rollenumkehr der Versuch, Erwachsene zu beherrschen (phallische Provokation). Bei phallischem Provozieren und Begehren geht es dem Kind um Aufmerksamkeit, Macht und Kontaktsuche. Im Verhalten, das ich Rückzugsmasturbation nenne, hat das Kind diesbezügliche Wünsche verleugnet, zum Schweigen gebracht. Hier läßt sich von einem Zusammenbruch innerer Konzepte von Bindung und ersehnten empathischen Reaktionen sprechen. Das hat zu einer subjektiven Sichtweise von der Welt geführt, „die nur für das Kind selbst Gültigkeit hat" (*Lempp* 1992, 26). Dieser länger oder kürzer dauernde Ausstiegszustand aus der „gemeinsamen Realität" läßt sich als Regression in einen präsymbolischen Raum deuten.

Der zwanghaften, autoerotischen Beschäftigung mit dem eigenen Körper bei der Rückzugsmasturbation (vgl. Kasuistiken 2 und 5) fehlt der aggressive Impuls phallischer Provokationen (vgl. bes. Kasuistiken 1 und 7). Die Rückzugsmasturbation ist nach meinem Verständnis ein klarer Hinweis auf einen desorganisierten Zustand. Das Verhalten zeigt eine regressive Fixierung auf der Körperebene an. In phallischen Provokationen sehe ich dagegen auch Anzeichen individualisierender Destruktivität, mit der die Kinder unbewußt daran arbeiten, vom Zusammenbruch bedrohte innere Grenzen zu stabilisieren. Die Schockwirkung, die kleine Jungen damit bei ihren Erzieherinnen auslösen, bestätigt sie in dem Gefühl, anders als diese zu sein. Erst ihr Wahn, Erwachsene mit ihrem Genital unter ihren Einfluß bringen zu können, läßt desorganisierte Persönlichkeitszustände vermuten.

Natürlich ist auch hier kein monokausaler oder stabiler Erklärungszusammenhang zwischen frühen Bindungserfahrungen und sexualisierten Verhaltensweisen anzunehmen. Auf mögliche individuelle wie kontextuelle Wirkfaktoren und deren gegenseitige Beeinflussung gehe ich hier nicht ein. Unberücksichtigt bleibt auch die Bedeutung des geöffneten Zuganges für Vorschulkinder zur Erwachsenensexualität oder zu Pornografiedarstellungen in Medien im Hinblick auf die Entwicklung markanter Betonungen des Geschlechtlichen.

5.2.3 Sexualisiertes Verhalten als Abbild sexueller Mißbrauchserfahrungen?

Latenter oder realer sexueller Mißbrauch am Kind ist ein Faktor, der bei der Rekonstruktion von Entstehungszusammenhängen für sexualisiertes Verhalten besonders hoch bewertet wird. Sexualisiertes Verhalten von Vorschulkindern wird häufig als wichtigstes nonverbales Indiz für sexuellen Mißbrauch eingestuft. Doch da sich sexueller Mißbrauch nicht als einheitliches psychopathologisches Bild i.S.

eines sexuellen Mißbrauchssyndroms darstellt (vgl. *Schleiffer* 1993), verweist auch sexualisiertes Verhalten auf einen Erlebniskomplex des Kindes, in dem sexueller Mißbrauch ein Faktor neben anderen gewesen sein kann.

Zwischen sexuellem Mißbrauch und sexualisierten Beziehungen in Familien ist die Grenze oft fließend. Die Abwesenheit von Vätern in Familien läßt Mütter mit ihren emotionalen Bedürfnissen als Frauen, die sie in Beziehungen zu erwachsenen Partnern befriedigen könnten, allein. Die emotionale Überforderung des Kindes liegt nahe. Zur Abwehr sexueller Bedürfnisse gegenüber ihrem Kind kann es zu repressiven Sexualnormen für Mutter und Kind kommen. Die Folge ist, daß explizit als „sexuell" ausdeutbare Handlungen in Mutter-Kind-Beziehungen tabuisiert werden, ohne daß die implizite Sexualisierung der Beziehung verhindert werden kann (vgl. *Nitzschke* 1994).

Das Kind – vorrangig der Junge – erlebt sich von der Mutter angezogen und, wegen des Inzesttabus, zugleich abgestoßen. Die überwiegend bei Jungen beobachteten, aggressiv provozierenden Sexualimpulse gegen Frauen und Mädchen könnten hier eine Wurzel haben. Sie lassen sich bei Vorschuljungen als Ausdruck ihrer Suche nach Geschlechtsrollenidentität deuten. Zu kurz kommt die bewußte Steuerung von Nähe und Distanz unter Einbeziehung sexuell interpretierbarer Regungen. Abwesende Väter bieten sich für die Projektion zahlreicher Ängste und Wünsche an, „die zwar in der Beziehung zwischen der Mutter und dem Kind entstehen, dort aber nicht zur Sprache gebracht werden dürfen und deren bewußte Steuerung deshalb in dieser Beziehung auch nicht gelernt werden kann (*Nitzschke* 1994, 100).

Für Familien, in denen latenter Inzest, aber keine manifesten Übergriffe stattfinden, wurde der Terminus „inzestoide Familie" geprägt (vgl. *Braun-Scharm & Frank* 1989, zitiert bei *Hirsch* 1993). Hier besteht eine „chronische Atmosphäre der Verlockung, Verleugnung und Diffusität" (S. 28). *Hirsch* sieht latenten Inzest sowohl in Vater-Tochter- als auch in Mutter-Sohn-Beziehungen.

Bei latentem Inzest in der Vater-Tochter-Beziehung postuliert *Hirsch* eine Psychodynamik der Tochter, die der des Opfers von realem Inzest entspricht, „wenn auch das Ausmaß der Selbstgefühl und Ich-Funktionen beeinträchtigenden Wirkung geringer sein dürfte als bei diesem" (S. 31). *Hirsch* führt Beispiele aus Beziehungen von Vätern zu pubertierenden Töchtern an, in denen sowohl die Abwehr des Vaters gegen seine inzestuösen Wünsche als auch die des Mädchens gegen ihre, z.B. als anorektische Abwehr von Weiblichkeit, Indizien für inzestoide Familienstrukturen sind. Die Wirkungen von inzestoiden Familienstrukturen auf Vorschulkinder werden von *Hirsch* nicht thematisiert.

Der latente Inzest in Mutter-Sohn-Beziehungen ist in frühen Mutter-Kind-Interaktionen angelegt, bei denen „die Grenze zwischen legitimem Körperkontakt (zum Wohle des Kindes bzw. beider Beteiligten) und (sexueller) Ausbeutung (im ausschließlichen Interesse des Erwachsenen)" unscharf ist (*Hirsch* 1993, 33). „Fühlt sich die Mutter als Frau unvollständig, in ihrer Geschlechtsidentität also verunsichert, muß um so mehr ein männliches Kind geeignet sein, die narzißtische Lücke auszufüllen" (S. 33f). Symptomatisches Verhalten inzestuöser Mütter zeigt sich im verführerischen Spiel, einer inzestuösen Atmosphäre, verlängerter, übertriebener Körperpflege und übermäßigem Interesse für die körperliche Entwicklung des Jungen.

Die Behinderung seiner Autonomientwicklung, Probleme bei der Bewältigung von Omnipotenzphantasien sowie pathologische Triangulierungen können zu phallischen Provokationen führen. Ihr aggressiver Aspekt kann als Ausdruck bislang ungelebter Destruktionsimpulse aus der Mutter-Kind-Beziehung verstanden werden.

Realer Mißbrauch am Kind ist jede sexuelle Stimulation, die unangemessen hinsichtlich seines Alters, Entwicklungsstandes sowie hinsichtlich der Rolle des Kindes innerhalb der Familie ist. Es kann sich um Geschlechtsverkehr, Oralverkehr, Liebkosungen („fondling") sowie Exhibitionismus handeln (vgl. *Hibbard & Hartman* 1990). Mit *Burgess* (1988) ist diese Definition durch Analverkehr, das Erzwingen von Urinieren und Defäkation sowie die erzwungene Produktion von pornografischem Material zu ergänzen.

Daß Erwachsene solche Handlungen an Vorschulkindern vornehmen, war schon in französischen Gerichtsgutachten des 19. Jahrhunderts nachzulesen (vgl. *Masson* 1986). *Freud* (1896), der sie studiert hatte, widerlegte die damals vorherrschende Auffassung, daß eine besondere „sexuelle Empfindlichkeit" genetisch bedingt sei, unter Berufung auf Protokolle von Analysen mit 18 Frauen. Er war überzeugt, daß sie als Kinder sexuell mißbraucht worden waren. Später ging er davon aus, daß sie nicht realen Inzest erfahren hatten, sondern in kindlicher Phantasie inzestuöse Wünsche an die Väter gerichtet hatten. Auf dieser Annahme gründete sich der spätere Erfolg der psychoanalytischen Theorie *Freud*s und seiner Anhänger (vgl. *Masson*

1986). Nach *Ferenczi* (1931/1932) hängt es von der Qualität der Therapeut-Patient-Beziehung ab, ob in ihr die Vergangenheit des Patienten als „halluzinatorische Reproduktion" oder als „objektive Erinnerung" (S. 516) auflebt. Er war davon überzeugt, daß einige seiner erwachsenen Patientinnen als Kinder sexuell mißbraucht worden waren. Wenn ihnen „mit nahezu grenzenloser Geduld, Verständnis, Wohlwollen und Freundlichkeit" begegnet werde, seien sie bereit, sich „in die Reproduktion der unlustvollen Vergangenheit zu versenken" (1931, 498).

Sexuelle Traumatisierungen von Kindern erfolgen nach *A. Freud* (1988) durch die Beobachtung des elterlichen Koitus oder durch Kastrationsängste, aber nicht durch realen sexuellen Mißbrauch. In der bis heute unter Psychoanalytikern gültigen Triebtheorie hat die sexuelle Phantasie im Gegensatz zur Faktizität sexueller Erfahrungen im Leben von Klein- und Vorschulkindern Vorrang (vgl. *Clement* 1993). Doch „eine wahre Rekonstruktion sollte ... immer die subjektive und die objektive Wirklichkeit umfassen" , weil die Tatsache, ob das Trauma wirklich stattgefunden hat oder „nur" phantasiert wurde, für die psychische Realität von erheblicher Bedeutung ist (*Dornes* 1994, 235).

Realer sexueller Inzest an Kindern (0-14 Jahren), der unter Anwendung eines gewissen Maßes an Gewalt „oder über längere Zeit" erfolgt, betrifft etwa 1% der untersuchten Populationen (vgl. *Kutchinsky* 1991). Sexueller Mißbrauch in der schweren Form (früh beginnend, lang dauernd und gewalttätig) ist in „inzestogenen Familien", die meist durch Dysfunktionalität zu charakterisieren sind, häufig nur eine von vielen Traumatisierungen, so daß die unmittelbaren Folgen des sexuellen Mißbrauchs nur schwer von Wirkungen nicht-sexueller Ausbeutung und sonstiger entwicklungshemmender Bedingungen zu trennen sind (S. 38).

Die Dysfunktionalität „inzestogener Familien" wollen *Steele* und *Pollock* (1968, zitiert bei *Richter-Appelt & Ladendorf* 1993) nicht als psychiatrische Diagnose, sondern als Beziehungsaspekt zwischen Eltern und ihren Kindern verstanden wissen. Bei mißhandelnden und mißbrauchenden Eltern fanden sie überhöhte und altersunangemessene Erwartungen an ihre Kinder. „Eltern, die sich unsicher und ungeliebt fühlen, greifen auf ihr Kind zurück, um sich dort Bestätigung, Trost und liebevolle Zuneigung zu holen. Ein Auflehnen gegen diese Eltern kann somit zu einer Enttäuschung bei dem mißbrauchenden

Elternteil führen, der in seiner Liebe gekränkt, keine Rücksicht auf das bedürftige Kind nimmt" (S. 87). In Persönlichkeitstests fanden *Steele* und *Pollock* bei mißbrauchenden Eltern die Angst, verlassen zu werden, Angst vor Verlust von Versorgung und Schutz, das Gefühl zurückgewiesen worden zu sein sowie fortdauernde, ungestillte Abhängigkeitsbedürfnisse sowie den Wunsch, wie ein geliebtes, kleines Kind behandelt zu werden. „Die Eltern erscheinen entweder als versorgende Erwachsene oder als hilflose und unnütze Kinder." Hier beobachten die Autoren die Vorbedingung dafür, daß sich Kinder in einer Art Rollenumkehr um ihre bedürftigen Eltern kümmern. *Main* et al. (1985) haben dieses Verhalten bei sechsjährigen Kindern als „desorganisiert" bezeichnet.

Die Zärtlichkeitsbedürfnisse des Kindes und das *daran orientierte* Liebesbegehren der Eltern bilden die Grundlage einer jeden liebevollen Eltern-Kind-Beziehung. Zustände der sexuellen Erregung wurden bei sechs Monate alten Säuglingen beobachtet, ebenso wie das Masturbieren bei Jungen und Mädchen in der frühen Kindheit. Die Möglichkeit zum Orgasmus hat jedes Kind (vgl. *Vizard* 1988). Kommt es in der liebevollen Eltern-Kind-Beziehung durch die latente oder manifestierte Begierde des Erwachsenen zur „Sprachverwirrung" (*Ferenczi* 1932) zwischen Kind und Elternteil, so wird durch diese Zerstörung der kindlichen Realität nicht das genitale Lustempfinden des Kindes ausgelöscht. *Vizard* (1988) betont, daß auch das intensive Vergnügen an der sexuellen Erregung durch den sexuellen Mißbrauch als „body memory" erhalten bleibt, obwohl er für das Kind unangenehm oder schmerzhaft war.

Sexuelle Selbststimulation bei Kindern kann als Ergebnis sowohl altersunangemessener Betonungen der Sexualität in Folge von sexuellem Mißbrauch als auch von nichtmißbräuchlichen Sexualerfahrungen ein erlernter Erregungsmechanismus bleiben.

5.2.4 Rückzugsmasturbation als Kriterium zur Beurteilung „desorganisierter" Verhaltenszustände

Das unter (4.2) bereits erwähnte 7. Kriterium zur Beurteilung desorganisierter Verhaltenszustände aus dem Bereich sexualisierter Verhaltensweisen von Vorschulkindern wird jetzt präzisiert.

Kinder zeigen ein masturbatorisches Verhalten, das durch Häufigkeit und Intensität den Kontaktabbruch nach außen und einen inneren Grenzverlust insofern anzeigt, als eine Verschmelzung mit einer Bezugsperson phantasiert wird. Kontakte mit anderen werden von ihren Symbiosewünschen beherrscht.

Das unter 4.2 erwähnte 8. Beurteilungskriterium für desorganisierte Verhaltenszustände, das in Kinderzeichnungen zu finden ist, werde ich unter 7., nach der Analyse von Untersuchungen über Kinderzeichnungen auf Ansätze einer Bildersprache des mißhandelten Kindes, entwickeln.

5.2.5 Zusammenfassung

In der Entwicklung von Geschlechtsidentität erfolgt die Abgrenzung zwischen Mutter und Sohn auf der Basis von Gegengeschlechtlichkeit klarer, aber auch sexualisierter als zwischen Mutter und Tochter. Mütter gestehen ihren Söhnen eher Omnipotenzphantasien und Verbotsübertretungen zu als ihren Töchtern. Um des Erlebens von Begrenzungen willen provozieren Jungen eher als Mädchen ihre Mütter, während Mädchen durch stille Verinnerlichungen von Begrenzungen auf sanfte Art ihre Autonomie entwickeln.

Sexualisiertes Verhalten wird als masturbatorischer Rückzug und phallische Provokation (mit und ohne Selbststimulation) thematisiert. In beiden Formen demonstrieren Vorschulkinder ihre Entwicklungen zu markanten Betonungen des Geschlechtlichen aufgrund von sexuellen Resonanzerlebnissen aus ihrer sozialen Umwelt. Sexualisierten Verhaltensmustern liegen aus frühen Interaktions- und Regulationsprozessen gebildete IWMs zugrunde, die in Wechselwirkung mit bestimmten Kontextgegebenheiten zu desorganisierten Verhaltensmustern in Form von Rückzugsmasturbation führen können.

Die inzestuösen Bedingungszusammenhänge für sexualisiertes Verhalten werden durch Beschreibungen von „inzestoiden" sowie „inzestogenen" Familien dargestellt. In der inzestogenen Familie kommt es neben anderen Traumatisierungen auch zu realem Inzest, der psychodynamisch als Kompensation schwerer emotionaler Defizite und Selbstwertprobleme der Mißbraucher gedeutet wird.

5.3 Sozioökonomisch beeinflußte Identitätsentwicklungsstörungen

Die meisten Untersuchungen über die emotionale Entwicklung in der Kindheit anhand von Beobachtungen früher Mutter-Kind-Interaktionen orientieren sich in der Regel an der „Normalbiographie amerikanischer Mittelschichtkinder" (*Ulich* 1993, 265). Wurde die Bedeutung des niedrigen sozioökonomischen Status von Familien für die Entwicklung psychopathologischer Verhaltensmuster bei Vorschulkindern untersucht, so stellte sich heraus, daß er bei Kindern im Alter von 30 Monaten ebenso wie das psychopathologische Verhalten der Mütter wirkte, im Alter von 48 Monaten dagegen hinter der Wirkung des sozialemotionalen Faktors zurücktrat (vgl. *Sameroff & Seifer* 1990).

Eine besondere Wirkung des sozioökonomischen Status (SES) von Familien nicht nur in bezug auf die kognitive Entwicklung des Kindes, sondern auch bei Autonomie- und Unabhängigkeitsbestrebungen fanden *Trickett* et al. heraus (vgl. 1991, zit. bei *Herrenkohl* et al. 1995, 199). Sie stellten fest, daß es um so schwieriger sei, zwischen den Wirkungen von SES und denen von Mißhandlung zu unterscheiden, je niedriger der SES ist. Bei Familien mit dem niedrigsten SES seien keine Unterscheidungen mehr beobachtbar.

Der SES als Einflußgröße auf erzieherische, kommunikative, anregende und lenkende Muster in der Beziehung von Eltern zu Kindern sowie auf die Erreichbarkeit entwicklungsfördernder Unterstützungssysteme wird von *Herrenkohl* et al. (1995, 198) als bedeutendster Risikofaktor, noch vor der Qualität der Mutter-Kind-Beziehung, für die Entwicklung dysfunktionalen Verhaltens bei Kindern herausgestellt.

Da in allen acht Kasuistiken Wohnungsnot und niedriges Familieneinkommen, in drei Fällen sogar ein Leben in Armut zu beobachten ist, muß die „Unterversorgungslage" (*Hanesch* u.a. 1994) als Risikofaktor beim Auftreten und Verlauf der kinderpsychiatrischen Störungen berücksichtigt werden (vgl. *Schleiffer* 1993).

5.3.1 Objektive und subjektive Armutskriterien

In der Armutsforschung ist man sich einig, daß es nicht den „richtigen" Armutsbegriff gibt, weil sich grundsätzlich nur normativ festlegen läßt, wo die Grenze zwischen Armut und Nicht-Armut verläuft (vgl. *Hanesch* u.a. 1994; *Honneth* 1994). Zwar stellt die Einkommensarmut die zentrale Dimension des Armutsproblems dar, doch das in der Armutsforschung vertretene „Lebenskonzept" (*Hanesch* u.a. 1994, 25) verbindet objektive Lebensbedingungen mit subjektiven Verarbeitungsmustern – „in der Erkenntnis, daß das individuelle Erleben einer Situation Bestandteil der Situation selbst ist". So werden von einigen Autoren neben dem Einkommen die Bereiche Wohnen, Bildung, Gesundheit und Sozialbeziehungen zur Beurteilung der Lebenslagen von Menschen herangezogen (vgl. *Hanesch* u.a. 1994).

Die steigenden Heizkosten im Winter können ebenso wie der Identitätsverlust des Vaters durch soziale Erniedrigungen zu Krisen in einer Familie ohne finanzielle Spielräume führen. Sie werden beispielsweise als Gewalthandlungen an Kindern oder als steigender Alkoholkonsum eines Elternteils sichtbar.

5.3.2 Identitätsentwicklung im sozialen Kontext

Von krisenhaften Zuspitzungen in einer Familie, die sich z.B. in Form von männlicher Gewalt entladen, werden die das kindliche Selbst, Ich und seine Identität bildenden Interaktionen zwischen den Familienmitgliedern beeinflußt. So verhalten sich mißhandelte Säuglinge gegenüber ihren Müttern sehr viel furchtsamer, widerspenstiger und unzugänglicher als nicht mißhandelte Kinder. Mißhandelte Kleinkinder zeigen in Kindertagesstätten anderen Kindern gegenüber gelegentlich Furcht und Aggressionen, aber nie Empathie (vgl. *Mussen* et al. 1993, Bd. 2).

Ab der zweiten Hälfte des zweiten Lebensjahres werden Kinder sich ihrer Befindlichkeiten, ihrer Persönlichkeitseigenschaften, ihrer eigenen Handlungspotentiale also, bewußt. Es haben sich Selbstbilder in ihnen aufgebaut, die mittels zunehmend differenzierter Ich-Funktionen sowohl auf die personelle Mitwelt einwirken als auch von ihr beeinflußt werden. Dem Entstehen von Identität gehen Identifizierungsprozesse voraus, in denen sich das Subjekt mit einer anderen Person identifiziert oder es den anderen mit seiner eigenen Person identifiziert, wie es z.B. der Träumende macht, indem er aufgrund des „Gleich wie" ein Bild durch ein anderes ersetzt (*Laplanche & Pontalis* 1973, 220). Den Identifizierungsprozessen im reflektiven Sinn, die mit „Imitation, Einfühlung (Empathie), Sympathie, seelischer Ansteckung, Projektion etc." beschrieben werden, kommen für die Ausbildung der kindlichen Identität nach psychoanalytischem Verständnis entscheidende Bedeutung zu. Diese Identifizierung vollzieht sich unbewußt an Personen oder Zügen von ihnen über Phantasien und ist konstitutiv für die menschliche Persönlichkeit. „Identität ist das Ergebnis eines Prozesses der Selbstidentifizierung" anhand des Wissens und der Erfahrungen über sich selbst (*Neubauer* 1993, 303). So erkannten sich Kinder mit 30 Monaten zu 73% und mit 18 Monaten zu 32% im Spiegel (*Neubauer* 1993, 305). Die Identität wird im Verlauf der Teilnahme des Individuums am soziokulturellen Leben ständig herausgefordert, bestätigt und in Teilaspekten verändert.

5.3.3 Armut, sozial-emotionale Defizite und Identitätsentwicklungsstörungen

Nicht nur krisenhaft zugespitzte, besonders schwerwiegende Ereignisse und Erlebnisse, die nach traditionellem Verständnis den Kern eines Traumas ausmachen, wirken pathogen auf die Persönlichkeitsentwicklung des Kindes, sondern auch täglich wiederkehrende, weniger dramatische Beeinträchtigungen des Familienlebens (*Dornes* 1994, 74), die später als Familienatmosphären (vgl. *Petzold* 1991a) erinnerbar sind. Tatsächliche oder drohende Armut beeinflussen das Lebensgefühl, z.B. als Angst der Mutter vor jeder finanziellen Mehrbelastung, als leibliche Verwahrlosung des Säuglings oder als Kränkung der Mutter, wenn sie als einzige zur Weihnachtsfeier im Kindergarten von zu Hause abgeholt und allein ihr der Unkostenbeitrag erlassen wird. Es hat sich in Familien, die Einkommensverluste, z.B. durch Arbeitslosigkeit, hinnehmen mußten, gezeigt, daß diese, vermittelt durch Reaktionen in Form härterer Strafen des Vaters, zu sozio-emotionalen Problemen und körperlichen Symptomen (z.B. Magenschmerzen) bei Kindern führen. Blieb der Vater eher tolerant und verständnisvoll, führten Einkommensverluste nicht zu diesen Problemen (vgl. *Mussen* et al. 1993). Kindesmißhandlungen sind da besonders häufig, wo zur Armut noch andere Faktoren treten, wie Jugendlichkeit und niedriger Bildungsstand der Eltern sowie ihre soziale Isoliertheit.

Die durch diese Faktoren belasteten familiären Interaktionsprozesse können leicht zu krisenhaften Zuspitzungen und Entladungen führen. Störungen der Familienharmonie beeinflussen Selbstbeschreibungen von Kindern, aus denen sich ihr Identitätsbewußtsein zusammensetzt, negativ (vgl. *Neubauer* 1993).

Verlieren Väter als Allein- oder Hauptverdiener in Familien ihre Arbeit, oder kommt es zu rasanten Steigerungen der Lebenshaltungskosten, so bedrohen die damit verbundenen Lebensumstellungen ihre Identitäten (vgl. *Brock* 1994; *Baethge* 1994) und führen bei Kindern zu psychischen Beeinträchtigungen (vgl. *Richter* 1973), besonders dann, wenn „puffernde" Schutzfaktoren nicht zur Verfügung stehen. So fehlt sozioökonomisch unterprivilegierten Gruppen die Fähigkeit, sich durch Beziehungsarbeit, z.B. in Freundeskreisen, Nachbarschaftsaktivitäten, Interessengemeinschaften, Vereinen oder Selbsthilfegruppen, zu Baumeistern einer sozial getragenen Identität zu machen, wodurch sie in ihrem inneren Gleichgewicht doppelt verletzbar sind (vgl. *Keupp* 1994).

Auswirkungen hat der sozioökonomische Status von Familien beispielsweise auf die verbale Intelligenzleistung von Kindern (vgl. *Oevermann* 1972; *Lempp* in: *Eggers* u.a. 1989). Es wurde eine eindeutige Abhängigkeit zwischen Unterschicht und dem Auftreten geistiger Behinderung milder Art (IQ über 50) festgestellt.

Zwischen Eltern und Kindern entwickelt sich eine spezielle Kommunikationsform in Abhängigkeit von der Schichtzugehörigkeit der Eltern (vgl. *Bernstein* 1973). Herrscht im Arbeitsalltag des Mannes die physische Anstrengung, die körperliche Kontrolle und die verminderte Autorität vor, beengt der Wohnraum Handlungsalternativen und werden dem Kind wenig intellektuelle Stimuli geboten, so kommt es nach *Bernstein* über einen spezifischen Sprachstil („restringierter Code") in der Familie zu einer spezifischen sozialen Identität des Kindes.

5.3.4 Die Unterversorgungslagen der untersuchten Familien

Bei den Hausbesuchen während der Erstuntersuchung sowie der Nachuntersuchung stellten sich die materiellen Lebensbedingungen

Klinischer Teil 119

der Menschen besonders augenscheinlich dar. Sie lassen sich als „sehr einfach bis ärmlich" beschreiben.

Tabelle 2: Erwerbstätigkeiten der Eltern

	Erwerbstätigkeit des Vaters	Erwerbstätigkeit der Mutter
Mario	Arbeiter	ohne Nebenverdienst
Nils	–	alleinerziehend, Sozialhilfe
Aiko	Arbeiter	ohne Nebenverdienst
Andrea	Arbeiter	Nebenverdienst
Fabian	Arbeiter	Arbeiterin
Natascha	Arbeiter	Nebenverdienst
Sylvia	Arbeiter	ohne Nebenverdienst
Dennis	Arbeiter	ohne Nebenverdienst

Die drei erstgenannten Familien hatten Krisen erlebt, wie das zeitweise Leben in einer Notunterkunft, materielle Unterversorgung der Kinder als Folge von Arbeitslosigkeit oder durchgängigen Geldmangel trotz Überstunden des Vaters und preisgünstigen Wohnens, aber mit drei Kindern (Mario). Diese Familien lebten in Armut.

Die anderen fünf Familien lebten aufgrund der zusätzlichen Einnahmen der Mütter abgesicherter und auf einem etwas höheren Niveau. Die beiden letztgenannten Familien, in denen die Mütter kein eigenes Einkommen erwirtschafteten, konnten ihre materielle Versorgung nach eigenen Aussagen nur aufgrund von bezuschußten bzw. mietfreien Wohnverhältnissen und in einem Fall aufgrund recht umfangreicher gartenwirtschaftlicher Selbstversorgung sicherstellen. Diese Familien bezeichne ich nicht als „arm", doch der Einbruch in Armutsverhältnisse droht und kann z.B. durch Verlust der mütterlichen Nebenbeschäftigung eintreten.

Auch in den USA können insbesondere junge Arbeiter häufig „nicht mehr genug verdienen, um die Armut zu überwinden und eine Familie zu ernähren" (*Mussen* et al. 1993, Bd. 2, 199).

Diese materiellen Lebensbedingungen beeinflußten die familiären Kommunikations- und Interaktionserfahrungen, was sich z.B. am Ehestreit über das „Angebundensein" der Mütter im häuslichen Bereich und die beengten Wohnverhältnisse zeigte. Deutlich prägen sie auch die erschwerten Individualisierungsbedingungen für Kinder. Die armen, aber auch die im sozioökonomischen Sinn schwachen Familien können sowohl wirtschaftliche als auch psychische Krisen ihrer Mitglieder im Vergleich zu Mittelschichtfamilien weniger gut puffern.

5.3.5 Zusammenfassung

Niedrige Einkommensverhältnisse können zu innerpsychischen Krisen und sozialem Rückzug führen, wodurch die Ressourcen eines Familiensystems verringert oder verbraucht werden. Nicht nur traumatisch zugespitzte Mangelzustände, sondern auch dauerhafte, den Lebensstil von Familien prägende, materielle Sorgen, wirken über das Elternverhalten störend auf Identitätsentwicklungsprozesse von Säuglingen und Kleinkindern ein. Empirisch nachgewiesen sind Störungen familiärer Interaktionsprozesse und ihre Auswirkungen auf Persönlichkeitsentwicklungen, die in der Arbeitswelt (der Väter) entstanden sind. Die Wirkung eines Risikofaktors, wie z.B. die Identität bedrohende Arbeitslosigkeit, wird durch andere Risikofaktoren verstärkt und von Schutzfaktoren, wie z.B. einer den Selbstwert steigernden Zugehörigkeit zu einem Verein, gepuffert. In unterschiedlicher Schärfe werden alle Familien, aus denen die untersuchten Kinder kommen, von Armut bedroht.

Der dargestellte Zusammenhang zwischen sozioökonomischen Lebensverhältnissen von Familien und Identitätsentwicklungsstörungen bei ihren Kindern wird von mir als Erweiterung des von Bindungsforschern erkannten Einflusses „verstrickter" Bindungsmodelle zwischen Eltern und Kind auf die Entwicklung desorganisierter Verhaltensmuster interpretiert.

Ich nehme an, daß nicht nur der unverarbeitete Beziehungsverlust von Eltern (vgl. *Main & Hesse* 1990), sondern auch die geschilderten, pathogen wirkenden Lebensbedingungen von Eltern zu „verstrickten" Interaktionsmustern mit ihren Kindern führen können.

6. Der diagnostische Zugang zu frühen Traumatisierungen

Aus dem Einfluß, den Bezugspersonen auf kleine Kinder ausüben, sind drei potentielle Risikozonen – Bindungen, Sexualität und Armut – für ihre Persönlichkeitsentwicklung herausgearbeitet worden. Es wurde gezeigt, daß es sinnvoll ist,
➤ frühe Interaktions- und Resonanzstörungen,
➤ sexuelle Identitätsentwicklungsstörungen und
➤ sozioökonomisch beeinflußte Identitätsentwicklungsstörungen
in einer psychodynamischen Verbindung mit den Vorgängen zu interpretieren, die zur Entwicklung desorganisierter Verhaltenszustände bei Vorschulkindern führen.

Es ist wichtig, die Spuren zu kennen, die in ihnen dadurch entstanden sind, daß das Leben in diesen Risikozonen für sie traumatisierend, defizitär oder gestört verlief. Wichtig deshalb, weil durch die diagnostische Spurensicherung der Ausgangspunkt für einen therapeutischen Modifikationsprozeß bestimmt werden kann. Erst eine ressourcengelenkte Bestandsaufnahme historischer wie aktueller Wirkungen von Schutz- und Risikofaktoren ermöglicht eine, an den bisherigen Sozialisationsprozeß des Kindes anknüpfende, therapeutische Neuorientierung.

Die diagnostischen Methoden sind diesem Rekonstruktionsprozeß dann angemessen, wenn sie die frühen Gefährdungen der Regulationsprozesse zwischen Bezugsperson und Kind, der geschlechtsspezifischen Behandlungen durch Bezugspersonen sowie der durch Unterversorgungslagen geprägten Indentitätsbildungsprozesse transparent machen.

Da es sich zum großen Teil um Spuren aus präverbaler Zeit, in der von einer gerade beginnenden Individualisierung zu sprechen ist, handelt, müssen die diagnostischen Methoden Erinnerungskanäle im Kind berühren und beleben, die in diesen sprachlosen Raum führen. Im Körperausdruck des Kindes öffnen sie sich für den empathisch beteiligten Diagnostiker.

In Kinderzeichnungen wird der körperliche Ausdruck fixiert, der damit als Dokument des Erinnerungsvorganges seine Flüchtigkeit verliert und wiederholten Deutungen zugänglich bleibt. Gerade dieser Aspekt gibt Kinderzeichnungen, ebenso wie videoprotokollierten

Beobachtungen, die Qualität eines unmittelbaren, unverfälschten, authentischen Berichts.

Mir geht es bei der Analyse von Kinderzeichnungen darum, herauszufinden, wie sich Erfahrungen von
➤ frühen Interaktions- und Resonanzstörungen,
➤ sexuellen Identitätsentwicklungsstörungen sowie
➤ sozioökonomisch beeinflußten Identitätsentwicklunsstörungen

in ihnen niederschlagen, um sie zur Beurteilung von (desorganisierten) Verhaltenszuständen bei Vorschulkindern heranziehen zu können.

6.1 Aspekte sonderpädagogischer Diagnostik

Bei der sonderpädagogischen diagnostischen Urteilsbildung „handelt es sich um eine kreative gedankliche Aktivität des Diagnostikers, die er persönlich zu verantworten hat" (*Seitz* 1992, 121). Mit Seitz unterscheide ich zwar theoretisch die „klinische" von der „statistischen" Urteilsbildung, führe aber beide von einer „pragmatisch-eklektischen Position" aus (*Hansen* 1992, 27) und im Interesse einer für das Kind nutzbringenden Informationssammlung zusammen. Bei der „klinischen Urteilsbildung" werden diagnostische Urteile „durch eine differenzierte Analyse der persönlichen Einmaligkeit des Probanden und seiner intraindividuellen Merkmalszusammenhänge begründet" (*Seitz* 1992, 121). Die „statistische Urteilsbildung richtet sich nach überindividuellen empirischen Befunden, die auf den jeweiligen individuellen Probanden angewendet werden".

Intelligenztests (S-O-N und CMM) sowie die Anlegung von Entwicklungsrastern (vgl. *Kiphard* 1984) führen in meiner Arbeit zur statistischen Urteilsbildung und projektive Verfahren, Gespräche mit Bezugspersonen sowie Beobachtungen zur klinischen Urteilsbildung.

Doch an welchen Zielen orientiert sich die diagnostische Urteilsbildung? Woran wird gemessen, ob eine sonderpädagogisch zu behandelnde Behinderung vorliegt? Ich sehe die Befähigung zu „sozialer Kompetenz" als wesentliche Orientierungshilfe für eine diagnostische Urteilsbildung im sonderpädagogischen Vorschulbereich an. Soziale Kompetenz wird dabei nicht einfach als individuelle Disposition, „sondern in transaktionaler Sichtweise ... als Ergebnis der Einschätzung innerer und äußerer Ressourcen im Hinblick auf eine soziale Problemlösung konzipiert" (*Holtz* 1994, 166). Entwicklung bedeutet dann die zunehmend effektivere Abstimmung innerer und äußerer Ressourcen innerhalb des persönlichen Lebenssystems. Das spezifisch soziale an dieser Kompetenz ist die Fähigkeit des Kindes, die Eigenständigkeit der Bezugspersonen, z.b. im Hinblick auf Bedürfnisse, Zielsetzungen und Ressourcen zu erkennen und zu integrieren (vgl. *Holtz* 1994).

Intelligenz wird nun mit dem Konzept einer „ökologischen Kompetenz" gleichgesetzt, die den Bereich instrumenteller, nicht unbedingt auf soziale Sachverhalte bezogener Auseinandersetzungen mit den eigenen Entwicklungsmöglichkeiten umfaßt. Unter kognitiver (geistiger) Behinderung wäre demnach jede Beeinträchtigung der Fähigkeit zu verstehen, in eine mit anderen geteilte Welt einzutreten bzw. eintreten zu können, aber auch jede Beeinträchtigung der Möglichkeit, diese Fähigkeit zu entwickeln und einzusetzen (vgl. *Holtz* 1994).

Die Fähigkeit des Kindes, sich und andere differenziert zu erleben und sich zu ihnen in Beziehung zu setzen, die im Blickpunkt meiner Untersuchung steht, verstehe ich als Teil seiner „ökologischen Kompetenz".

Deskriptive und erklärende Informationen werden durch Verhaltens- und Spielbeobachtungen in aktiv-teilnehmender Form (vgl. *Niemann* 1992) sowie durch Beobachtungen Dritter, hier der Eltern und Erzieherinnen, aufgenommen.

Erklärende Informationen werden durch Aussagen im psychodiagnostischen Gespräch oder aus projektiven Verfahren gewonnen. Aus manchen Informationen werden Erklärungen durch den Rückgriff auf theoretische Annahmen abgeleitet. So werden in der vorliegenden Arbeit Informationen aus Verhaltensbeobachtungen und der biographischen Analyse bestimmter Lebensbedingungen gesammelt – z.B. über das Fürsorgeverhalten von Eltern und die Bindungsstrategien ihrer Kinder. Erst durch Rückgriff auf theoretische Annahmen über bestimmte Entwicklungsprozesse – z.B. die Selbstentwicklung des Kindes in Abhängigkeit von dem ihm als Säugling gewährten Freiraum zur Entfaltung seiner Selbstregulationsmechanismen – lassen sich hypothetische Erklärungen für die festgestellten Gegebenheiten – z.B. das sexualisierte Verhalten bei Vorschulkindern – finden.

Der Erklärung des Zustandekommens auffälligen Verhaltens und Erlebens lege ich weder das individuell-medizinische noch das situationistische, das die krankmachende Qualität in der Situation allein

sieht, sondern das interaktionistische Modell zugrunde (*Seitz* 1992, 115).
Diesem bescheinigt auch *Neukäter* (1995) „eine gewisse Plausibilität" (S. 125) für die Erklärung der in mehreren Untersuchungen festgestellten „hohen Schnittmenge von verhaltensauffälligen und sprachgestörten Personen". Er beruft sich dabei auf *Sameroff*s (1987, zitiert bei *Neukäter* 1995, 125) Interdependenzmodell zwischen Person und Umwelt. „Die durch Wechselwirkung entstehenden Transaktionen führen zu einer spezifischen Konstellation, die Sprach- und Sprechstörungen gemeinsam mit Verhaltensstörungen auftreten lassen". Wurde z.b. ein Säugling mit geringem Geburtsgewicht als ein Risikokind im medizinischen Sinn bezeichnet, so kann dies zu einer ängstlichen Fürsorge durch die Mutter führen, eine interaktiv gestörte Beziehung einleiten und zu einem Mangel an Anregungen führen, so daß sprachliche Entwicklungsverzögerungen mit entsprechenden Auswirkungen auf die Beziehungsstrukturen entstehen können.

Weniger von theoretischen Konstrukten als von dem ausgehend, was Vorschulkinder in konkreten Spielsituationen im Vollzug von Erfahrung und Lernen, von Verstehen und Begreifen sichtbar machen (vgl. *Rittelmeyer* 1990), wird ein Zugang zu den Lebenswelten der Kinder gesucht. Im Mittelpunkt steht die Frage, wie die Welt dem Kind und es dabei sich selber zu Bewußtsein kommt (S. 15). Auf der Grundlage von entwicklungspsychologischen und psychotherapeutischen Theorien wird nach Mustern hinter den Phänomenen gesucht, die die Entwicklung von Sinnerfassungskompetenzen der Kinder fördern oder beeinträchtigen.

6.1.1 Zusammenfassung

Die hier zugrunde gelegte sonderpädagogische Urteilsbildung im diagnostischen Prozeß orientiert sich an dem Ziel der Entwicklung sozialer und ökologischer Kompetenzen, die es dem Kind ermöglichen, innere und äußere Ressourcen im Hinblick auf soziale und instrumentelle Problemlösungen einzuschätzen und unter Einbeziehung der Möglichkeiten und Grenzen anderer handelnd zu nutzen.

6.2 Die soziale Konstruktion der kindlichen Erinnerung

Erinnerungen gehen aus den Bemühungen von Kindern hervor, „ihre direkte Ereigniserfahrung zu organisieren", sich ein „Weltmodell" zu konstruieren, auf dessen Grundlage dann die „persönliche Vergangenheit" entsteht (*Nelson* 1993, 206). An der Organisation von Ereigniserfahrungen zu einem Weltmodell sind Eltern in unterschiedlicher Form beteiligt.

Bieten sie ihren Kindern einen weiten Erzählrahmen an, wenn diese Informationen aufnehmen, so verhalten sie sich „elaborativ" bzw. „narrativ" (*Nelson* 1993 unter Bezug auf *Fivusch* & *Fromhoff* 1988 bzw. *Bruner* 1986). Konzentrieren sie sich dagegen ausschließlich auf Informationen, so verhalten sie sich eher „repetitiv" oder „paradigmatisch". Als Beispiel für den letztgenannten Sprachcode beschreibt Nelson eine Mutter, die im Dialog mit ihrem Kind darauf beharrt, von diesem eine ganz bestimmte Information zu erhalten, ohne ihm Anregungen zum Aufbau einer kleinen Erzählung zu geben.

Kinder von elaborativ orientierten Müttern hatten nach sechs Monaten ein besseres Erinnerungsvermögen als Kinder von repetitiv orientierten Müttern (vgl. *Nelson* 1993). Der von Eltern ihren Kindern angebotene Narrationsrahmen vor, während und nach einem Ereignis macht diese mit der gemeinschaftlichen Form des Sprechens über gemeinsame Erfahrungen vertraut.

Nelson geht aufgrund dieser Beobachtungen davon aus, daß das Erinnerungsvermögen keine individuelle Eigenschaft oder Fähigkeit ist, sondern daß jedes Kind in den Prozeß „sozialer Konstruktion" von Gedächtnis und Erinnerung seine Fähigkeit einbringt, eine Ereignisfolge in kausaler und zeitlicher Ordnung, an der es selbst und andere beteiligt sind, zu behalten (*Nelson* 1993, 218). Nach *Halbwachs* (1968; zitiert bei *Echabe* & *Castro* 1995, 124ff) ist das Gedächtnis sozial, „weil andere Menschen (a) uns dabei helfen, der Genauigkeit unserer eigenen Erinnerung stärker zu vertrauen, und weil es uns (b) einer Wirklichkeit versichert, in der wir niemals einsam sind."

Ein Kind kann sich jedoch nur insoweit an dem sozialen Konstruktionsprozeß zum Aufbau von Gedächtnis und Erinnerung beteiligen, als es ein „generisches" Wissen (*Nelson* 1993, 197) über vertraute und wiederkehrende Ereignisse erworben hat und darüber einen sprachlichen Bericht abzugeben weiß. Keiner der bei *Nelson* zitierten Autoren hat sich mit der Entwicklung des Erinnerungsvermögens von Kindern in Abhängigkeit vom sozioökonomischen Status ihrer Familien beschäftigt.

6.2.1 Erinnerungsaufbau unter Streß

Welche Bedeutung haben *Nelson*s Erkenntnisse für die Beurteilung von Gedächtnisleistungen entwicklungsgestörter Kinder, die mit ihren psychisch belasteten Eltern in Armut leben oder von ihr bedroht sind? Die folgenden Überlegungen dazu stellen Annäherungen an mögliche Antworten dar.

1. Kognitiv und sprachlich retardierte Kinder haben Defizite an generischem Wissen. Da dieses nach *Nelson* funktional für ihre Interpretationen von Wirklichkeit ist, ist zu erwarten, daß sie mehr Schwierigkeiten haben, traumatische Episoden zu verstehen, als nicht beeinträchtigte Vorschulkinder.

2. Eltern, die aufgrund psychischer Belastungen und eines restringierten Sprachstils eher einen „repetitiven" denn einen „elaborativen" Narrationsrahmen zur Verfügung stellen, bieten ihren Kindern weniger soziale Unterstützung bei der Konstruktion von Erinnerungen an als angepaßte Eltern, die eine differenzierte Sprache beherrschen. Von ihren Eltern psychisch mißhandelte und mißbrauchte Kinder haben beim Aufbau ihrer Erinnerung mehr Probleme zu lösen als Kinder aus Normalfamilien.

3. Da alle Kinder meiner Untersuchung im Sinn der Definition von psychischer Mißhandlung, wie sie der Mannheimer Studie zugrunde liegt, von ihren Eltern mißhandelt (abgelehnt oder vernachlässigt) worden sind, stellt sich die Frage nach den Besonderheiten ihres familiären Narrationsrahmens und seinen Bedeutungen für die Entwicklung des autobiografischen Gedächtnisses der Kinder. Vermutlich kommt es in diesem spezifischen narrativen Geschehen zu Deutungs- und Bewertungsverwirrungen von Realitätserfahrungen im Kind, da mißhandelnde Eltern dazu neigen werden, bewußt oder unbewußt,

Umbewertungen ihrer Gedanken, Gefühle und Handlungen vorzunehmen (Verleugnungen sich selbst und dem Kind gegenüber).

Innerfamiliärer Mißbrauch bringt posttraumatische Syndrome hervor, zu denen chronische affektive Unregelmäßigkeiten, Dissoziationen, Somatisierungen, zerstörerisches Verhalten gegen sich und andere, Verzerrungen der internen Modelle von sich und anderen sowie Lernbehinderungen gehören (*van der Kolk* 1994, 254). Hinsichtlich der Wirkungen von traumatischem Familienstreß auf das Erinnerungsvermögen von Kindern erörtere ich, was *van der Kolk* für Erwachsene erarbeitet hat. Er unterscheidet semantisches („declarative") Erinnern als aktiven Prozeß auf der Grundlage von kognitiven Schemata vom unbewußten Erinnern („nondeclarative"). Traumatisierungen behindern das semantische Erinnern im Sinne bewußten Zurückrufens von Erfahrungen, nicht jedoch das unbewußte Erinnern, das die mit dem Ereignis verbundenen Gefühlsreaktionen und sensumotorischen Wahrnehmungen speichert. Der posttraumatische Zustand ist „sprachlos" in dem Sinn, daß der Mensch seine Erfahrungen nicht in Worten oder Symbolen, aber in körperlichen Empfindungen und Bildern bewahren kann (*van der Kolk* 1994, 258).

Das limbische System im Zentralnervensystem hat die Aufgabe, die emotionale Bedeutung sensorischer Reize zu bestimmen. Es ist das „Verhaltensbewertungssystem" des Gehirns (*Roth* 1997, 197). Ein Teil des limbischen Systems, die Hippocampus-Formation, bewertet die zeitlich und räumlich unverbundenen Ereignisse, vergleicht sie mit gespeicherten Informationen und stellt Verknüpfungen her. „Bewertungs- und Gedächtnissystem hängen untrennbar zusammen, denn Gedächtnis ist nicht ohne Bewertung möglich, und jede Bewertung geschieht aufgrund des Gedächtnisses, d.h. früherer Erfahrungen und Bewertungen" (*Roth* 1997, 198). Der Hippocampus ist der Organisator von Lernen und Gedächtnis auf der Grundlage all dessen, „was wir als bewußtes Wissen verfügbar haben und äußern können" (S. 209). Eine Verletzung dieses Teils des Gehirns wird mit Überempfindlichkeit gegenüber Außenreizen verbunden. Sie führt auch zur Beeinträchtigung der Fähigkeit, neues Wissen zu erwerben oder zu behalten.

Die Amygdala im limbischen System nimmt den emotionalen Begleitzustand von dem, was zum Einspeichern ansteht, auf. Hier wird bewertet, ob es positive oder negative Konsequenzen hatte oder haben wird (im Lichte der vergangenen Erfahrungen) (*Roth* 1997, 210). „Die Art und Tiefe der Einspeicherung und damit die Leichtigkeit des Erinnerns (bzw. die Resistenz gegen das Vergessen)" hängen wesentlich von dieser Bewertung ab. Die Hippocampus-Formation ist erst am Ende des 3. oder 4. Lebensjahres entwickelt und wird daher für kindliche Amnesien verantwortlich gemacht. Dagegen ist das Erinnerungssystem, das die affektiven Qualitäten von Erfahrungen enkodiert, früher entwickelt (*van der Kolk* 1994, 261). Es kann vermutet werden, daß kognitiv retardierte Vorschulkinder traumatischem Streß mit unterentwickelten kognitiven Schemata begegnen und daher eher somatische als semantische Erinnerungsspuren zeigen.

6.2.2 Der Einfluß des Therapeuten auf die Erinnerung des Kindes

Nach *Fleming* u.a. (1992) ist das bewußte Erleben einer Erinnerung ein bekanntes Gefühl, das der sich Erinnernde auf die Vergangenheit zurückführt. Alltägliche Ereignisse können Beurteilungen vergangener Ereignisse beeinflussen und zu Fehlerinnerungen führen. Der Therapeut beeinflußt durch folgende Variablen die Erinnerung seines Klienten:

1. Geht es ihm um die Erinnerung seines Klienten, so führt dieser ein auftauchendes vertrautes Gefühl eher auf die Vergangenheit zurück, als wenn er andere Ziele verfolgt.

2. Die Interaktion zwischen Therapeut und Klient bestimmt darüber, wie sich dieser im Prozeß einbringt, z.B. ob er Gefühle äußert, Bedeutungen herausarbeitet oder sich an Tatsachen orientiert.

3. Je häufiger ein Ereignis erinnert wird, etwa weil eine Person immer wieder danach gefragt wird, um so größer wird ihr Vertrauen in die Richtigkeit der eigenen Erinnerung, auch wenn sie objektiv immer ungenauer wird. Es hat sich gezeigt, daß die Erinnerungen am genauesten sind, die spontan und als letzte abgerufen werden.

Die Autorinnen berichten von einem dreijährigen Kind, das bei einer gezielten Diagnostik wegen sexuellen Mißbrauchs keine Imformationen über die Handlungen des Verdächtigten hervorgebracht hatte. Obwohl es in einer folgenden Untersuchung von jeder Erzählpflicht entbunden worden war, war es nicht bereit, seine Aufmerksamkeit auf ein thematisch einschlägiges Buch oder auf das Spiel am Puppenhaus zu lenken.

Die Autorinnen stellen fest, daß ein Kind um so schwieriger Wirklichkeit von persönlicher Erinnerung unterscheiden kann, je häufiger es gebeten worden ist, seine Geschichte über den Mißbrauch zu wiederholen.

6.2.3 Zusammenfassung

Es wurden Benachteiligungen von Kindern in Risikofamilien beim kognitiven Aufbau ihrer Erinnerungen, der als sozialer Konstruktionsprozeß definiert worden war, beschrieben.

Vermutet wird, daß mißhandelte, kognitiv retardierte Vorschulkinder wegen der Realitätsverleugnung ihrer Eltern und wegen der posttraumatischen Wirkungen auf das limbische System vom erlebten Trauma nur eine verzerrte Vision erinnern, und dies eher somatisch als semantisch. Im therapeutischen Prozeß wird das Erinnerungsvermögen des Kindes vom Therapeuten gelenkt. Er hat sich daher, z.B. bei der Mißbrauchsdiagnostik, zurückhaltend und selbstreflexiv zu verhalten, um dazu beizutragen, daß das Kind weitgehend an der Wirklichkeit orientierte Erinnerungen rekonstruiert.

6.3 Die Körpererinnerung

Entwicklungsbeeinträchtigte und psychisch mißhandelte Kinder sind aufgrund ihres defizitären „generischen" Wissens behindert, die Welt, in der sie leben, zu verstehen. Ihre Eltern machen ihnen nicht die Kommunikationsangebote, um persönliche Beobachtungen und Erfahrungen in einen elaborierten Sprachcode transformieren und adäquate Erinnerungen aufbauen zu können. Vielmehr kann angenommen werden, daß Eltern, die ihre Kinder mißhandeln, darauf hinwirken, daß diese ein manipuliertes Bild über historische wie aktuelle Erfahrungen repräsentieren.

6.3.1. Der kommunikative Leib

Kinder können aus Erfahrungen Informationen speichern, die sie sowohl unabhängig von ihrem generischen Wissensstand als auch von dem Charakter des elterlichen Narrationsrahmens (im Sinne von elaborativ oder repetitiv) aufnehmen und wieder abgeben können. Die Beobachtungen motorischer, kinästhetischer und gestischer (affektmotorischer) Phänomene des ganzen Körpers erlauben uns, „Schlüsse darüber, was im Inneren des Kindes vor sich geht", zu ziehen (*Mahler* u.a. 1987, 28). Danach informiert der Körper über innerpsychisches Geschehen in der Bewegung.

Gehen wir in der Entwicklung des Kindes an den Anfang zurück und fragen uns, ob und worüber der Körper in diesem archaischen Zustand informiert, so können wir sagen, daß er als biologisch-organismisches System Propriozepte und Exterozepte speichert und diese Informationen die Grundlage des „memorativen Leibes" sind (*Petzold* 1993a). Indem der Körper des Säuglings von den Einflüssen der sozialen Welt geprägt wird und diese in der Mimik, Gestik, Körpersprache und Sprache hervortreten, erfolgt die „Einwurzelung" des Kindes „... in den Boden der Kultur" und „läßt den Menschen sich als personales Leib-Subjekt entwickeln" (*Petzold* 1993a, 1157). Diese „Inkarnation" erfolgt auf der Grundlage der Intentionalität des Körpers in interaktiven Bezügen mit anderen. Im weiteren Prozeß der Sozialisation „werden die Ereignisse, die dem Körper durch Einwirkung der Außenwelt widerfahren, im »Gedächtnis des Leibes« als Atmosphären, Szenen und Szenengeschichten archiviert" (*Petzold* 1993a, 1111). Vor schmerzhaften Erfahrungen durch Traumatisierungen, Defizite und Störungen bietet die Möglichkeit der Verdrängung Schutz. Sind die Bewältigungskräfte der Seele und die Schutzfaktoren der Umwelt mit der „Entsorgung" (S. 1112) überfordert, so artikuliert sich das „negative Unbewußte" durch Verhaltensauffälligkeiten, Störungen der Kommunikation und psychosomatische Reaktionen. „Spricht" das leidende Kind über kreative Medien zu uns, so beginnt damit der Heilungsprozeß, weil das Verdrängte bewußt, mitgeteilt und damit „geteilt" wird.

6.3.2 Körpererinnerungen an Traumatisierungen

Im Gegensatz zu verbalen setzen verhaltensmäßige Erinnerungen bewußte Kenntnisse traumatischer Erlebnisse nicht voraus. „Die verhaltensmäßige Erinnerung erlaubt Wiederholungen von vielen, verschiedenen und lange zurückliegenden Mißbräuchen durch Handlung auch dort, wo verbale Beschreibungen des Mißbrauchs dem Bewußtsein für immer verloren gegangen sind" (*Terr* 1988, 103; Übers. v. Verf.). Ereignete sich ein Trauma vor einem Lebensalter zwischen 28 und 36 Monaten, so ist es in den Jahren danach kaum verbal, wohl aber verhaltensmäßig zu rekonstruieren. Gibt es bald nach dem Trauma verbale Erinnerungen, so sind diese, trotz individueller Tendenzen, etwas hinzuzufügen oder wegzulassen, genau.

Um im diagnostischen Prozeß mit kleinen Kindern bei Verdacht auf sexuellen Mißbrauch ein Führen oder Lenken des Kindes zu vermeiden, sind besondere Untersuchungstechniken entwickelt worden (vgl. *Mayers* 1991). So ist das gemeinsame Herstellen von zunächst gezeichneten und dann ausgeschnittenen „Papierpuppen" eine weniger lenkende Methode als das Arbeiten mit anatomisch korrekten Puppen (vgl. *Mayers* 1991; ebenso *Kutchinsky* 1991).

Durch welche Vorgänge werden sexuelle Mißbrauchserfahrungen von Kindern zu Inhalten ihres „Leibgedächtnisses"? Es lassen sich mit *Vizzard* (1988) zwei Möglichkeiten unterscheiden:
1. die aktive Körpererinnerung, wie die körperliche Erregung;
2. die passive Körpererinnerung, wie die psychosomatische Konversion.

„Obwohl sexueller Mißbrauch für Kinder oft unangenehm oder schmerzhaft ist, gibt es viele Kinder, die von Zeit zu Zeit den Mißbrauch und die sexuellen Gefühle, die dabei entstehen, genießen" (*Vizzard* 1988, 82; Übers. v. Verf.). Sexualisiertes Verhalten in Form sexueller Erregung enthält nach der Autorin Erinnerungen an frühere Erfahrungen. „Even although her mind hated the abuse, her body would still respond with pleasure in a way which was totally senseless to her" (S. 83).

Wurde der sexuelle Mißbrauch vom Kind dagegen nicht als „Vergnügen" erlebt, weil es nicht zur sexuellen Erregung kam, so sind Folgen, die als „posttraumatic stress disorder" beschrieben werden, wahrscheinlich. Hier wird die bewußte Erinnerung unterdrückt, indem sie durch die Entwicklung von körperlichen Symptomen, „wie Angstanfälle, Enuresis, Enkopresis, Anorexie, hysterische Lähmungen ..." ersetzt wird (S. 85). „The psychosomatic symptom is the »passive« body memory of the event."

In beiden Fällen von körperlicher Erinnerung an den sexuellen Mißbrauch erfolgt eine Abspaltung der ursprünglichen traumatischen Erfahrung. „In other words, the body remembers but the mind forgets."

6.3.3 Zusammenfassung

Jenseits bewußt gelegter, und damit leichter manipulierbarer Erinnerungsspuren, gibt es das Reservoir körperlich gespeicherter Erinnerungen, die z.b. in bezug auf Persistenz des Erinnerten jenen überlegen sind. Das Phänomen sexueller Erregung im Zusammenhang mit Erinnerungsprozessen an sexuelle Traumatisierungen wird als aktive, die psychosomatische Konversion des sexuellen Traumas als passive Körpererinnerung beschrieben.

Wie über kreative Medien verdrängtes Material im therapeutischen Prozeß erreicht, belebt und mitteilbar wird, ist der thematische Schwerpunkt der Abschnitte 6.4-6.7. Unter 6.5 werden perzeptive und motorische Reifungsschritte als Voraussetzungen einer metaphorischen Bildersprache thematisiert.

6.4 Zugänge zum Unterbewußten

Die Anwesenheit des Therapeuten beeinflußt den Prozeß der Beschäftigung des Kindes mit sich selbst auf unbewußter und bewußter Ebene. Bereits seine stumme Präsenz regt es zu Übertragungsphantasien an, und zugleich ist er Teil der aktuellen Realität, zu der es sich in Bezug setzt. Umgekehrt verhält sich der Therapeut zum Kind so, wie es ihm sein inneres Bild, das er von ihm in Abgleichung mit seinen Erfahrungen gewonnen hat, vorgibt, wobei eine durch Eigenanalyse gewonnene Einsichtsfähigkeit handlungssteuernd mitwirkt.

6.4.1 Das Schnörkelspiel (Winnicott)

Therapeuten können Kinder Zeichnungen herstellen lassen und sie damit zu Projektionen innerer Bilder nach außen anregen. Zwar ist der Therapeut eine „Kontextvariable", doch sein Einfluß auf den kreativen Prozeß des Kindes läßt sich durch die Einhaltung von Abstinenzregeln begrenzen.

Im Schnörkelspiel (vgl. *Winnicott* 1988) macht ihn die Spielregel symbolisch zum gleichberechtigten Spielpartner des Kindes. Er bringt eine Art „Geschlängel" spontan aufs Papier und bittet das Kind, daraus „irgend etwas zu machen" und das Entstandene zu benennen. Dann beginnt das Kind, und der Therapeut macht aus seinem „Schnörkel" eine Figur, für die er einen Namen finden muß. Das geht solange hin und her, wie das Kind Interesse an diesem wechselseitigen Gestaltungsprozeß hat. Manchmal erzählt es Geschichten zu den Bildern, so daß der Deutungsvorgang über verbale und nonverbale Informationen eine solide Grundlage erhält.

Bei einem Mädchen konnte Winnicott bis zu einer Stelle ihres Inneren vordringen, „von der weder in ihrem gewöhnlichen Verhalten noch in ihrer Art zu reagieren etwas sichtbar wurde" (S. 173). Das beschriebene Verfahren hilft dabei, „die Problematik des Falles zu verstehen". Zwar steuert der Erwachsene sowohl das Herstellen wie das Benennen seiner Figur vom Standpunkt seines diagnostischen Interesses und Wissens um lebensgeschichtliche Details des Kindes weitgehend bewußt. In der gemeinsamen Betrachtung der Bilderserie zeigt sich am Ende jedoch oft deutlich, daß auch sein Unterbewußtes „mitgespielt" und dem Kind „geantwortet" hat.

Das zeichnerische und verbale Bezugnehmen auf die Kommunikationssignale anderer innerhalb eines festgelegten Rahmens setzt die Fähigkeit, eine exzentrische Haltung zu Eigenem und Fremdem einzunehmen, in elementarer Form voraus. Vor der Einladung des Kindes zu diesem Spiel muß daher geprüft werden, ob es zu dieser Kooperation in der Lage ist.

Zwar findet auch im gemeinsamen Spiel am Puppenhaus oder mit Spielmaterial am Boden eine „Projektionsarbeit" statt, doch unterscheidet sie sich von dem geschilderten Schnörkelspiel deutlich insofern, als es nicht regelhaft Zug um Zug erfolgt. Beim Spiel, z.B. mit Scenomaterial, steht der symbolischen Entfaltung des (grandiosen) kindlichen Ich zum Alleinherrscher über die Szene kein begrenzendes Du gegenüber. Die vorausgesetzte Reflexionsfähigkeit des Kindes auf der Basis seiner Individualisierung charakterisiert das Schnörkelspiel als bewußtseinsnahe Brücke zwischen ihm und dem anderen. Für eine diagnostische Unterscheidung zwischen einer organisierten oder desorganisierten Persönlichkeitsstruktur ist es wegen seines dialogischen Prinzips nicht geeignet.

6.4.2 Das echte und das psychotische Symbol

Ich bestimme hier die Bedeutung von nonverbalen Symbolen für den diagnostischen Prozeß. Das symbolisch Mitgeteilte löst im Diagnostiker Resonanzerlebnisse aus, die er in den interaktiven Prozeß mit dem Kind zurückführt.

G. *Benedetti* (vgl. 1989; 1992) betrachtet das Symbol aus der Perspektive des Therapeuten in der Arbeit mit psychotischen Patienten. Er bezieht sich dabei auf das Symbolverständnis von *C. Benedetti* (1989). „Das Symbol kann ... dazu dienen, unbekannte Inhalte eines gegebenen Universums durch bekannte Figuren eines anderen Universums kenntlich zu machen. Es erlaubt die Übertragung einer Nachricht zwischen zwei getrennten Universen, die sonst nicht kommunizieren können, vorausgesetzt, es existiert ein invarianter Kern, der beim Übergang von einem zum anderen erhalten bleibt" (*C. Benedetti* 1989, 54). Das Symbol erlaubt eine indirekte Kommunikation, wo eine direkte nicht mehr möglich oder erlaubt ist. Dagegen sind die spezifischen Eigenschaften des Zeichens die Objektivität der Information, die es vermittelt, und sein Determinismus (S. 55).

Der Wahnkranke, so führt *G. Benedetti* aus, nimmt seine Bildersprache wörtlich. Das, was sie mitteilt, „ist für ihn eine nackte Tatsache, ein konkretes Ereignis. Das Symbol hat für ihn aufgehört, nur Symbol zu sein" (1989, 216). Die Unterscheidung zwischen dem Bildinhalt und dem, was das Bild bedeutet, was hinter diesem liegt, kann er nicht vornehmen. Im Gegensatz zu diesem „psychopathologischen Symbol", dem *G. Benedetti* „autistische Verschlossenheit" attribuiert (S. 217), ist das künstlerische, das echte Symbol in seiner Kreativität offen für den Austausch mit anderen. Der psychotische Patient dagegen verknüpft Wahrnehmungen aus der Umwelt so mit seinem symbolischen Erleben der Welt, daß sie wie „magische Zeichen" (S. 220) zwanghaft in dieses verknüpft werden.

In der Persönlichkeitsentwicklung des Patienten, der in der Welt des Symbols wie in einer Realität lebt, sieht *G. Benedetti* (vgl. 1992) die Abspaltung des Ich vom Unbewußten, das dem Selbst nicht mehr zugehörig sei und nicht mehr in der eigenen Tiefe, „sondern erst draußen in der Welt ... erfahrbar wäre" (S. 37). Wenn dies so ist, „dann müssen seine Imagines mit den Dingen der Welt solchermaßen zusammenfallen, daß der Sinn in der Erscheinung restlos aufgeht". Das Ich hat seine Funktion der Realitätsprüfung sowie diejenige, „Transformator des Unbewußten" zu sein, eingebüßt. Entwicklungspsychologischer Hintergrund für diese Persönlichkeitsstörung sind „Defizite der Symbolisation", die zu Fehlstellen in der „Repräsentanzenwelt" geführt haben.

Nach *G. Benedetti* wird der Therapeut durch sein partielles Hineinbegeben in die krankhafte Zeichenwelt des psychotischen Patienten, wobei in einer „dualen Situation" das verzerrte Symbol „zum echten Symbol unserer Anwesenheit" wird (1989, 222), zum Vertreter der Realität im Patienten. Der Therapeut verwandelt in einem gegenseitigen Prozeß das psychotische in ein „interpersonelles Symbol". Es wird zum Kommunikationsmedium.

Psychotische bzw. echte Symbole sind in Deutungsvorgängen symbolischer Mitteilungen von Kindern Anhaltspunkte für die Unterscheidung „desorganisierter" von „organisierten" Persönlichkeitszuständen.

6.5 Die frühe Persönlichkeitsentwicklung des Kindes im Spiegel seiner Zeichnungen

Zeichnungen geben als symbolische Mitteilungen Auskunft über die Persönlichkeiten von Kindern. Sie zeigen ihre momentanen Gefühlsreaktionen und affektiven Verhaltensweisen in bestimmten Situationen. Betrachter der Zeichnungen verallgemeinern die Beobachtungen und machen sich ein bestimmtes Bild von der Persönlichkeit des Kindes (vgl. *Widlöcher* 1993).

Um psychopathologische Entwicklungen in ihnen erkennen zu können, muß bekannt sein, wie sich psychopathologische im Gegensatz zu angepaßten Verhaltensmustern in ihren Zeichnungen niederschlagen. Dazu gehört Wissen über die altersabhängigen Wahrnehmungs-, Verarbeitungs- und Darstellungsprozesse von Umwelterfahrungen durch das Kind. Sein Zeichenstil hängt „unmittelbar von dem Reifungsprozeß des perzeptiven und motorischen Apparates ab" (*Widlöcher* 1993, 29).

Wie drückt das Kind in seiner Zeichnung beispielsweise aus, daß es sich noch als Mittelpunkt der Welt und noch nicht in seiner sozialen Bezogenheit sieht? Erst wenn die Fähigkeit, zwischen Ich und Nicht-Ich zu unterscheiden, einigermaßen stabil gebildet ist, wird es sinnvoll, in Zeichnungen nach symbolisch verschlüsselten Bindungserfahrungen zu forschen. Wenn am Anfang Spurschmierereien, die mit den Fingern auf Fensterscheiben, Möbelflächen oder im Brei hinterlassen werden und später dann Zeichnungen als „das zufällige Zusammentreffen einer Gebärde und einer Oberfläche, die sie festhält" (*Widlöcher* 1993, 39), verstanden werden, so sind sie doch „das erste Produkt, das vor den Augen eines kleinen menschlichen Wesens eine eigene, von ihm losgelöste Wirklichkeit, ein „Double" darstellt" (S. 32; vgl. *Richter* 1987).

Da jede Kinderzeichnung mehrdeutig ist, gibt es für die Deutung der in ihr enthaltenen Metaphern keine empirische Kontrolle. Neben einer vermuteten „Beziehung zwischen Zeichenmerkmal und psychischer Situation des Kindes kann es nämlich noch eine Vielzahl anderer Gründe für die Produktion gerade dieses Zeichenmerkmals geben" (*Schuster* 1990, 137). Die zeichnerische Darstellung eines Geschlechtsteils am Menschen kann beispielsweise sowohl darauf hinweisen, daß das Kind sexuell mißbraucht worden ist als auch darauf, daß es Überlegungen darüber anstellt, wo die Kinder herkommen. Die Metapher kann auch eine „Korrektur" der Realiät sein (*Schuster* 1990, 135). Wird beispielsweise der Vater von seinem Sohn (vgl. Kasuistik 1) auf mehreren Zeichnungen als mächtiger Beschützer dargestellt, so bleibt zu fragen, ob er ein Abbild der erlebten Realität darstellt oder sie korrigiert.

Zu einer objektiveren Einschätzung der metaphorischen Bildsprache des Kindes kommt es erst, wenn man unter Einbeziehung anamnestischen Wissens in den Zeichnungen die wiederholte Darstellung komplexer Beziehungsmuster erkennt. Bilderreihen eines Kindes sowie Deutungsgespräche mit ihm erhöhen die Evidenz von Deutungen (vgl. *Schuster* 1990; *Wohl & Kaufman* 1988). Deutungsgespräche setzen jedoch voraus, daß das Kind die dargestellte Form benennen kann. Ab einer bestimmten Entwicklungsphase wird sichtbar, daß das Kind Objekte so darstellt, daß es sie erkennen kann. Diese Fähigkeit nennt Widlöcher „darstellende Intention" (S. 50).

6.5.1 Die Unterscheidung von „Nicht-Ich" und „Ich" in Zeichnungen

Das Kind führt zwischen dem ersten und zweiten Lebensjahr seine Hand frei und scheinbar ziellos über das Papier. Es hat auf der Ebene der Wahrnehmungsverarbeitung und Vorstellungsbildung „ein repräsentationales Schema (*Piaget*), ein Konstrukt (*Bruner*), eine kognitive Landkarte (*Weisser*)" o.ä. gebildet, das die Wiederholung der Kritzelgesten erlaubt. Es verfügt über ein „Vokabular, das ihm erlaubt, die Wirklichkeit darzustellen" (*Widlöcher* 1993, 29). Es hat gelernt, seinen Körper aufzurichten und im Gleichgewicht zu halten. Auf der Grundlage des „zwischenleiblichen Miteinander" (*Lippitz* 1990, 77), den Interaktionen zwischen Mutter und Kind, hat sich eine, wenn auch noch unstabile Differenzierung zwischen Ich und dem anderen gebildet.

Es wird angenommen, daß die Freude am Zeichnen selbst (vgl. *Lebeus* 1993) oder die Anstrengung, sich im Gleichgewicht und in der von der Körperachse bestimmten Senkrechten zu halten, im Zeichnen von Kreisen und Geraden ihren Ausdruck finden (vgl. *Strauss* 1983; *Widlöcher* 1993). Aus der Dynamik der Rotation entstehen noch nicht sofort geschlossene Kreise, sondern bis zum dritten Lebensjahr „ausschließlich Spiralen, die von außen nach innen schwingen ... Die Bewegung scheint von weit draußen hereingeholt zu sein, um auf dem Blatt zur Ruhe zu kommen" (*Strauss* 1983, 22). Die senkrechten und waagerechten Linien, die vor dem zweiten Lebensjahr gebogen und mit Schnörkeln versehen auf das Blatt gebracht werden, danach als Kreuz deutlich erkennbar sind, dokumentieren vermutlich das Stehen des Kindes im Raum. „Laufen, Räume durchschreiten, sich auf krummen und geraden Linien hin- und herbewegen, dies ist das zentrale Erlebnis eines zwei- bis dreijährigen Kindes auch auf dem Malblatt" (*Lebeus* 1993, 19). In diesem Sinn sind Kritzelbilder aufgezeichnete „biopsychische Bewegungen". Wenn das Kind seine Spirale im

Zentrum durch einen deutlichen Punkt abschließt und kurze Zeit später einen Kreis abschließt, läßt sich darin ein Fortschritt von Ich-Bewußtwerdung sehen (vgl. *Strauss* 1983). Das Kind hat gelernt, den Ausgangs- und Endpunkt einer Linie zu beherrschen und seine Zeichenbewegung zu verlangsamen (vgl. *Widlöcher* 1993). Es ist die Zeit, in der beim zweieinhalbjährigen bis dreijährigen Kind die Stirnnaht zwischen den beiden Stirnbeinknochen verschmilzt, so daß von da an „eine Staumauer nach außen" vorliegt, womit der leibliche Ausgangspunkt innerpsychischer, zeichnerisch dokumentierter Entwicklungen betont wird (*Schad* 1990, 52). Zu Beginn des dritten Lebensjahres erweitert das Kind das Kreuz zum Stern und kombiniert beide Zeichen, indem es in den geschlossenen Kreis das Kreuz oder den Stern setzt. „Es zeigt hier seine Beziehung zu Innen und Außen auf, wobei es Punkt oder Kreuzung stellvertretend für sich selbst ins Zentrum des Innenraumes setzt" (*Strauss* 1983, 29). Seine Zeichnungen sind auch technisch vollkommener geworden, denn es vermag, die visuellen Gegebenheiten in seine motorische Kontrolle zu integrieren.

Es unterscheidet kommunikativ wie kognitiv zwischen sich und der Umwelt. Seine „Konzeptkritzel enthalten nun Darstellungsanteile wie Kopffüßler, Kasten-(Haus-)Formen, Leiter-(Baum-)Formen u.a., zeigen gleichzeitig aber noch Reste von Kritzelelementen bzw. gegenständlich schwer deutbaren Figurationen" (*Richter* 1987, 35). Es hat sich eine Grundlage für das „Bildmetaphernverständnis" (*Schuster* 1990, 122) geschaffen. Vor dem vollständigen Verstehen sprachlich vermittelter Metaphern „existiert ein vollständiges Erfassen von visuellen Metaphern! Vorschulkinder können Teile eines Berges oder eines Baumes in Analogie zu menschlichen Körperteilen setzen". Eine Metaphernbildung kann von dem Kind um so eher verstanden werden, „je mehr sie auf menschlichen Grunderfahrungen aufbaut, z.B. die Erfahrung des Großen (Mächtigen), des Kleinen (Unterlegenen), der Metaphorik von oben (Himmel) und unten (Hölle) oder der Metaphorik von links (ungeschickt, unnormal) und rechts (geschickt, normal)" (S. 122).

Im vierten Lebensjahr wird eine wichtige Neuorientierung des Kindes daran sichtbar, daß der Stern im Kreis jetzt vom Mittelpunkt über den Rand hinausstrahlt. Es treten auch weitere Formprinzipien in der Kinderzeichnung, wie Dreiecke und Quadrate, auf (vgl. *Lebeus* 1993).

Ein Beispiel für den metaphorischen Gebrauch dieser Elemente liefert Holger (Abb. A), der die Mitglieder seiner Familien in rechteckige Formen verwandelt. Nur ein Baby, das es zu diesem Zeitpunkt in seiner Familie nicht gibt, erhält eine runde Form. Der durchschnittlich intelligente Junge nennt die geometrischen Formen „Buch=Kind, Puzzle=Vater; Treppe=Mutter; Spiel = Kind". Er selbst möchte weder „Treppe" noch „Buch", vielmehr eine „Regenwolke" oder ein „Blitz" sein.

Das Ordnen von Elementen auf dem Blatt, was Kinder ab ihrem vierten Lebensjahr tun, tritt neben den bis dahin vorherrschenden spontanen Gestaltungsimpuls und ist als Ausdruck deutlicher Ich-Leistungen zu beurteilen (vgl. *Strauss* 1983; *Lebeus* 1993). Das Kind hat zeichnend den schützenden Kreisraum mit seinen Strahlen wie mit antennenähnlichen Sinnesorganen verlassen, um die Welt zu erkunden. Aus dem Kreuz im Kreis wird jetzt das Gesichtsschema, und aus den verlängerten Geraden werden später Arme und Beine. Die Menschen, die in dieser Phase „Kopffüßler" genannt werden, erhalten oft extrem lange Beine und Arme sowie Füße und Hände mit langen, spitzen Fingern. In dieser Zeit verändert sich das Kind leiblich. Sein Kugelbauch verschwindet, und auch die Fettbedeckung nimmt ab, so daß das Muskelprofil und die Gelenke hinter der Haut erkennbar hervortreten. Die Stirn wird flacher, der Mundbereich wächst und die Kieferpartie tritt markanter hervor (vgl. *Schad* 1990).

Es wird davon ausgegangen, daß es im wahrnehmenden Umgang mit Menschen, Häusern, Bäumen ... innere Modelle gebildet hat, die es mit Hilfe seiner zeichnerischen Möglichkeiten nach außen überträgt. Obwohl es zwischen dem 3. und 4. Lebensjahr sich und die Objekte seiner Umwelt verbal differenziert beschreiben kann, sind seine Zeichnungen grobe und mehrdeutige Wiedergaben davon. Die „Zwei-Code-Theorie" (*Richter* 1987, 57) geht davon aus, daß das bildhafte unabhängig vom verbalen Repräsentationssystem ist, daß es aber Verknüpfungen zwischen beiden gibt. Eine Begründung ist z.B. die, daß Bildschemata komplex, d.h. in einer dem Medium des gezeichneten Bildes spezifischen Form von Gleichzeitigkeit verschiedener Formen und Motive, sprachliche Äußerungen dagegen linear geordnet werden.

Welchen Einfluß frühere Erfahrungen oder Erlebnisse auf den dynamischen Prozeß von Wahrnehmung, innerer Kodierung und Zeichenaktivität nehmen, ist nicht erforscht. Mit entsprechenden

Erkenntnissen ließe sich vermutlich nachvollziehen, wie Traumatisierungen die neuropsychologischen Prozesse der Verarbeitung und Auswahl von Bildern, die das Gehirn des Kindes vornimmt, beeinflussen, wenn es sich entscheidet, Linien und Formen so und nicht anders einander zuzuordnen.

6.5.2 Baum-Mensch-Haus-Zeichnungen

„Das Motiv »Mensch« wird scheinbar aufgefächert in die Motive »Baum« und »Haus«, doch diese erweitern nicht den Themenkreis, sondern sind lediglich deren Modifikationen" (*Strauss* 1983, S. 35). Die erste Menschdarstellung trägt Baumcharakter, während die Darstellung des Hauses die Beziehung des Kindes zur Umwelt einbezieht. Der Baum-Mensch der frühen Stufe, auf der das Kind von gerade zwei Jahren aus einer Verknäulung, dem „Ball" oder der „Wurzel", eine Senkrechte nach unten oder oben zieht, nimmt noch keine Beziehung zur Erde auf. Um das dritte Jahr steht die Gestalt auf dem Boden (vgl. *Strauss* 1983). Die Darstellung der Figuren als Schwebende ist nach Strauss Ausdruck der Erfahrung, daß der Körper sich noch nicht sicher aufrecht halten kann, sondern häufig fällt. Da die Aufrichtung eine statische Verstrebung verlangt, differenzieren Kinder um das vierte Lebensjahr herum den „Säulenmenschen" zu einer „Leiter", die in ihrer rhythmischen Untergliederung an den Wirbel- und Rippenbögenaufbau erinnert (*Strauss* 1983, 43; vgl. *Schad* 1990). Das Erlernen von Fußdarstellungen benötigt die längste Zeit im Gegensatz zu denen der „Fühler", den Armen und Händen. „Die Darstellung des Menschen schildert einen Prozeß, der sich von oben nach unten vollzieht" (*Strauss* 1983, 47).

Bevor das Haus in seiner rechteckigen Form erscheint, gibt es das Kugelhaus. Das Kind erinnert in seinen Bildern bis zum siebten Lebensjahr trotz all seiner Zeichenfortschritte immer wieder an Frühformen. Nachdem das Haus zunächst allein den Ort der Geborgenheit symbolisiert, besonders Jungen wählen dafür auch das Auto (vgl. *Lebeus* 1993), macht sich das Kind an eine differenzierende Ausgestaltung desselben, indem es Personen, Dach, Fenster, Türen und Schornstein (in dieser Reihenfolge) einfügt.

Auf Holgers Mensch-Baum-Haus-Zeichnung (Abb. B) sind sowohl im Stamm des Baumes als auch im Haus physiognomische Elemente

Klinischer Teil 141

zu erkennen. Zum Haus führt eine „Wirbel- oder Rippenbögenleiter", als Nase und Mund erkennen wir das Kreuz und als Ohren geometrische Formen. Beide Zeichnungen (Abb. A und B) sind von Holger im Verlauf eines Therapieprozesses zur Aufarbeitung seines Erlebens der Krankheit und des Sterbens seiner Schwester, mit der er das Zimmer geteilt hatte, hergestellt worden. Symbolisch weist der schwarze Rauch, der aus dem schwarz durchkreuzten Raum aufsteigt, auf das Trauma hin, das in dem Todeszimmer seinen Ursprung hatte.

Bei der metaphorischen Deutung von Kinderzeichnungen müssen wir uns auf das Nebeneinander verschiedener Ebenen des kindlichen Erlebens einstellen. „Wach Beobachtetes und träumend Erspürtes, Geschehenes und Empfundenes stehen sich oft unmotiviert gegenüber. Die Zeichnungen illustrieren Übergänge und Überschichtungen der unterschiedlichsten Wahrnehmungsbereiche" (*Strauss* 1983, 70). Darin sind sie Ausdruck des imaginativen Welterlebens des Kindes in dieser Entwicklungsphase (vgl. *Katz-Bernstein* 1991).

6.6 Die symptomatische Bildersprache

Wenn Kinder zeichnen, und sie tun es im Vorschulalter besonders oft und spontan, so geben sie sich über ihren persönlichen Zeichenstil zu erkennen. Auf seelische Probleme weisen sie z.B. in Menschenzeichnungen durch
1. die besondere zeichnerische Beschaffenheit (z.B. Schattierungen),
2. besondere Merkmale der menschlichen Figur,
3. das Weglassen von Merkmalen, die dem Alter nach ausgebildet sein müßten, hin (z.B. Hände, Füße, Augen).

Koppitz (1972, 91) hat eine Liste von 30 Faktoren aufgestellt, die sie Menschenzeichnungen von Kindern mit psychogen bedingten Auffälligkeiten entnahm. Erst zwei oder mehrere emotionale Faktoren in einem Zeichentest lassen mit großer Sicherheit auf emotionale Probleme schließen.

Je besser Kinder ihre visuellen Wahrnehmungen und Bewegungen koordinieren können, um so bewußter gestalten sie mit ihren spezifischen Mitteln ihre Erfahrungen. In ihren Werken zeigt sich ein mentaler, aber kein objektiver Realismus (vgl. *Wohl* & *Kaufman* 1985). Ihre

Werke sind wie Erzählungen, in denen der Autor für seine Erfahrungen einen ausgeprägten subjektiven Stil gefunden hat. Sie entstehen aus einem meditativen Bezug zur Wirklichkeit, bewirken aber ein verstärktes Interesse beim Betrachter an der Kommunikation mit dem Kind. Kinderzeichnungen sind ein Medium, das von ihrer Innenwelt berichtet und ihnen gleichzeitig die Teilnahme an der gemeinsamen Realität mit den Erwachsenen möglich macht. Ein gezeichnetes Haus ist eine metaphorische Mitteilung über einen inneren Zustand des Kindes und zugleich ein wie Schriftzeichen lesbares Symbol, aus dem das Kind, wenn es andere Bildsymbole hinzufügte, einen „Text" über eine Beobachtung herstellen könnte. Es wird dies freiwillig wahrscheinlich nie tun, weil diese Konstruktion den Affekt, der die Freude am Zeichnen speist, ersticken würde.

Ich gehe davon aus, daß auch die Darstellung traumatischer Erlebnisse dem Kind Freude bereitet, weil sie, z.B. in der Art, wie es mit dem Stift eine Oberfläche bearbeitet, Affektentladung ermöglicht. Durch die Transformation einer körperlichen Erregung über einen geistigen Prozeß in ein Symbol findet das Kind einen Weg, diese auf einer anderen Ebene auszudrücken und sich mitzuteilen. Dabei kommt es, so die Vermutung aufgrund von Beobachtungen zeichnender Kinder, zu einem Abbau von Erregung.

Wenn das sexuell mißbrauchte Kind in seiner Zeichnung den Arm des Mißbrauchers wegläßt (*Schuster* 1990, 123) und dargestellte Genitale übermalt oder überbetont (*Baumgardt* 1989, 166), so hat das Gefühl die subjektive Realität verändert. Das Kind nimmt die Wirklichkeit nicht hin, unterwirft sie vielmehr seiner Subjektivität und reagiert damit in einer – und das befördert den Entspannungsprozeß – emotional angemessenen Form auf sie. Es trägt damit zur Rückgewinnung seiner, z.B. durch inzestuöse Antworten auf seine kindlichen Liebesbedürfnisse, beschädigten Identität bei.

Wohl und *Kaufman* (1985) beschäftigen sich mit Kinderzeichnungen, die sie von mißhandelten Kindern im Alter zwischen 5 und 12 Jahren während ihres Aufenthaltes in einem „Safe Home for Abused Families" anfertigen ließen. Die von den Autoren beschriebenen Deutungskriterien und -inhalte werde ich hier als Aspekte einer symptomatischen Bildersprache darstellen.

Die Kinder wurden gebeten, sich selbst, ihre Familien, Häuser sowie Bäume zu malen. Die Autoren sehen das Zeichenpapier als eine Leinwand, auf die Kinder Aspekte ihrer inneren Welt, ihrer charakteristischen Verhaltensweisen sowie ihrer persönlichen Stärken und Schwächen projizieren. Ihre Zeichnungen sind Abbilder von familiären Interaktionserfahrungen, von dem, was Kinder als wesentlich ansehen und von unterdrückten Gefühlen.

Die Größe des Bildes auf dem Papier ist ein hochsignifikantes Zeichen für den Selbstwert, den sich eine Person gibt. Ist es weit überdurchschnittlich groß, so zeigt es Aggression, Grandiosität und kompensatorische Abwehr an. Ist es überdurchschnittlich klein, zeigt es Minderwertigkeit, Ängstlichkeit, Depressivität und ein schwaches Ich an (*Wohl & Kaufman* 1985, 9).

Auch die Plazierung der Figur auf dem Blatt ist ein bedeutsamer Interpretationshinweis. Die zentrale Position läßt Sicherheit und Selbstbestimmtheit vermuten. Figuren, die oberhalb der Mittellinie des Blattes angesiedelt werden, weisen auf unrealistische Zielvorstellungen und auf die Phantasie als Bewältigungsmechanismus hin. Figuren unterhalb dieser Linie weisen auf Gefühle von Unsicherheit, Depression sowie Konkretismus im Denken hin. Die Anordnung auf der linken Hälfte deutet an, daß die Person eher impulsiv und vergangenheitsorientiert handelt, während eine Figur auf der rechten Hälfte als ein Hinweis auf Intellektualisierung, Kontrolle und ein realitätsorientiertes Verhalten zu verstehen ist (S. 10).

Der Druck des Stiftes auf dem Papier kann durchgängig gleich (stabile Persönlichkeit), auffällig stark (innere Spannung) oder flüchtig (zögernde, unentschiedene Haltung) sein.

Die Menschenzeichnung (*Wohl & Kaufman* 1985, 11ff) bringt Gefühle des Kindes über sein Selbst, sein ideales Selbst und Wahrnehmungen bedeutsamer anderer Menschen aus seinem sozialen Kontakt, einschließlich des Therapeuten, hervor. Unter Bezug auf *Koppitz* (1972; zitiert ebenda) werden drei Kriterientypen, die mögliche emotionale Störungen in der Kinderzeichnung anzeigen, unterschieden. Der erste bezieht sich auf die Qualität der Zeichnung, wie geringe Integration ihrer Teile, das Ausmalen des Gesichtes, des Körpers und der Gliedmaßen sowie die Asymmetrie der Gliedmaßen und besonders kleine oder große Figuren. Zur zweiten Kategorie zählen die Autoren die Merkmale, die gewöhnlich in Menschenzeichnungen nicht vorkommen, wie z.B. Augen in Kreuzform, Zähne, besonders kurze oder lange Arme, Hände, die größer als das Gesicht sind, Arme ohne Hände bzw. Finger, zusammengepreßte Beine, Genitalien sowie Regen oder Schnee. Die dritte Merkmalskategorie bezieht sich auf Aus-

Holger, Abb. B

Andrea, Abb. 3

Dennis, Abb. 3

Sylvia, Abb. 2

Sylvia, Abb. 3

Sylvia, Abb. 5

lassungen von Details, die altersentsprechend zu erwarten wären. Augen, Nase, Mund, Körper und Arme sind bei Mädchen ab dem fünften und bei Jungens ab dem sechsten Lebensjahr zu erwarten. Füße sind ab dem siebten bzw. neunten und der Hals ab dem neunten bzw. zehnten Lebensjahr zu erwarten.

Die Familienzeichnungen (*Wohl & Kaufman* 1985, 49ff) zeigen, wie das Kind sich in der Familie, die anderen Familienmitglieder sowie die Familienbeziehungen wahrnimmt. Familienstörungen werden an der Plazierung der Mitglieder zueinander und in bezug auf die Größe des Zeichenpapiers deutlich. Wichtig ist ferner, was die Familie gerade tut und was ihre Mitglieder durch Gesten oder Körperhaltungen ausdrücken. Anhand von Unterschieden oder Ähnlichkeiten von Figuren werden Familienkoalitionen oder symbioseähnliche Beziehungen deutlich. Grenzen oder Parentifizierungstendenzen in Beziehungen zwischen Erwachsenen werden an den Größenverhältnissen zwischen Kind und Erwachsenem deutlich. Das Weglassen eines Familienmitgliedes gibt Auskunft über die Beziehung des Kindes zu ihm.

Die Hauszeichnung (S. 81ff) ist ein symbolisiertes Selbstporträt. Sie spiegelt das Körperbild des Kindes, seine Reife, seine Offenheit für andere, seinen Realitätsbezug sowie seine allgemeine emotionale Stabilität wieder.

Nach Menschen malen Kinder Häuser am liebsten. Im Deutungsprozeß sollte vom Gesamteindruck auf Details, wie Größe, Plazierung, Qualität der Linien, Dimensionen, Perspektiven und Transparenz übergegangen werden. Erst ab dem sechsten Lebensjahr sind eine Tür, ein Fenster, eine Wand, das Dach und der Schornstein zu erwarten. Die Tür repräsentiert die Fähigkeit des Kindes zu interpersonellem Kontakt, mit dem Weglassen des Fensters will es sagen: „I´ll make it impossible for you to see in" (S. 82).

Das Zeichnen von Wänden wird mit Selbstsicherheit verbunden, der Schornstein steht für Wärme in interpersonellen Beziehungen. Überdimensionierte Dächer symbolisieren Angst, Kontrolle über die Phantasie zu verlieren, während das Weglassen des Daches als Unfähigkeit zum Phantasieren gedeutet wird.

Die Baumzeichnung (S. 113ff) ist besonders aussagekräftig bei Kindern bis zum siebten Lebensjahr. In ihr zeigen sich tiefere Persönlichkeitsschichten als in der Menschenzeichnung (*Hammer* 1980, zitiert bei *Wohl & Kaufman* 1985), so daß sich im Baum oberflächliche Veränderungen der Lebenssituation des Kindes kaum niederschlagen. In jeder Baumzeichnung spiegelt sich auch wieder, welche Bäume das Kind wie oft und sicher auch, in welchen Situationen, gesehen hat. Narben und andere Spuren am Stamm verweisen auf Traumatisierungen im Leben des Kindes. Ihre Entstehung kann zeitlich bestimmt werden, wenn man den Bereich von der Wurzel bis zur Krone als Symbol für die mit der Geburt beginnende Lebensgeschichte des Kindes begreift. Äste symbolisieren, so wie Hände in der Menschenzeichnung, seine Fähigkeit, Bedürfnisbefriedigung aus der Umgebung zu erlangen. Wurzeln sind Anzeichen für Instinktsicherheit und eine stabile Persönlichkeit. Eine wolkenähnliche Krone symbolisiert ein hohes Maß an Phantasie und ein niedriges Energieniveau.

Auf einer Baumzeichnung, die ein durchschnittlich intelligenter Junge, Jens (Abb. C), der in einer sonderpädagogischen Gruppe betreut wurde, hergestellt hatte, ist der Stamm wie mit einer kurzen Pfahlwurzel und Seitenwurzeln auf einem Boot befestigt. Das originäre Element eines Baumes ist die Erde, das des Bootes Wasser. Das

Abb. C

Zusammenfügen zweier, typischerweise nicht zusammengehöriger Elemente ist eine symbolische Aussage. Ohne breite und tiefe Verwurzelung des mächtigen Baumes in der Erde droht ihm das Kippen und eventuell der Untergang. Was hat Jens erfahren, daß er sich stark und bedroht zugleich fühlt? Seine Eltern leben seit eineinhalb Jahren getrennt. Im langjährigen Krieg zwischen beiden wurde Jens instrumentalisiert und als umworbener Koalitionspartner mächtig.

Der Verdacht, sein häufiges Stolpern und Fallen sei ein Hinweis auf eine hirnorganische Erkrankung, erwies sich als unbegründet. Sein Körper selbst war als Symbol für seinen Zustand des Entwurzeltseins, der Überforderung und des Schwankens zwischen Mutter und Vater zu deuten.

Die „Verpflanzung" des Baumes auf ein Boot ist als seine radikale, frühe „Entwurzelung" zu lesen – die Gleichgewichtsstörungen als Hinweis auf die Abwehrform „archaische Retroflexion" (*Petzold* 1995, 430): Schmerzen werden in den Körper retroflektiert.

6.7 Gibt es eine Bildersprache des sexuell mißbrauchten Vorschulkindes?

Die Interpretation von Kinderzeichnungen von Vorschulkindern zur diagnostischen Abklärung des Verdachtes auf sexuellen Mißbrauch ist aus zwei Gründen problematisch.
1. In welchem Ausmaß ist zeichnerische Differenziertheit bei Kindern dieser Altersgruppe generell zu erwarten? Welche symbolische Aussagekraft haben beispielsweise Weglassungen von Details, die eventuell noch gar nicht dargestellt werden können?
2. Wenn in ihren Zeichnungen spezifische Details als Hinweise auf traumatische Erfahrungen identifiziert werden können, stellt sich die Frage, ob und wann zu erkennen ist, daß sie symbolischer Ausdruck gerade eines sexuellen Traumas sind.

Das Interesse an sexualsymptomatischen Deutungen von Kinderzeichnungen ist dennoch groß, was an den im folgenden darzustellenden Untersuchungen deutlich wird:
    Zeichnungen ermöglichen Kindern, sich an Details der Mißbrauchshandlung zu erinnern (*Burgess* 1988, 65), und zwar an mehr

als bei einer Befragung (vgl. *Edwards & Forman* 1989, zitiert bei *Schubbe* 1994, 51). Kinderzeichnungen sind ein Instrument, um Zugang zu gespeicherten Erinnerungen „at the sensory, and perceptual as well as cognitive areas" zu finden (*Burgess & Hartmann* 1993, 163). Da das Kind seine Traumatisierungserfahrungen unmittelbar und nicht als ein überarbeitetes Produkt vorlegt, ist die Kinderzeichnung ein unerreichtes Mittel bei der Erinnerungsarbeit an traumatischen Ereignissen (S. 167, Übers. v. Verf.).

In der Erinnerung sind jedoch Informationen aus unterschiedlichen traumatischen Erfahrungen archiviert. Wenn es Unterschiede in Zeichnungen von sexuell mißbrauchten und nicht mißbrauchten Kindern gibt, stellt sich die Frage, ob sie auf einen Zusammenhang mit sexuellem Mißbrauch oder anderen Umständen verweisen, die die seelische Not des Kindes verursacht haben könnten.

Neben der Deutung von Kinderzeichnungen werden in nahezu allen Studien, die ich referieren werde, begleitende Interviews mit den Kindern nach dem Testende durchgeführt. Schon das Verstehen der Untersuchungsanweisungen erfordert zumindest ein differenziert entwickeltes passives Sprachverständnis der Kinder (worauf *Burgess* [1988] sowie *Burgess & Hartman* [1993] hinweisen). Werden die Stichproben aus der Mittelklasse entnommen (z.B. *Burgess* 1988), so kann von dieser Vorbedingung eher ausgegangen werden als bei Kindern aus Familien mit niedrigem SES. Es hat sich allerdings gezeigt, daß sexuell mißbrauchte Vorschulkinder mit niedrigem SES hinsichtlich ihrer Intelligenzentwicklung in oder über der mittleren Verteilungsbreite altersentsprechender, nicht sexuell mißbrauchter Kinder liegen. Kognitiv bedingte Verständigungsprobleme zeigen sich daher nicht generell bei sexuell mißbrauchten Vorschulkindern mit niedrigem SES, sondern nur dann, wenn ihre Entwicklung retardiert ist. Vom Sprachentwicklungsstand der Kinder wird in hohem Maße die im Deutungsprozeß angestrebte Eindeutigkeit mitbestimmt.

Die Bedeutung, die Kinderzeichnungen für die diagnostische Klärung des sexuellen Mißbrauchsverdachtes eingeräumt wird, hat nach *Hagood* (1992) ihre Wurzeln in den Arbeiten der psychoanalytisch ausgebildeten Kunsttherapeuten *Kramer* (1969) und *Naumburg* (1987). *Naumburg* geht davon aus, daß jedes Individuum eine latente Fähigkeit hat, seine inneren Konflikte in eine sichtbare Form zu projizieren.

Über den metaphorischen Gebrauch von Medien stellt das sexuell mißbrauchte Kind die für die emotionale Bearbeitung des Traumas notwendige Distanz zu den mit dem Ereignis verbundenen Gefühlen her und findet eine „Sprache" für sie. In diesem, auf die Selbstwahrnehmung bezogenen „paraverbalen" Therapieprozeß wird das Identitätserleben des traumatisierten Vorschulkindes verbessert (vgl. *Wheeler* 1987).

Das Einfügen von anatomisch korrekten männlichen Genitalien, manchmal mit Hinweisen auf eine Ejakulation in Menschenzeichnungen, ist besonders in Zeichnungen von kleinen Kindern auffällig, wenn diese so realitätsnah dargestellt werden, wie es nach der Beurteilung ihres allgemeinen Entwicklungstandes nicht zu erwarten gewesen wäre. Diese Darstellungen erregen den Verdacht des sexuellen Mißbrauchs, und die Bezeichnung des Phallussymbols als Baum oder Wolke kann als Angst vor dem, was das Kind in seiner Zeichnung erkennt oder als unbewußte Symbolisierung des traumatisierenden Objekts, interpretiert werden (vgl. *Hagood* 1992).

Es werden nun Untersuchungen referiert, die Symbolisierungen sexueller Mißbrauchserfahrungen in Kinderzeichnungen thematisieren.

Yates, Beutler und *Crago* (1985) vergleichen Menschenzeichnungen von 18 Mädchen im Alter zwischen 3;5 und 17 Jahren, die Inzestopfer waren, mit denen von 17 Mädchen, die als psychisch auffällig, aber nicht als sexuell mißbraucht diagnostiziert worden waren. Die Auswerter wußten nicht, welche Zeichnungen von sexuell mißbrauchten Kindern angefertigt worden waren. Aus beiden Gruppen traten nur zwei signifikante Unterschiede hervor. In ihnen wurde deutlich, daß Inzestopfer, im Vergleich zu den anderen Mädchen, weniger verdrängen und Impulse kontrollieren.

In der Untersuchung von *Hibbard, Roughman* und *Hoeckelman* (1987) wurden sexuell mißbrauchte Kinder gebeten, Umrißzeichnungen von Menschen zu Menschenzeichnungen zu vervollständigen. Unabhängige Auswerter stellten fest, ob Augen, Nabel, Scheide, Penis und After dargestellt worden waren. 10% der mißbrauchten Kinder hatten Genitalien gezeichnet, worin sie sich von der Kontrollgruppe nicht signifikant unterschieden.

Burgess (1988) verglich anhand einer Zeichenserie von jeweils sieben Zeichnungen einer Gruppe von neun – vor dem Beginn ihres vierten Lebensjahres – sexuell mißbrauchten Kindern im Alter von durchschnittlich 5 Jahren und 10,5 Monaten mit einer von acht durchschnittlich 5 Jahre und 9,75 Monate alten Kindern, die nicht mißbraucht, aber einer Streßsituation in Form einer zahnärztlichen Untersuchung ausgesetzt worden waren.

Die Zeichnungen der neun Kinder zeigten im Vergleich zu denen der acht Kontrollgruppenkinder folgende Hauptunterschiede:
1. das Fehlen von traumatisierenden Aspekten des sexuellen Mißbrauchs;
2. das Weglassen, Ausmalen und die Sexualisierung von Körperteilen auf der Zeichnung, die auf die Anweisung, male dich so, wie du dich jetzt siehst, entstanden war;
3. Traurigkeit oder Ausdruckslosigkeit;
4. Angstthemen in allen sieben Zeichnungen.

Drei unabhängige Beurteiler ordneten alle bis auf eine Zeichenserie übereinstimmend den mißbrauchten bzw. nicht mißbrauchten Kindern zu.

Hibbard und *Hartman* (1990) verglichen die Menschenzeichnungen von 65 Kindern im Alter zwischen fünf und acht Jahren, bei denen der Verdacht auf sexuellen Mißbrauch bestand, mit denen von 64 nicht mißbrauchten Kindern. Die Zeichnungen wurden auf der Grundlage von „Emotional Indicators" (EIs) (*Koppitz* 1972), wie z.B. eine auffallend kleine Figur, abgeschnittene Hände, das Weglassen der Nase oder des Körpers, beurteilt. Hinsichtlich dieser Merkmale gab es keine statistisch signifikanten Unterschiede zwischen den beiden Gruppen.

Waterman und *Lusk* (1993) verglichen eine Gruppe von 82, nach Selbstaussagen im Vorschulalter sexuell mißbrauchter, zum Zeitpunkt der Untersuchung zwischen fünf und 14 Jahren alter Kinder mit einer Kontrollgruppe von 37 Kindern. Unter Bezug auf *Koppitz* EIs zeigte sich, daß 7% der Kinder, die von ihrem sexuellen Mißbrauch berichtet hatten, Genitalien in ihre Zeichnungen brachten, während dies kein Kind der Kontrollgruppe tat.

Burgess und *Hartman* (1993) sehen in Kinderzeichnungen Hilfsmittel im Prozeß des Erinnerns von traumatischen Ereignissen. Dieses Medium ist geeignet, dem Kind dabei zu helfen, die Wirkung der traumatischen Erfahrung zu stoppen, „and to be able to reflect on the experience as a memory" (S. 167).

Zusammenfassend läßt sich mit *Hibbard* und *Hartman* (1990) sagen, daß sich an den dargestellten Untersuchungsergebnissen nicht ablesen läßt, daß bei Kindern mit Verdacht auf sexuellen Mißbrauch

EIs im Vergleich zu nicht mißbrauchten Kindern durchgängig zu identifizieren, wohl aber als Trend erkennbar sind. Das Darstellen von Genitalien trat in den Zeichnungen, die *Hibbard* et al. (1987) ausgewertet hatten, bei Kindern mit Verdacht auf sexuellen Mißbrauch häufiger, aber nicht statistisch signifikant häufiger als in den Kontrollgruppen auf. Ebenso *Waterman* und *Lusk* (1993), die sich aber nicht mit Vorschulkindern beschäftigten.

Hagood (1992) verweist in ihrer methodischen Kritik an Untersuchungen über grafische Hinweiszeichen auf sexuellen Mißbrauch in Kinderzeichnungen auf folgende Bedenken. Häufig wurden Zeichnungen von Kindern, die sexuell mißbraucht worden waren, mit denjenigen von Kindern verglichen, die wegen emotionaler Probleme in psychiatrischen Kliniken behandelt wurden, ohne zu berücksichtigen, daß viele von ihnen in der Vergangenheit ebenfalls mißbraucht worden sein konnten. Es gibt keine Langzeituntersuchungen, vielmehr beziehen sich die Studien über Zeichnungen von sexuell mißbrauchten Kindern auf eine oder wenige Zeichnungen. *Kellog* (1969, zitiert bei *Hagood* 1992, 27) hatte anhand von 200.000 Kinderzeichnungen vom Menschen deren Veränderungen von Tag zu Tag erkannt.

Messungen mit anerkannten Intelligenztests, um die geistige Reife der zeichnenden Kinder zu überprüfen, fehlen in den meisten Untersuchungen. Die entwicklungsbedingten und altersabhängigen Zeichenfähigkeiten werden nicht hinreichend berücksichtigt, so daß beispielsweise das Weglassen der Pupille im Auge, des Mundes, der Hände oder die kräftige Markierung von Linien auch Ausdruck der ganz normalen Entwicklung eines Kindes sein können (vgl. *Hagood* 1992).

Zu bedenken gibt die Autorin ferner, daß die Merkmale, die 1992 als normal in Menschenzeichnungen von Kindern angesehen werden, sich von „typischen" Kinderzeichnungen aus den Jahren 1960-1970, als die meisten Zeichentests entwickelt worden sind, erheblich unterscheiden. Zur Erläuterung verweist sie auf die Wirkungen von Sexualerziehung, Videofilmen und modernen Pflegemethoden von Eltern.

Die nur sehr vage in einen Zusammenhang mit sexuellem Mißbrauch zu stellenden Zeichenmerkmale legen es nicht nahe, von einer Bildersprache des sexuell traumatisierten Vorschulkindes zu sprechen. Dieses Urteil gilt um so mehr für die Zeichnungen von entwicklungsbeeinträchtigten Vorschulkindern, da bei ihnen später als bei altersangemessen entwickelten Kindern differenzierte Menschenzeichnungen zu erwarten sind.

6.8 Zusammenfassung

Die Fähigkeit des Vorschulkindes, kognitive, psychische, soziale und ökologische Kompetenzen zu entwickeln und handelnd zu vollziehen, wird in sonderpädagogischen Diagnostikprozessen beurteilt.

Interaktionistische Konzepte über verhaltensbildende Lernerfahrungen gehen von intrafamiliär erworbenen, grundlegenden innerpsychischen Mustern in Kindern aus, welche zumindest für begrenzte Zeiträume unter annähernd konstanten Kontextbedingungen Verhaltenskontinuitäten erwarten lassen.

Eine am biografischen Lernmodell ausgerichtete diagnostische Perspektive ist daran interessiert, den Vorgang der „Einwurzelung" des Menschen in den kulturellen Normen- und Handlungsbestand seiner Zeit transparent zu machen.

Um mit dem Vorschulkind seine Individualisierungserfahrungen im diagnostisch-therapeutischen Prozeß rekonstruieren zu können, muß es Zugang zu seinem Gedächtnis und den dort abgelegten Erinnerungen finden. Von ihren sozioökonomisch benachteiligten Eltern psychisch mißhandelte Kinder sind in ihrem Gedächtnisaufbau durch verbal-interaktive Prozesse nur defizitär unterstützt worden, so daß der Weg verbaler Rekonstruktionen von Traumatisierungen erschwert und wenig ergiebig ist.

Die Körpererinnerung, die sich nonverbal mitteilt, erlaubt zwar Traumarekonstruktionen, ihr mangelt jedoch im Verhältnis zur differenzierten verbalen Schilderung von Ereignissen die Eindeutigkeit im Hinblick auf die Spezifität der Schädigung.

Mitteilungen des Kindes über kreative Medien öffnen zwar Zugänge zum Verstehen auf bewußten wie unbewußten Ebenen seiner Persönlichkeit, sind jedoch, wie z.B. die empirischen Untersuchungen von Zeichnungen sexuell mißbrauchter Kinder zeigen, nur in Verbindung mit projektiven Zeichentests, Intelligenztests, Spielbeobachtungen und verbalen Interviews geeignet, ein realitätsnahes Bild vom traumatischen Ereignis und dessen Auswirkungen auf die Persönlichkeitsentwicklung des Kindes zu zeichnen.

Kreative Medien sind hervorragend geeignet, aktuelle wie nachwirkende historische Bindungserfahrungen zu rekonstruieren und ihren Zusammenhang mit der Selbst-Ich- und Identitätsentwicklung des Kindes im Individualisierungsprozeß kenntlich zu machen. Die Bedeutung subjektive und objektive Faktoren umfassender Armut auf die Entwicklung des Körperausdrucks und des Zeichenstils von Vorschulkindern wurde bislang kaum erforscht. Es ist zu vermuten, daß die Bestandsaufnahme des körperlichen- und bildsprachlichen Ausdrucksvermögens von in Armut aufwachsenen Vorschulkindern andere, z.B. „restringierte" Codes im Vergleich zu „elaborativen" von nicht in Armut aufwachsenden Kindern, offenbaren. Unter Bezug auf zwei Untersuchungen zu dieser Fragestellung kommt *Richter* (S. 109) zu der Einschätzung, daß es bislang keine deutliche Antwort auf die Frage nach dem Einfluß von Status der Eltern auf das Formniveau ihrer Kinder gibt. Von **extremen** (Hervorhebg. durch *Richter*) sozioökonomischen und kulturellen Bedingungen sei ein geringer Einfluß nachgewiesen. Sowohl der Körperausdruck als auch die Mal- und Zeichenfähigkeit eines Kindes sind, trotz der Reifungsabhängigkeit dieser Entwicklungen, z.B. durch rhythmische Bewegungsschulung bzw. fördernde Zeichenangebote, also durch förderpädagogische Maßnahmen zu erweitern. Es ist anzunehmen, daß Kinder, die unter Armutsbedingungen aufwachsen, diese Förderung eher mangelhaft erhalten. Multimediale verbale wie nonverbale Informationserhebungen an Vorschulkindern führen eher zu Erkenntnissen über Schädigungslinien als -punkte im Leben des Kindes.

7. Hinweise in Kinderzeichnungen auf desorganisierte Verhaltenszustände

Neben dem Verhalten von Kindern bei ihrer Selbstbeschäftigung oder im Spiel mit anderen sind ihre Zeichnungen als symbolischer Ausdruck ihrer zu IWMs und Skripts verdichteten und transformierten Beziehungsgeschichten zu betrachten.

An dieser Stelle werde ich die Leitlinien acht bis zehn für die Beurteilung desorganisierter Verhaltenszustände anhand der dargestellten Literatur über symptomatische Hinweise in Kinderzeichnungen entwickeln. Es fragt sich, ob bestimmten Darstellungsformen in Zeichnungen entwicklungsbeeinträchtigter Vorschulkinder nicht nur als zufällig anzusehende Hinweise auf
➤ frühe Interaktions- und Resonanzstörungen,
➤ sexuelle Identitätsentwicklungsstörungen sowie
➤ sozioökonomisch beeinflußte Identitätsentwicklungsstörungen
zu entnehmen sind. Von der Beantwortung dieser Frage hängt ab, inwieweit sich Kinderzeichnungen zur diagnostischen Beurteilung desorganisierter in Abgrenzung von organisierten Verhaltenszuständen nutzen lassen.

Besonders in Zeichnungen von Kindern im Vorschulalter steht Beobachtetes und träumend Erspürtes, Geschehenes und Empfundenes nebeneinander. Wie und in welchem Ausmaß sie Verhaltensweisen lebendiger oder virtuell erzeugter Menschen mit Eigenerfahrungen und Imaginationen verbinden, bleibt ihr Geheimnis kreativer Weltinterpretationen. Doch wie sie auf die Vielfalt geistig, also wahrnehmend, denkend und symbolisierend sowie motorisch koordinierend reagieren, davon machen sie in ihren Zeichnungen höchstpersönliche Mitteilungen.

Ist ein Kind in diesen Funktionen retardiert, so sind seine gezeichneten Symbole dennoch im Hinblick auf seine durch Erfahrungen gebildeten Lebensmuster zu analysieren, allerdings gemäß seines Entwicklungsstandes. So können in Deutungen z.B. „Emotional Indicators" (vgl. *Koppitz* 1968) nur dann mit emotionalen Beziehungserfahrungen in Zusammenhang gebracht werden, wenn das Kind hinsichtlich seiner visuell-motorischen Koordinations- und Symbolisierungsfähigkeit in der Lage ist, diese Details darzustellen.

Ich unterscheide unter Bezug auf die Literatur drei mehr oder weniger typische Schritte im Prozeß der Ausbildung von Bildgestaltungsfähigkeiten bei Kindern zwischen zwei und sechs Jahren. Die deutlich werdenden Entwicklungen beziehen sich zwar auf die Annahme von Entwicklungskontinuitäten in dem Sinn, daß z.B. Elemente in Zeichnungen des dritten Typs durch das Experimentieren mit Elementen des ersten Typs vorbereitet werden, nicht jedoch in dem Sinn, daß eine phasenspezifische Chronologie angenommen wird. Vielmehr gehe ich davon aus, daß Kinder die Entwicklung ihres zeichnerischen Ausdrucksvermögens in Abhängigkeit von den geschilderten Interaktionsbedingungen vollziehen.

1. Kinder bringen in „biopsychischen Bewegungen" Linien auf das Papier, die keine Vorstellungen von ihrem Anfang und Ende repräsentieren. Spiral- oder knäuelähnliche Formen oder offengebliebene Kreise sind erste, erkennbare Muster.

Ich sehe Kinder, die zwischen fünf und sieben Jahren so zeichnen, auf einem vorsymbolischen Entwicklungsstand. Sie empfangen aus ihrer Umwelt Zeichen, die sie nicht einordnen, strukturieren und dadurch psychisch verarbeiten können. In ihnen kommt es zu einem Symbolstau, auf den sie vorwiegend körperlich, aber nicht symbolisch vermittelt reagieren. Ich deute ihren Zustand als Verharren in einer Eigenwelt, obwohl ihre soziale Umwelt von ihnen erwartet, daß sie fähig sind, die Symbolsprache der „Hauptrealität" grundsätzlich zu verstehen und auf sie entsprechend zu reagieren. Aus diesen „Defiziten der Symbolisation" in der Persönlichkeitsentwicklung des Kindes können „psychotische" im Gegensatz zu „echten" Symbolen in Kinderzeichnungen hervortreten (*G. Benedetti*). Zeichnungen dieses ersten Typs können auch Hinweise auf die Regressionen des Kindes in einen präsymbolischen Raum enthalten.

2. Kinder begrenzen Linien und stellen Bezüge zu Punkten und anderen Linien her. Sie schließen beispielsweise einen Kreis oder führen Linien so zueinander, daß ein Kreuz erkennbar wird. Sie ordnen diese Elemente zu Gesichtern, Sonnen, Häusern oder Bäumen, beschränken sich dabei jedoch auf ein detailarmes Grundmuster. Zwar sind Ähnlichkeiten zu Gegenständen ihrer alltäglichen Umgebung zu erkennen, doch auf den Betrachter, der sich in der „Hauptrealität" konventionalisierter Symbole bewegt, wirken ihre Zeichnungen verfremdet. Zum

"Auto" wird ein ovales Gebilde, in dem sieben Kreise nebeneinander gemalt sind. Es fällt auf, daß die zu Formen komponierten Elemente oft ohne Verbindung zu anderen bleiben.

Ich gehe davon aus, daß Kinder, die zwischen fünf und sieben Jahren so zeichnen, zeigen, daß sie beginnen, Selbst, Ich und Identität im Austausch mit der Welt der anderen zu entwickeln. Sie orientieren sich dabei zwar am Symbolsystem gleichalter, nicht retardierter Kinder und Erwachsener, doch sie beherrschen es ähnlich unzulänglich wie ein sprachentwicklungsgestörtes Kind Wortbildungen und Satzbau.

So entnehme ich z.b. schwebenden, menschenähnlichen Figuren, daß Kinder, die sie herstellen, noch nicht so sicher aufrecht stehen und gehen können, um sich auf psychischen Konfrontationskurs mit ihren Bezugspersonen zu begeben, auf dem Individualität hinzugewonnen werden kann. Zeichnungen können aufgrund ihrer Verschwommenheit und Grenzenlosigkeit Konfluenz als Abwehrform gegen Individualisierung und Loslösung anzeigen.

3. Kinder gestalten mit Linien, Punkten und Ausmalungen Formen und Figuren, die mit mehr Details und Differenzierungen komplexe Gestalten erkennen lassen, deren Symbolgehalt sich dem Betrachter schnell erschließt. Bei Haus-Zeichnungen von Sechsjährigen z.B. können wir eine Tür, ein Fenster, eine Wand, das Dach und den Schornstein erwarten. Da jetzt beim freien Malen oder in projektiven Zeichentests oft mehrere Figuren und Gegenstände auf dem Bild zu erkennen sind, läßt sich ihr Bezug untereinander, z.B. als Größen- oder Distanzverhältnisse, in die Deutung mit einbeziehen. Im Hinblick auf ihren Individualisierungsprozeß sehe ich es als besonders bedeutsam an, daß Menschen, Bäume, Häuser oder andere Figuren jetzt meist klar umgrenzt sind.

Ich nehme an, daß Kinder, die zwischen fünf und sieben Jahren so zeichen, zeigen, daß sie Selbst, Ich und Identität so weit entwickelt haben, daß sie von Ich zu Du symbolisch kommunizieren und zwischen Innen- und Außenerfahrungen klar unterscheiden können. Jetzt lassen sich bestimmte Merkmale in ihren Zeichnungen als Hinweise auf persönliche oder kommunikative Schwächen, die in Krisen auch zu Störungen führen können, lesen. So deuten besonders große Menschenzeichnungen auf Aggressivität, Grandiosität und kompensatorische Abwehr, besonders kleine auf ein schwaches Ich und depressive Reaktionen. Die Nähe von Figuren zueinander oder die Verschmelzung von Teilen ihrer Umgrenzungslinien in eine können als Ausdruck symbiotischer Abwehr aber nicht im Sinne einer fixierten Abwehrform, gedeutet werden. *Wohl* und *Kaufman* deuten Häuser ohne Dach als Zeichen für eine schwach ausgebildete Phantasietätigkeit, während überdimensionierte Dächer auf die Angst, Kontrolle über die Phantasie zu verlieren, gedeutet werden. Da die Haus-, ebenso wie die Menschenzeichnungen als Selbstbildnis zu verstehen sind, gehe ich davon aus, daß die beschriebene Metaphorik auch für offene bzw. durch Haare und Hüte geschlossene Zeichnungen des Kopfes gilt. Das Ausmaß kindlichen Phantasierens deute ich als Ausdruck einer stärkeren oder geringeren Verankerung des Kindes in der „Hauptrealität" (im Gegensatz zur „Nebenrealität", vgl. *Lempp* 1992). Wenn ein Kind sich oder einen Gegenstand, mit dem es sich identifiziert, im Verhältnis zu einer Elternfigur auffällig groß zeichnet, deute ich diese Relation als Hinweis auf Rollenumkehr in der Beziehung.

Die unter 1.-3. dargestellten altersunangemessenen bzw. symptomatischen Aspekte in Zeichnungen von Kindern deute ich als Hinweise auf desorganisierte Verhaltenszustände und beurteile auf ihrer Grundlage die Zeichnungen der Kinder in meinen Fallstudien. Wie sich diese Hinweise im Verlauf des z.T. mehrjährigen Untersuchungszeitraumes verändern und ob daraus Rückschlüsse auf die Modifikation ihrer desorganisierten Verhaltenszustände zu ziehen sind, ist für mich dabei von besonderem Interesse.

In bezug auf den Risikofaktor – sexuelle Identitätsentwicklungsstörungen durch sexuellen Mißbrauch – für desorganisierte Verhaltenszustände bei Vorschulkindern lassen sich ihre Zeichnungen nicht auswerten. Da in Zeichnungen von altersangemessen entwickelten Vorschulkindern keine signifikanten Hinweise auf sexuellen Mißbrauch zu finden sind, gehe ich für entwicklungsbeeinträchtigte Vorschulkinder von dem gleichen Ergebnis aus. Die Identifizierung sexualisierter Atmosphären in Familien anhand von Zeichnungen halte ich jedoch für möglich und sinnvoll.

In bezug auf den Risikofaktor – sozioökonomisch beeinflußte Identitätsentwicklungsstörungen – für desorganisierte Verhaltenszustände lassen sich in Kinderzeichnungen nur sehr unspezifische Hinweise erkennen. So spricht eine karge und undifferenziert gestaltete Zeichnung gegebenenfalls für anregungsarme und resonanzgestörte familiäre Interaktionen, ohne daß gesagt werden kann, ob und wie diese sozioökonomisch beeinflußt sind. Die Entwicklung von Unterscheidungskriterien für elaborierte oder restringierte Codes in Kinderzeichnungen in Abhängigkeit vom SES der Familien steht noch aus.

IV. Empirisch-praktischer Teil

8. Kasuistiken

8.1 Leitlinien zur Beurteilung „desorganisierter" Verhaltenszustände bei entwicklungsbeeinträchtigten Vorschulkindern

Ich werde die Entwicklungsprozesse der in den Kasuistiken porträtierten Kinder auf der Grundlage von zehn Leitlinien im Hinblick auf desorganisierte Verhaltenszustände beurteilen. An dieser Stelle verweise ich im Interesse von Übersichtlichkeit nicht mehr auf die Autoren, deren Konzepte es mir möglich gemacht haben, sie zu entwickeln.

1. Kinder zeigen wiederholt im Spiel, daß sie sich um Erwachsene sorgen und dabei ihre Bedürfnisse nach emotionalem Versorgtwerden verleugnen. Sie zeigen in phallischen Provokationen, daß sie Erwachsene beherrschen wollen.

2. Kinder kommunizieren wiederholt mit anderen oder mit Gegenständen, ohne zwischen sich und diesem einen Abstand über Symbole herstellen zu können.

3. Kinder stellen im Spiel elterliche „Introjekte" dar, indem sie psychische Zustände oder Verhaltensweisen ihrer Eltern als eigene ausagieren. Es wird deutlich, daß Phänomene der „Hauptrealität" in ihrer „Nebenrealität" vorherrschen und nicht von ihnen kontrolliert werden können.

4. Kinder zeigen im Spiel ihre Unfähigkeit zu trialogischer Kommunikation.

5. Kinder zeigen in ihrem Spielverhalten aufeinanderfolgende, widersprüchliche Affekte. Kinder zeigen gegenüber Bezugspersonen widersprüchliche Beziehungsbotschaften.

6. Kindern fehlt eine im Spiel sich ausdrückende Fähigkeit, Aggressivität so einzusetzen, daß sie in der Interaktion Selbst, Ich und Identität behaupten, aber die Existenz des anderen nicht auslöschen.

7. Kinder zeigen ein masturbatorisches Verhalten, das durch Häufigkeit und Intensität den Kontaktabbruch nach außen und

einen inneren Grenzverlust anzeigt. Regressive Verschmelzungsphantasien können vermutet werden.

8. Kinder zeigen in ihren Zeichnungen im Alter zwischen fünf und sieben Jahren daran, daß sie Linien und Punkte, scheinbar körperlichen Impulsen folgend, auf das Papier bringen, daß sie sich auf einem vorsymbolischen Entwicklungsstand befinden, den sie noch nicht überwunden haben oder auf den sie durch Störungen ihrer Entwicklung regrediert sind.

9. Kinder zeigen in ihren Zeichnungen im Alter zwischen fünf und sieben Jahren daran, daß sie beginnen, Linien und Punkte zu ersten unvollständigen Formen, in denen Erwachsene symbolische Bedeutungen ahnend erkennen können, zusammenzuführen, daß sie sich im Übergang vom vorsymbolischen zum symbolischen Kommunizieren befinden. Die Grenze zwischen sich selbst und anderen erleben sie im Fluß. Darin sehe ich eine zeichnerisch zum Ausdruck gebrachte innerpsychische Retardierung oder die unbewußte Abwehr einer durch Störungen ausgelösten inneren Not.

10. Kinder, die zwischen fünf und sieben Jahren in ihren Zeichnungen überwiegend konventionalisierte Symbole sicher einsetzen, aber z.B. durch auffallende Größen – Distanz – oder Anordnungsverhältnisse der Figuren zueinander bzw. zum Raum, den das Blatt vorgibt, auf sich aufmerksam machen, können damit Interaktions- und Kommunikationsstörungen zum Ausdruck bringen. Sie verweisen in meiner Interpretation damit auf ihren grundsätzlich organisierten innerpsychischen Zustand. Von einem Hinweis auf einen desorganisierten Zustand ist nur dann zu sprechen, wenn die Dissoziation einzelner Elemente im Bild extrem ist.

8.2 Bestimmung des Beurteilungsstandpunktes

Mit Hilfe eines kurzen Vergleichs zweier gegensätzlicher Herangehensweisen an die Interpretation psychopathologischer Verhaltenszustände bei Kindern verdeutliche ich erneut meinen Standpunkt, von dem aus ich das folgende kasuistische Material beurteilen werde.

Caroline Eliacheff behandelt als Psychoanalytikerin körperlich und psychisch mißhandelte Säuglinge und Kleinkinder, indem sie durch verbale Deutungen der psychischen Hintergründe ihrer schweren körperlichen Erkrankungen zu überraschenden Heilerfolgen kommt (vgl. *Eliacheff* 1994). Die Besserung des Befindens der Kinder führt sie auf die Kraft von Symbolisierungen zurück, die sie durch ihre verbalen Deutungen in den Kindern in Gang setzt. Traumatische Beziehungserfahrungen mit ihren Müttern werden auf diesem Weg einer Verarbeitung zugeführt, wodurch der Heilungsprozeß in Gang kommt.

Dagegen sehen die meisten der in Teil II und III zitierten Autoren die Mutter-Kind-Beziehung nicht als einzigen, sondern als einen Erfahrungshintergrund neben mehreren anderen, über deren Wechselwirkung dysfunktionale Entwicklungsprozesse zu Verhaltensproblemen führen können.

So korrelieren Strafen, emotionale und körperliche Vernachlässigungen, verbale wie non-verbale Eltern-Kind-Interaktionen, der Zustand des Kindes unmittelbar nach der Geburt, seine kognitiven Fähigkeiten, die Gegenwart oder Abwesenheit eines männlichen Familienoberhauptes und der sozioökonomische Status der Eltern unterschiedlich stark mit der Verhaltensentwicklung von Vorschul- und Schulkindern (vgl. *Herrenkohl* et al. 1995). Hier werden, anders als bei *Eliacheff*, mehrperspektivische Interventionsformen nahegelegt, die in ihrer Wirkung die Verhältnisse von Risiko- und Schutzfaktoren neu ordnen.

Empirisch-praktischer Teil 163

Kasuistik 1

Aiko

1. Sexualisiertes Verhalten

Im Alter von 6;4 Jahren fragte er seine Pädagogin, ob sie ihren Vater schon mal am Arsch geleckt habe. Als sie diese Frage an ihn richtete, sagt er Ja. Einen Monat später fand ein Gespräch über „Lutschen am Lullemann"* statt. Auf die Frage, ob er das schon mal gemacht habe, sagte er Nein und etwas später, „... mal am Bein". Einige Wochen danach sagte er in einem Gespräch über Masturbation: „Gutes Gefühl." Auf die Frage, ob jemand mal seinen Penis angefaßt habe, sagt er Nein. Seine Pädagogin erzählte, er masturbiere sichtbar für alle und zeige sich mit seinem eregierten Penis.

Er erzählte von seiner jüngeren Freundin, in die er verliebt sei und die er gern küsse. Er masturbierte einmal in jeder Woche, meist nach Auseinandersetzungen mit Kindern oder Pädagoginnen.

Im Alter von 7;0 Jahren kam es zwischen ihm und dem Untersucher zu folgendem Dialog: Hast du den Penis bei einem anderen gesehen? „Ja, Papa." Wann? „Beim Pissen, wo denn sonst." Hast du mal einen fremden Penis angefaßt? „Nein." Hat jemand deinen angefaßt? „Klar, der Arzt."

Häufig fügte er sich Schmerzen zu, besonders nach Gewalteskalationen durch seinen Vater in der Familie. Er öffnete sich verschorfte Wunden, rieb sich Seife in die Augen, bis sie tränten, und putzte sich Zähne, bis sie bluteten. Seinen Penis zog er lang und schlug sich mit der Faust in den Genitalbereich. Er masturbierte nach Situationen, in denen er sich schlecht gefühlt hatte, bis zum Ende des Untersuchungszeitraumes in größer werdenden Abständen.

2. Die Entwicklung des Kindes im Rahmen seiner Familienbeziehungen

Aiko war in seiner Familie der einzige Junge neben zwei Schwestern. Die Mutter hatte nur Mädchen gebären wollen. Alle Kinder kämen

---

* Alle in „..." gesetzten Worte und Sätze sind Kinderzitate oder Elternzitate.

aber ihrem Mann nach, weil sie so aggressiv seien. Aiko und seine älteste Schwester kämpften um die Vormachtstellung in der Familie. Beide waren schnell im Denken und der Bewegung und der früh gealterten Mutter darin überlegen. Sie wirkte depressiv und verhielt sich ihrem gewalttätigen Mann gegenüber duldsam. Sie hatte sich von drei Kindern aus erster Ehe auf Dauer trennen müssen.

Das kleine Wohnzimmer der Familie war mit wuchtigen Möbeln und ausladender Medientechnik ausgestattet und ließ den Kindern, die sich dorthin drängten, nur wenig Raum zum Spielen. Die Mutter fand tagsüber erst Ruhe, wenn die Kinder vor dem Fernsehapparat saßen. Sie reagierte müde auf die drängenden Wünsche ihrer Kinder, aber selten zurückweisend oder eingrenzend. Sie bedauerte, aufgrund von Geldnot ihren häuslichen Bereich nie verlassen zu können. Aiko stellte sich keck vor sie hin und forderte, was er gerade für sein Spiel benötigte. Er blieb hartnäckig, wurde bockig und behielt frech das letzte Wort. Er versuchte auch, sie mit Hilfe seiner kindlichen Erotik gefügig zu machen. Sie schien hilflos und schlug ihn. Aiko meinte, er werde öfter von ihr in seinem Zimmer eingeschlossen.

Alle Verabredungen mit dem Vater verliefen erfolglos, so daß er zu den Schilderungen seiner Frau nicht Stellung nehmen konnte. Gegen diese unbekannte Person richtete sich der Ärger der Pädagoginnen, wenn sie Aiko verwirrt, geschlagen oder aggressiv erlebten. Seine Frau hatte ihn als gewalttätig, geistig undifferenziert, oft betrunken, uninteressiert an Familienproblemen und durch eine schwere Kindheit und Jugend belastet beschrieben. Nur zu einer seiner Töchter hätte er eine herzliche Beziehung, weil sie problemlos und angepaßt wäre, beschwerte sich die Mutter. Daß sie sich von ihrem Mann als Frau und Mutter im Stich gelassen fühlte, war ihren Worten deutlich zu entnehmen.

Aikos Entwicklung verlief im medizinischen Sinn von Geburt an unauffällig. Vom Regelkindergarten war er wegen seiner Aggressivität in die Sondereinrichtung gekommen, nachdem bei ihm eine seelische Behinderung festgestellt worden war.

Seiner Pädagogin sagte er, daß er zu Hause z.T. so geschlagen worden war, daß er Angst vorm Sitzen gehabt hatte. Der Wunsch des Kindes, nicht mehr zu Hause leben zu wollen, löste bei seiner Mutter eine leise, fast um Verzeihung bittende Ablehnung aus.

Sie verließ ihren Mann mit den Kindern für einige Wochen, um sich und sie vor ihm zu schützen. Aiko und seine Mutter schilderten, wie gewalttätig sich der Mann ihnen gegenüber verhalten hatte. Sie kehrte zu ihm zurück und versuchte, das Familienleben zu verbessern. Als Aiko wieder von seinem Vater geschlagen wurde, wollte er erneut von zu Hause weg. Er fragte, ob ein Kinderheim ein Gefängnis sei. Die Mutter verließ erneut mit den Kindern ihren Mann und kehrte nach Monaten zurück.

Nachdem alle Untersuchungen abgeschlossen waren, kam es zu einem Gespräch mit Aikos Vater, in dem er seine pädagogische Ideologie ausbreitete. Um nahezu jeden Preis wollte er seinen Sohn zum Kämpfer machen, weil er in dieser Rolle die einzige Möglichkeit für sich sah, angesichts lebenslanger Ohnmachtserfahrungen zu überleben.

Aiko hatte, so der Eindruck seiner Betreuerinnen, in seinem kreativen Spiel in Räumen und der Natur eine Überlebensstrategie gegen familiäre Bedrohungen und Gewalt gefunden.

3. Ergebnisse aus kognitiver und projektiver Diagnostik sowie aus freiem szenischem Spiel

3.1 Verhalten in der Triade Ich-Du-Puppe
Beim Handpuppenspiel mit „Max" machte Aiko ihn zu seinem Kind und begann ein, wie er sagte, blutiges Kampfspiel. Verbal wie nonverbal ließ er keinen Zweifel an seiner Unterscheidungsfähigkeit zwischen seinen Phantasien und unserer gemeinsamen Realität aufkommen. Er führte einen Dialog mit mir und dann wieder, voller Vorstellungsbilder, mit „Max". Dennoch bewegte er sich (wie unter 3.3 und 3.4 dargestellt werden wird) im Hinblick auf Macht und Stärke und eine liebevolle Vater-Sohn-Beziehung oft in einer von Wünschen geprägten „Nebenrealität", die für ihn jedoch die Qualität der „Hauptrealität" hatte. Insofern waren seine Mitteilungen über Erfahrungen mit seinem Vater auf ihren konkreten Wirklichkeitsgehalt hin kritisch zu beurteilen.

3.2 Kognitive Entwicklung
Bei einer im Verhältnis zu Kindern seiner Altersgruppen durchschnittlichen Intelligenz (IQ=100) war er in seiner sensumotorischen Entwicklung etwa um ein Jahr verzögert, wobei körperlicher und seelischer Mißbrauch seine Entwicklung beeinträchtigt hatten.

Alle neurophysiologischen Untersuchungen blieben ohne Befund.

3.3 Ergebnisse aus projektiver Diagnostik und freiem szenischem Spiel

3.3.1 Bericht

Im Alter von 6;5 Jahren baute er mit Sceno-Testmaterial eine „Waffenkammer". Er hatte einen Kasten aus Bausteinen errichtet. Auf dem Dach befanden sich „Warnlampen", innen „Pistolen" und „Panzer". Er selbst war ein Junge, der die Wache vor dem Haus übernommen hatte. Ganz nah zu sich stellte er einen „goldenen Vogel". Einem sich nähernden Jungen biß er mit einem Krokodil den Kopf ab. Der tote Junge wurde von einem Kran in den Himmel zum Weihnachtsmann gezogen und dort gesund gepflegt, um dann von einer Oma liebevoll auf der Erde in Empfang genommen zu werden.

Zu Hause gäbe es „zwei Jungs". „Papa, und ich", sagte er zärtlich. Die Lebensbedrohung eines Kindes durch ein männliches Wesen, wie es auf Bild 7 des CAT[*] dargestellt wird, leugnete Aiko, indem er dazu sagte, ein Mann wolle ein Kind auf den Arm nehmen. Welches innere Bild Aiko von seinem Vater hatte, sollte in weiteren Spielsequenzen mit Aiko herausgefunden werden.

Mit 6;7 Jahren baute er eine Welt auf die Spielfläche vom Sceno-Test und eine andere außerhalb. Auf dem Deckel entstand eine „Stadt" mit mehreren „Straßen", die durch „Mauern" voneinander getrennt waren. Außerhalb legte er den „Vater" in einen Liegestuhl. Er selbst war ein Mann, „ein Junge, der groß geworden war". Dem Vater legte er eine „Mama" in den Arm.

Nachdem er mich zum „Affen", seinem Lieblingstier, gemacht hatte, legte er seinen Kopf auf meinen Bauch und meinte, er würde mich so heilen. Dieses Ausruhen schien er sich zu erlauben, nachdem er, im Spiel davor, seine Eltern zusammengeführt hatte.

Zu weiteren Spielen mit dem Scenomaterial kam es nicht, vermutlich deshalb, weil es seiner impulsiven Affektivität zu enge Grenzen auferlegt hatte.

In Spielen, die er ohne Vorgaben mit den im Raum vorhandenen Materialien inszenierte, entwickelte er zu mir eine Beziehung, die es uns ermöglichte, vieles kooperativ zu bauen und zu zerstören. Zum anderen auferlegte er mir in Rollenspielen das Böse, indem ich

---

[*] ein projektiver Bildertest

Räuber und Mörder sein sollte oder das Tote, indem er mich lange „erschossen" liegen ließ. Manchmal ließ er mir Flügel wachsen, um mich im Himmel, „wo sonst niemand hinkommt", besuchen zu können. Seinen Vater machte er zur „Sonne" oder zum „Millionär". Er zündelte im Zimmer einer Schwester, die vom Vater liebevoll behandelt wurde, und erhielt dafür Schläge. Die Zuwendung, die sie wegen einer Wunde am Finger erfahren hatte, versuchte er durch eine Selbstverletzung an seinem Finger zu gewinnen. Daß seine Eltern ihn schlugen, wäre das Geheimnis, das er nicht lüften dürfte, teilte er mir mit. In der therapeutischen Beziehung suchte er regressive Nähe oder auch den absoluten Sieg, indem er mich „zerstören" wollte oder verzweifelt schrie: „Ich mache deine ganze Welt kaputt."

3.3.2 Interpretation

Der Junge thematisiert Aggressivität als Selbstschutz und zugleich als Motor zur Entwicklung von Beziehungen. Magie, z.B. in Form des „goldenen Vogels", hilft ihm bei der Bewältigung von Realität und dokumentiert seine „Überstiegsfähigkeit" zwischen seiner Eigenwelt und der Welt der Erwachsenen. Mit Hilfe der Phantasie leugnet er die männliche Bedrohung im CAT hinweg, mit ihrer Kraft führt er seine Eltern zusammen und verzaubert den Untersucher, um sich ihm nähern zu können.

Aiko zeigt, daß er Aggressivität und Magie nicht grenzenlos, vielmehr konstruktiv für die Beziehungsgestaltung nutzen kann. Seine Vorstellung, er könne Erwachsenen das geben, was er selbst braucht, ist ein Hinweis auf Rollenumkehr (Leitlinie 1). Er zeigt die Fähigkeit zur Symbolisierung und trialogischer Kommunikation. Insgesamt spricht mehr dafür, seinen Zustand als „organisiert" und nicht als „desorganisiert" zu beurteilen.

3.4 Ergebnisse aus projektiven Zeichentests und freiem Zeichnen
3.4.1 Bericht

Im Alter von 6;4 Jahren begann er eine Stunde mit der Bitte an mich, seiner Familie einen Brief zu schreiben. Nach dem Formulieren der Anrede wollte er plötzlich malen, so als wollte er etwas verhindern, was beim Briefeschreiben geschehen könnte oder geschehen lassen, was nur beim Malen möglich ist. Er malte Zeichen, die ich nicht „lesen" konnte, aber vielleicht auch nicht verstehen sollte. Er sagte dazu: „Käfig, verwandelter Frosch, Gewehre, Pistole, Pfeil." Eine Woche später ließ er seinen bedrohlich aggressiv dargestellten Vater aus dem Meer unverbundener Zeichen emporsteigen. In der Gruppe spielte er oft „Totsein" und erklärte auf Abb. 1, einem Bild aus einer Schnörkelbildserie (vgl. *Winnicott* 1988), die Bedrohung: „Der Fisch ist Pa ...", begann er, hielt inne und nannte den Namen seiner Schwester. Der doppelten Bedrohung auf Abb. 2 wollte er sich durch verbale Uminterpretationen des Gezeichneten widersetzen. Das Gebilde rechts auf dem Bild nannte er „Steuergerät". Steuergeräte benutzen Kinder, um Autos fernzulenken, doch auf diesem Bild ist er selbst, er nannte sich „Mann", machtlos. Auf Abb. 3 malte er sich als „Weihnachtsmann". Es fehlten allerdings Züge, die als Güte und Nachsicht zu deuten wären. Deutlich wird seine affektive Ambivalenz.

In dieser Zeit erzählte der Junge, er habe an seinem Fenster auf den von der Arbeit heimkommenden Vater gewartet und dann mit ihm „Puzzle und Flugzeug" gespielt, was sich jedoch als Wunschphantasie herausstellte.

Er zeigte innere Extreme, sichtbar als Diskrepanz zwischen Realität und Wünschen, wenn er einen Panzer, Symbol für sein wehrhaftes Ich, mit einem warmen Orange ausmalt. Mal ist er als kleine Maus wehrlos, mal aggressiv wehrhaft wie eine „Waffenkammer" (Abb. 4). In immer wieder neuen Bildern findet er Ausdrucks- und Mitteilungsmöglichkeiten für innere Spannungen: Er „nagelt" einen bunten Baum auf einen Panzer. Er will frei sein wie ein Drachen, den er an einer „Schnur festmacht". Er will ein Zuhause haben, das er wie ein Luftschloß im Raum schweben läßt. Ruhe findet er bei seinem Hund, „Ich und Malz", und in einem „Baumnest für Eichhörnchen" (die ich hineinmalen soll) sind „Papa und Kind", die „Nüsse essen", nachdem die „Mama gestorben" ist (Abb. 5). Später steigt sie aus seiner Familie, die er in seelenlose Zeichen verwandelt hat, empor (Abb. 6). Einige Wochen später malt er sein „Papa-Haus" vergittert, sich und seine Geschwister verschlüsselt er in geheimnisvolle Zeichen, so als flüchteten sie vor der elterlichen Bedrohung in eine Formelwelt (Abb. 7). Dann gibt es einen „Molchteich", wo er Abenteuer erlebt, wie z.B. das „Küssen" seiner Freundin, die er mit 10 Jahren heiraten will, um mit ihr ein „glückliches Leben" aufzubauen (Abb. 8). Auf Abb. 9 sieht er sich einsam, zerrissen, im Raum verloren, auf einer anderen Zeichnung schwebt er mit leerem Herzen, zerbrochenen „Armstöcken" zwischen „Wolken" und „Haus". Ein „Papa-Pferd-Haus" ist vergittert, der Kopf von ihm weggewendet und ein spitzer Körperteil auf ihn gerichtet.

Nachdem Aiko in dieser Untersuchungszeit etwa 40 Bilder gemalt hatte, wollte er in den letzten Monaten nicht mehr zeichnen, so als sei alles gesagt. Jetzt suchte er vermehrt die körperliche Auseinandersetzung.

3.4.2 Interpretation
In allen Zeichnungen wird die Symbolisierungsfähigkeit des Jungen entsprechend Leitlinie 10 deutlich. Oft gibt es Hinweise auf magische Bezüge zur Realität, innerpsychische Not, Kargheit und Bedrohung, jedoch keine auf die Auflösung von Ich-Grenzen. Auf der Grundlage von Anerkennung und Bestätigung seiner „Nebenrealität", die er dem Untersucher in seinen Bildern breit dargestellt hatte, gewann er mit ihm Boden in einer „gemeinsamen Realität".

3.5 Sprachdiagnostischer Befund mit 5;11 Jahren
Sein Sprachverständnis ist altersgemäß entwickelt, seine aktive Sprache dysgrammatisch, Personalpronomen und Zeiten werden von ihm vertauscht oder falsch gebildet. Er stottert und stammelt, wenn er etwas mitteilen möchte. Oftmals werden Vokale und Konsonanten eines Wortes vertauscht.

Sprachdiagnostischer Befund mit 7;2 Jahren ohne sprachtherapeutische Förderung: Sein passiver Wortschatz ist altersentsprechend. Seine aktive Sprache ist flüssiger geworden. Nur in Ausnahmefällen sind Wortwiederholungen oder Stottern zu beobachten. Er spricht zeitweise dysgrammatisch und hat noch Probleme, Personalpronomen und Zeiten richtig zu bilden.

4. Nachuntersuchungen

4.1 Erste Nachuntersuchung
4.1.1 Bericht
Sie fand nach neun Monaten im Heim, Aikos neuem Zuhause, statt. Er war 8;0 Jahre alt. Er wurde dort als flexibles Kind und sympathischer Abenteurer gesehen, der seine Mutproben lediglich in Phantasiegeschichten zur Geltung brachte. Er verbarg lange Zeit seine Gefühle und ließ keine Berührungen zu. Nach Monaten zeigte er sich etwas

empfindsamer. Es wurden sexuelle Selbst- und Fremdstimulationen beobachtet. Er blieb dabei ohne sichtbare sexuelle Erregung, so daß die Erzieherinnen nicht von Masturbation sprachen.

Im Sceno-Testspiel fütterte Aiko Tiere, und ein Raubtier wurde von einem anderen liebevoll gebadet. Danach bestrafte er das Raubtier, weil es die Tiere nicht gefüttert hatte. Er umwickelte es mit einem Band, fütterte es und wollte es nach vielen Tagen wieder befreien. Während des Spiels fragte er mich, ob sein Vater sich nach ihm erkundigt hatte und ob dieser ihn mag. Er sagte: „Ich hatte meinen Vater sehr gern, aber manchmal hat er mich geschlagen."

Seiner Mutter räumt er einen zentralen und mächtigen Platz ein, während er das Haupt seines Vaters klein und eingeschlossen darstellt (Abb. 10). Die Distanz zu seinem Vater öffnet ihm jetzt den Blick auf seine Mutter. Den Mutter-Baum gestaltet er stark, breit verwurzelt, differenziert und voller kleiner Geheimnisse.

Das Hausboot auf Abb. 11 fällt durch seine Größe und Kargheit auf.

In einem Selbstbildnis erinnert nichts an die Selbstdarstellungen des Kindes aus der Erstuntersuchung. Es sieht aus, als wiederhole er eine vorgegebene Form, um selbst anonym zu bleiben.

4.1.2 Interpretation

Abb. 10 ist voller Magie. Die in den ausladenden Baumwurzeln zum Ausdruck gebrachte mütterliche Dominanz und Kraft ist Schutz und Beherrschung zugleich. Sieht er sich von ihr ausgelöscht (er erkennt sich selbst auf diesem Bild nicht) oder zu einem Teil von ihr (zwischen ihren Augen) regrediert? Die im Scenospiel zum Ausdruck gebrachte kritische Distanz zu seinem Vater läßt ihm Raum, sein Mutterbild zu betrachten. Um das Gefühl innerer Leere (als Reaktion auf die Trennung?) abzuwehren, möchte er in ihr aufgehen, ein Teil von ihr werden, um in Grandiosität psychisch zu überleben (Abb. 11). Hier erkenne ich Aspekte seines desorganisierten Verhaltenszustandes im Sinne der Leitlinie 10.

4.2 Zweite Nachuntersuchung
4.2.1 Bericht

Aiko war bei der zweiten Nachuntersuchung 9;2 Jahre alt. Diese fand wieder im Heim statt.

Sceno-Test: Er stellt einen Jungen, mit dem er sich identifiziert, neben den Hund und hält ihn an der Leine. Seinen Vater lehnt er in den Liegestuhl, wie er sagt. Zwei Schwestern sitzen auf der Eisenbahn. Seine Oma liegt im Stuhl, wie er sagt. Alles spielt im Garten seines Elternhauses.

Er nimmt den Jungen, legt ihn ins Steckkissen und den Hund und einen Fuchs schlafend auf ein Tuch. Seine Schwestern stellt er im Garten auf. Jetzt sagt er, im Steckkissen sei seine Schwester. Die Frage, wo er nun sei, beantwortet er, indem er eine männliche Figur zu dem Hund und dem Fuchs auf die Decke legt.

Haus-Zeichnung (Abb. 12): Aiko sagt, er brauche ein Lineal, um das Haus zu zeichnen. Zu den Linien im unteren Hausbereich sagt er, „das ist ein Riegel vor dem Haus, denn im Haus wohnen böse Menschen, und die sollen nicht raus, es soll aber auch keiner rein". Drinnen sei ein lieber Mann, der von denen im Haus gefesselt wurde. Aiko wolle ihn befreien.

4.2.2 Interpretation

Obwohl Aiko während des knapp zweijährigen Lebens im Heim so gut wie keinen Kontakt zu seiner Familie hatte, setzt er sich mit ihnen lebendig in Szene. Die vielfältigen Rollen, die er vom Jungen zum Baby zum Mann durchläuft, deute ich als Ausdruck von Vielfalt und Unsicherheit innerer Identitätszustände. Die in den Scenospielen der Erstuntersuchung vorherrschende aggressive Abwehr von Angst, Wut und Verzweiflung ist hinter Ruhe und Entspannung zurückgetreten. Sie eröffnen neue Möglichkeitsräume für die Belebung innerer Dialoge auf der Suche nach Identität.

In seinen Zeichnungen der Erstuntersuchung führte er den Stift aus spontanen Bewegungsimpulsen, während er nun das Hausboot mit dem Lineal konstruiert. Darin ist eine Impulskontrolle zu erkennen, die sich sowohl als Antwort auf das Normen- und Regelsystem der Institution als auch als Ausdruck eines neuen Verarbeitungsmusters von inneren und äußeren Reizen deuten läßt.

Vielleicht enthält die Geschichte, die er beim Zeichnen des Hauses erzählt, ein Thema, für das er einen festen Rahmen benötigt. Sie handelt von Macht und Ohnmacht, der Bewertung des ohnmächtigen Mannes als „lieb" und von seiner Grandiositätsphantasie, ihn zu befreien. Der Torso neben dem Haus ermöglicht einen Blick auf die Hilflosigkeit des Befreiers, neben dem das große Messer kein Zeichen von Macht ist. Die Ambivalenz von Gut und Böse in ihm ist nicht nach dem alten Muster aufzulösen, daß Stärke und Gewalt Verzweiflung und Angst zum Schweigen bringen. Die größte Bedeutung dieser Zeichnung sehe ich in der Haltung, die Aiko darin inneren Konflikten gegenüber zeigt. Es scheint, als könne er Widersprüche jetzt aushalten und eher abwarten, wie sich Lösungen entwickeln.

Deutlich wird in der zweiten Nachuntersuchung, daß er sein „Skript" umschreibt und alte Themen (z.b. Grandiosität als Rettung vor dem Untergang) neu inszeniert. Seine nun eher exzentrisch als verstrickt zu bezeichnende Haltung inneren Konflikten und Ambivalenzen gegenüber deute ich als Ausdruck seiner weiter entwickelten Überstiegsfähigkeit zwischen Nebenrealität und Hauptrealität.

5. Beurteilung

Ich bezeichne Aiko als ein unter riskanten Lebensbedingungen erfolgreich überlebendes Kind („survivor", vgl. *Radke-Jarrow & Sherman* 1990), der aufgrund von Schutzfaktoren, die in Interaktionen mit anderen Menschen häufig verstärkt wurden, auf dem Weg zur sozialen Anpassung blieb. Die Abstimmung seiner inneren und äußeren Ressourcen gelang ihm auch nach Krisen immer wieder. Die vernichtende Kraft von Risikofaktoren wurde an seiner Widerstandskraft gepuffert. So nahm er z.B. auch nach Zurückweisungen an allen Angeboten in seiner Gruppe aktiv und fordernd teil. Schutzfaktoren waren sein angenehmes Äußeres, seine durchschnittliche Intelligenz, seine Kontaktoffenheit, seine Kreativität, durch die er mit Hilfe von Phantasien schreckliche Realitäten transzendierte, sowie seine aggressiven Selbstbehauptungskräfte.

Risikofaktoren seiner Entwicklung waren die väterlichen Mißhandlungen, die wegen depressiver Verstimmungen „abwesende" Mutter sowie die Armut der familiären Lebensverhältnisse. Seine dialogische und trialogische Kommunikationsfähigkeit blieb während des Untersuchungszeitraumes immer stabil. In der Nebenrealität verlor er sich nie, vielmehr stärkte er sich dort, indem er z.B. das Bild von seinem Vater zum Fetisch kultivierte und am Morgen vor den Kindern mit einer Vatergeschichte auftrumpfte. Vielleicht erhielt sein von körperlicher und psychischer Mißhandlung verzerrtes Vaterbild dadurch immer wieder Glanz, daß er zu Hause sah, wie die leibliche Präsenz seines Vaters in Form seiner lauten Stimme oder anderer spontaner emotionaler Reaktionen den mütterlichen Schleier aus Resignation, Ohnmacht und Verzweiflung durchstieß.

Ich bezeichne Aiko als durchgehend „organisiert". Trotz Transzendierungen der Realität im Rahmen seines Selbstheilungskonzeptes und trotz seiner Versuche zur phallischen Beherrschung anderer blieb er immer in der gemeinsamen Realität erreichbar und erbrachte genügend Beweise für erfolgreiche Individualisierungsprozesse durch Abgrenzung und Destruktion.

Auch die in den Nachuntersuchungen dokumentierte Anpassungsfähigkeit des Jungen an ein fremdes System zum Nutzen persönlicher Weiterentwicklung deute ich als Ausdruck von flexibler Stabilität seiner Identität, die ihm unter veränderten Lebensbedingungen die Neubetrachtung seiner Elternimagines erlaubt.

Das sexualisierte Verhalten von Aiko, das ich der Kategorie phallischer Provokationen im Interesse narzißtischer Größenphantasien zuordne, spricht nicht für sexuellen Mißbrauch. Diese Aussage war bezüglich der Vater-Sohn-Beziehung von Aiko auch verbal fundiert worden. Die Mutter-Sohn-Beziehung läßt sich als „inzestoid", in der Atmosphären für latenten Mißbrauch in Form von verführenden Blicken und Sehnsüchten entstehen können, vermuten.

174 Traumatisierte Vorschulkinder

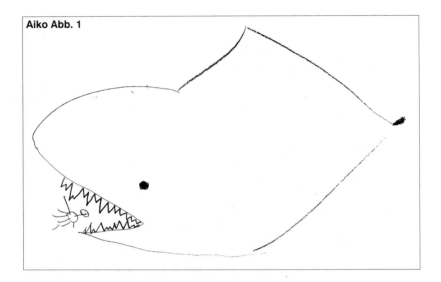

Aiko Abb. 1

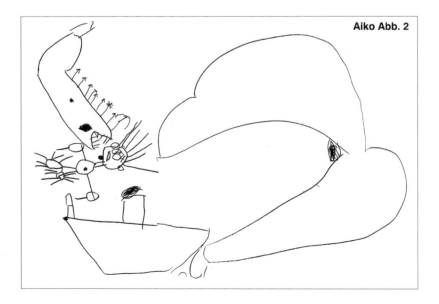

Aiko Abb. 2

Empirisch-praktischer Teil 175

Aiko Abb. 3

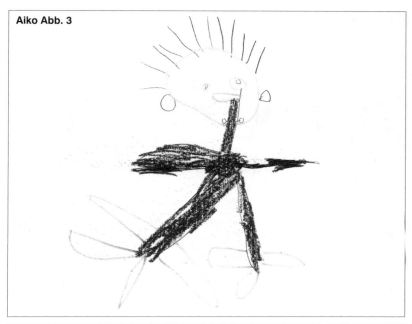

Aiko Abb. 4

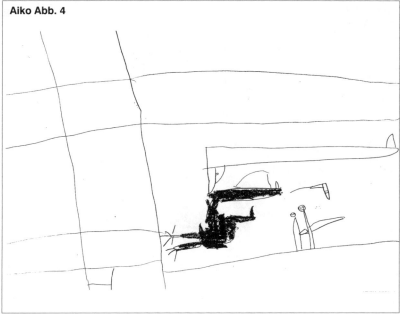

176 Traumatisierte Vorschulkinder

Aiko Abb. 5

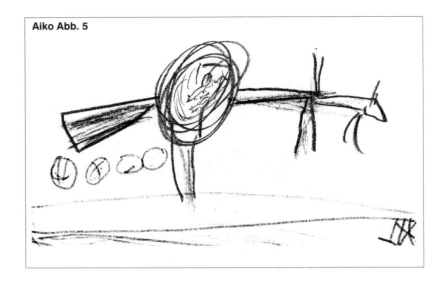

Aiko Abb. 6

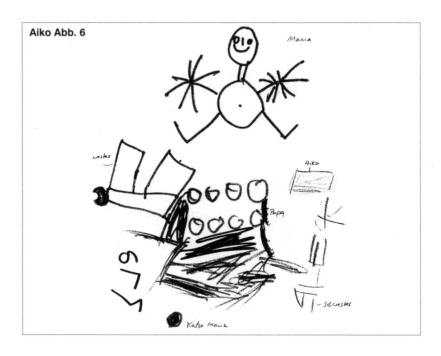

Empirisch-praktischer Teil 177

Aiko Abb. 7

Aiko Abb. 8

178 Traumatisierte Vorschulkinder

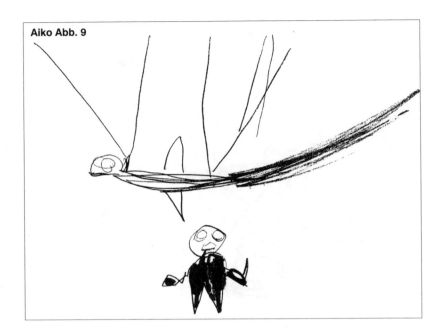

Aiko Abb. 9

Aiko Abb. 10

Empirisch-praktischer Teil 179

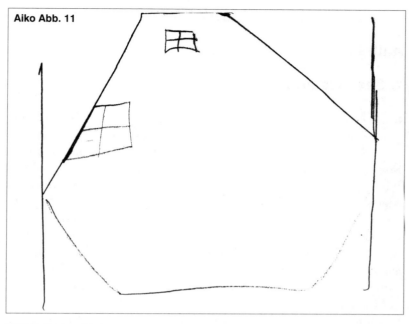

Aiko Abb. 11

Aiko Abb. 12

//180 Traumatisierte Vorschulkinder//

Kasuistik 2

Andrea

1. Sexualisiertes Verhalten

Im Alter zwischen 3;7 und 3;10 Jahren hatte Andrea in der Kindergruppe, in die sie gerade aufgenommen worden war, täglich masturbiert. Sie erschien dabei losgelöst von der Wirklichkeit um sie herum. Erst ab 3;10 Jahren begann sie, sich mit wenigen Worten verbal mitzuteilen, blieb jedoch meist für sich allein, vertieft in stereotypes Spiel oder weinend und schreiend, ohne sich beruhigen zu lassen. Wenn die Mutter Andrea im Kindergarten besucht hatte, verhielt sie sich distanziert und interessiert beobachtend gegenüber ihrem Kind. Bis zum Alter von 5;5 Jahren blieb das Masturbieren, sowohl zu Hause als auch in der Einrichtung als Symptom bestehen, wobei ab 5;0 Jahren manchmal Tage, manchmal Wochen zwischen den sexuellen Stimulierungen lagen.

Zwei im Alter von 4;3 und 4;4 Jahren durchgeführte Untersuchungen mit dem Sceno-Test ergaben Hinweise auf den Verdacht sexuellen Mißbrauchs. Sie stellte körperliche Nähe zwischen männlichen Puppen und der, mit der sie sich identifizierte, her, sprach von Angst und Schmerzen im Genitalbereich. Ihr sehr angenehmes Äußeres wird von allen Erwachsenen, die zu ihr Kontakt bekommen, betont.

2. Die Entwicklung des Kindes im Rahmen seiner Familienbeziehungen

Fünf Familienmitglieder leben beengt in einer Wohnung. Keiner hat ein Zimmer für sich allein. Andrea schläft im Kinderbett, das im Elternschlafzimmer steht. Ihre Mutter ist Hausfrau und berufstätig. Ihr Vater ist Arbeiter und macht häufig Überstunden. Wenn die Mutter zur Arbeit geht, kümmern sich andere Familienmitglieder um sie. Beobachtbar ist ein liebevoller Umgang der Eltern mit ihrer Tochter. Sie wirken verunsichert, wenn sie ihr Verhalten nicht verstehen. Sie treten dann überfordernd auf.

Nach einer Risikoschwangerschaft wurde Andrea zu früh geboren. Sie mußte mehrere Wochen stationär behandelt werden und konnte nicht besucht werden. Wegen schwerer Infektionen verbrachte sie in ihren ersten drei Lebensjahren jährlich mehrere Monate in Krankenhäusern.

Ein Zugang zu den emotionalen Auswirkungen dieser Krankengeschichte auf die Eltern konnte erst nach jahrelangen Elterngesprächen gefunden werden. Es zeigte sich dann, daß die Abwehr von Ängsten um ihr Kind mit unverarbeiteten eigenen Verlusterfahrungen zusammenhing. Mütterlicherseits gab es eine Vorehe mit Kindern.

Während eines Krankenhausaufenthaltes masturbierte Andrea zum ersten Mal und nach der Entlassung auch zu Hause. Bei Besuchen der Eltern im Krankenhaus habe sie fast keine Gefühlsreaktionen ihnen gegenüber gezeigt. Seit ihrem 3. Lebensjahr litt sie nach Aussagen der Eltern unter extremen Angstzuständen, wurde nicht trocken und blieb im Regelkindergarten, wo sie wenige Monate war, isoliert und abgelehnt. Sie verhielt sich oft destruktiv. Unter Angst kam es zu halluzinatorischen Wahrnehmungen. Sie ließ sich nur schwer beruhigen. Andreas Erzieherin im Kindergarten berichtete, daß Andrea bei Trennungen von ihr reagierte, als „ginge die Welt unter". Für die Angstzustände und das Masturbieren suchten die Eltern verzweifelt nach Erklärungen. Langsam fanden sie eine akzeptierende Haltung dem Masturbieren ihres Kindes gegenüber, woraufhin es Andrea verstärkte. Endlich beschränkte sie es auf Innenräume. Der ihnen dargelegte Zusammenhang zwischen frühen Verlassenheitserfahrungen und autoerotischer Stimulation (vgl. A. Freud & D. Burlingham 1971; A. Freud 1988) befreite die Eltern zwar von der Angst, es könne sexueller Mißbrauch geschehen sein, doch erst als sie erlebten, daß ihr Körperkontakt zum Kind mit dem Nachlassen des Masturbierens beantwortet wurde, konnten sie den Verdacht aufgeben. Die Angstzustände traten im fünften Lebensjahr weniger häufig und intensiv auf, waren aber bis weit ins sechste Lebensjahr hinein zu beobachten.

Noch mit fünf Jahren ging sie oft mit Gegenständen sinnlich wie ein Baby um. Die Eltern waren darüber befremdet und machten ihr altersentsprechende Lernangebote.

Die Diskrepanz zwischen den Erwartungen der Eltern an das Entwicklungstempo ihres Kindes und ihren tatsächlichen Fortschritten löste sich in der mehrjährigen therapeutischen Zusammenarbeit nur sehr langsam auf. Ihre älteren Geschwister konnten sich geschmeidig Andreas retardierten Verhaltenszügen anpassen. Ihnen und langsam auch den Eltern gegenüber zeigte sie zunehmend mehr eindeutiges, Bindung suchendes Verhalten, das die Mutter verantwortlich, aber zugleich verunsichert zu beantworten suchte. Beim Übergang des Kindes in eine andere Einrichtung erwiesen sich ihre innere Sicherheit und ihr Realitätsbezug als nicht tragfähig genug, um das erneute, wenn auch kurzfristige und weniger intensive Auftreten alter Symptome zu verhindern.

3. Ergebnisse aus kognitiver und projektiver Diagnostik sowie aus freiem szenischem Spiel

3.1 Verhalten in der Triade Ich-Du-Puppe

Im Handpuppenspiel mit „Max" im Alter von 5;11 Jahren schlagen zunächst alle Versuche, ihr Interesse an ihm und weg vom hantierenden Spiel mit einer Spielgeldkasse zu gewinnen, fehl. Nach etwa 10 Minuten sagt sie ihm, „...zuerst spielen ..., erste geholt" (womit sie ihren Erstanspruch an der Kasse gegen „Max" verteidigt) und vertieft sich weiter in ihr Spiel. Als „Max" sich für ihr Kassenspiel interessiert und dabei ziemlich aufdringlich wird, drückt sie seine Pfote auf die Tasten und sagt nach einigen Minuten genervt zu ihm: „Mein Geld". Vernimmt sie das Geräusch eines auf der Straße näherkommenden Autos, so unterbricht sie ängstlich aufhorchend ihr Spiel.

„Max" empfindet sie als lästigen Eindringling in ihre Welt.

3.2 Kognitive Entwicklung

Ihre sensumotorische Entwicklung entsprach im Alter von 4;10 Jahren einem Entwicklungsalter von 4;4 Jahren und mit 5;11 Jahren dem von 4;10 Jahren. Dieser Rückschritt läßt sich vielleicht so verstehen, daß zwischen den Untersuchungszeiträumen ihre Ängste im Vordergrund standen, und das pädagogisch-therapeutische Handeln stark auf sie gerichtet war.

Bei ausführlichen Untersuchungen ihrer Leistungsfähigkeit im Alter von 6;0 Jahren zeigte sich bei ihr ein leicht oberhalb der mittleren Verteilungsbreite liegender kognitiver Entwicklungsstand. Bei einer entsprechenden Untersuchung außerhalb ihres vertrauten

Lebensraumes lag er weit unterhalb. Die Leistungsschwankungen, die auch in ihren Zeichnungen deutlich werden, verstehe ich als Ausdruck ihrer sehr labilen, affektabhängigen Persönlichkeit. Bei Untersuchungen im siebten und achten Lebensjahr zeigen sich Ergebnisse, die als Anzeichen einer leichten geistigen Behinderung gedeutet werden.

3.3 Ergebnisse aus freiem szenischem Spiel und ihren Zeichnungen
3.3.1 Bericht
Sie malt sich in der ersten Stunde mit einem Schwimmreifen innerhalb eines Hauses (Abb. 1), wie sie mir erklärt. Zu zwei Puppen sagt sie, daß sie das sei. Sie wirft Biegepuppen in eine Kiste und sagt: „Eng". Unerwartet sagt sie „sticht", ohne daß ein stechender Reiz von außen auf sie eingewirkt hätte. Hört sie Stimmen im Nachbarraum, sagt sie: „Angst", dann ebenso plötzlich: „Keine Angst mehr". Sie wirkt schwebend, verletzlich und schreckhaft. Wenn sie „Angst" sagt, drückt ihre Mimik ein intensives Lauschen aus, so als sei sie von innen wie von außen gleichermaßen bedroht.

In der folgenden Stunde nach sechs Wochen sagt sie mir, „du wackelst", obwohl ich mich ruhig verhalte. Es scheint, als nehme sie innerlich einen Zustand, vielleicht ein Bild wahr und verbinde Teile davon so mit dem Objekt ihrer aktuellen Wahrnehmung, daß daraus ihre Wirklichkeit entsteht.

Dann schlägt sie auf die Metallstäbe eines Xylophons, horcht den Tönen intensiv nach, und in ihrer angespannten Aufmerksamkeit sieht sie so aus, als erwarte sie Resonanz von dem Instrument über das Tönen hinaus.

In der Stunde, als Andrea 6;0 Jahre alt ist, entsteht ein offener und klarer Kontakt zwischen uns, und sie wirkt weitgehend angstfrei. Sie möchte immer wieder folgendes Spiel mit mir machen. Sie steht als „Bauer" im oberen Stockwerk eines Spielhauses und wirft Säcke herab, die ich ihr hochreichen muß. Am Ende springt sie mir in die Arme und läßt sich durch den Raum tragen.

Als sie 6;1 Jahre alt ist, läßt sie sich mit einem „Igelball" massieren und rollt ihn danach über meinen Rücken. Ihre Bezogenheit wird hier auch daran deutlich, daß sie mich oft anschaut und wir im gemeinsamen Singsang den Igelball am Boden zwischen uns hin- und herrollen, dem Geräusch, das er macht, nachlauschend. Sie malt sich in einem Schwimmreifen und daneben ohne ihn, wie sie sagt (Abb. 2). Da, wo sie ohne ihn ist, „weint" sie. Hier trifft sie ein „heißer Blitz", der aus „schwarzen Wolken" kommt. Mit der Hand fährt sie über den gemalten Blitz und zieht sie wie von einer heißen Herdplatte zurück. Sie bittet mich, den Blitz „kalt zu pusten". Am Ende übermalt sie sich auf dem Bild mit blauer Farbe. Sie sagt, daß sie ertrinkt, und schaut erschrocken auf das Bild. Aus einem Bilderbuch, in dem auf einem Bild badende Kinder am Strand zu sehen sind, möchte sie ein Bild von einem Rettungsring ausschneiden. Schwimmerfahrungen haben für Andrea große Bedeutung. Je öfter sie ausprobieren konnte, daß Schwimmhilfen sie im Wasser trugen, um so sicherer und froher wurde sie beim Baden, berichtete ihre Mutter.

Als sie 6;5 Jahre alt ist, haben wir beim Schlagen von Musikinstrumenten einen klaren Kontakt. Hin und wieder unterbricht sie ihr Spiel, lauscht dann in den Raum oder darüber hinaus, ohne ängstlich zu wirken.

Beim Spiel mit Sceno-Material stellt sie Menschen, Becher, Früchte und Blumen auf und sagt, daß die Menschen spielen. Auf die Frage, wer sie sei, deutet sie auf eine Frau und sagt: „... wenn ich groß bin". Hier zeigt sich, daß sie im szenischen Spiel Ideen, die von der unmittelbar dargestellten Situation losgelöst sind, symbolisch ausdrücken kann.

Abb. 3 ist im Alter von 4;7 Jahren entstanden. Sie zog sich oft masturbierend aus dem Kontakt zu anderen heraus. Wir sehen eine durchaus altersangemessene menschliche Gestalt, deren Vitalität durch Farbe und Pinselführung ausgedrückt wird (Leitlinie 9). Die Arme sind nicht an den Schultern angesetzt oder, wie es viele Kinder in diesem Alter auch tun, am Kopf, sondern entspringen aus ihrem Becken. Sie hat in diesem Detail ein Abbild gefunden für das, was damals im Zentrum ihres Selbsterlebens stand.

In Abb. 4, gezeichnet mit 5;10 Jahren, erscheint ihr Bild von sich selbst aufgelöster, eher von äußeren Kräften in einen fragilen Zustand versetzt, denn, wie in Abb. 3, aus einem energievollen Zentrum entstanden. Im Anblick des Mundbereichs kann von einer Fokussierung auf den oralen Bereich gesprochen werden (Leitlinie 9).

In der Zeit, in der Abb. 1 im Alter von 6;1 Jahren entstanden ist, findet ein autoerotischer Rückzug schon etwa sieben Monate nicht mehr statt. Da sie sich in einem Haus malt, kann angenommen werden, daß ihr Ich gewachsen ist, jedoch auch ihre Angst, zu deren

Bewältigung sie des Rettungsringes bedarf. Im Schwimmreif getragen („Andrea im Schwimmreifen") zeigt sie sich auch auf einer weiteren Zeichnung.

In den Abb. 1-4 sehe ich Kriterien für Leitlinie 9.

Im Alter von 6;11 Jahren finden zwei Untersuchungen an zwei hintereinanderliegenden Tagen statt. Andrea wählt sich in der 1. eine umfangreiche Bilderkartei zum Spielen aus. Ein Interesse an den Abbildungen wird nicht erkennbar, denn sie dreht und wendet die Karten schnell in ihren Händen, bildet Häufchen, ordnet sie im Kasten und nimmt sie wieder heraus. Meine Beteiligung lehnt sie ab. Sie erzählt mir, daß sie mit 4 Jahren einmal ... „in ein Bild gefaßt", ihren Finger aber „wieder herausbekommen" hatte. Später durchblättert sie zwei Kinderbücher, weil sie einen Schwimmreifen sucht. Über ihre Fröhlichkeit legt sich nur kurz ein Schatten, wenn sie ängstlich vom Griff ins Bild erzählt.

Ihre Menschenzeichnung (Abb. 5), zu der sie sagt: „Ich habe heute lange Beine und drei Zöpfe", ist überraschend fragmentarisch. Die Dürftigkeit dieser Zeichnung wird etwas kompensiert durch die präzise verbale Kommentierung.

In der 2. Untersuchung im Alter von 6;11 Jahren spielt sie mit dem Material des Sceno-Kastens. Sie deckt einen „Tisch" mit Bechern und Schalen, dann baut sie ein „Schwimmbad" aus drei Bausteinen und räumt beide Aufbauten schnell wieder weg, so als wolle sie sich weder mit der oralen Thematik noch mit alten Ängsten beschäftigen.

Für ihren 3. Aufbau, den sie sehr sorgfältig komponiert, nimmt sie sich Zeit. Sie stellt vier Erwachsenenpuppen, alles namentlich benannte Familienmitglieder im Kreis so zusammen, daß sie sich anblicken. Der Kreis wird mit 3 Kinderfiguren erweitert. „Ich", sagt Andrea, auf eine der vier Erwachsenenpuppen zeigend. Sie klopft und hört an den Köpfen der Figuren, kratzt an ihnen, so als wollte sie ihr Innenleben erforschen. Neben sich stellt sie den Hund und andere Tiere, Blumen und Bäume verteilt sie im Raum. Diese lebendige Szene füllt die eine Seite des Deckels, während die zweite leer bleibt, vielleicht als Symbol für weniger lebendige Erfahrungen in ihrem Leben.

Auf meine Anregung, die Figuren „laufen" zu lassen, erklärt sie, daß diese nicht dazu in der Lage sind, läßt sie dann aber doch „gehen", wie um mir zu zeigen, daß sie sehr wohl zwischen dem symbolischen und dem realistischen Bezug zu Gegenständen unterscheiden kann.

In einer kurzen Spielsequenz am Puppenhaus läßt sie eine menschliche Figur mehrmals vom Dach herunterrutschen und sagt mit fröhlicher Stimme „tot", wenn sie auf dem Boden landet. Als ich die Figur vor dem Absturz retten will, läßt sie sie gezielt an meiner Hand vorbeirauschen und sagt: „Das macht Spaß."

Mit 7;0 Jahren besteht sie zu Hause darauf, Spinnen zu sehen, wo keine sind, und im Kindergarten spricht sie „wirr wie in alten Zeiten" (Leitlinie 2). Sie erzählt von lange zurückliegenden Krankenhauserfahrungen. Als ihr im Kindergarten schlecht wird, sagt sie auf die Frage, ob sie brechen müsse: „Nein, das mache ich zu Hause", so als könne sie diesen Vorgang lenken. Nachts quälen sie Angstzustände. Auch zu Hause schläft sie unruhig und beschäftigt ihre Mutter die ganze Nacht. Diese sucht Rückhalt bei der Erzieherin ihrer Tochter. Die Eltern suchen nach Hilfe, um auf das regressive Verhalten ihrer Tochter angemessen reagieren zu können.

Sie baut beim Sceno-Spiel nahezu alle Menschen, die der Kasten zur Verfügung stellt, auf und ordnet sie in einem Halbrund, ihr mit den Gesichtern zugewandt. Unter den Menschen werden, zum Beispiel durch Positionierung, keine Bezüge sichtbar, auch nicht durch entsprechende verbale Hinweise. Sie wirkt ruhig, ausdauernd und vertieft im Spiel. Scheinbar beliebig verteilt sie Becher, Blumen, Obst und Tiere (nicht das Krokodil) zwischen die Personen, so daß nur „Lebendiges" zur Darstellung kommt. Sie selbst ist das Baby, das sie mit ihrer Hand umschließt. Auf die Menschenansammlung zeigend sagt sie, sie sei viele Andreas (Leitlinie 2). Zwei Figuren identifiziert sie als „Mama" und „Papa". Mich schaut sie hin und wieder freundlich an und sagt: „Ich guck dich so an". Sie streichelt mir leicht über die Wange. Auf mein Streicheln an ihrer Wange zuckt sie zurück und fragt mich, ob ich ihren Arm streichle. Über diese Berührung freut sie sich.

3.3.2 Interpretation

Räume, Menschen und Gegenstände haben in Andreas Wahrnehmung andere Bedeutungen als in der Betrachtung durch die Menschen um sie herum (Leitlinie 2). Was sie in ihrer Umgebung sieht, hat für sie wenig Konstanz, unterliegt vielmehr wechselnden inneren Prozessen, die ihre Wirkung nahezu unkontrolliert entfalten können. Schwimmhilfen werden zum Symbol von Rettung aus ganz früh erlebten Bedrohungen ihres Lebens während der durch Krankenhausaufenthalte verursachten Trennungen von primären Bezugspersonen. Masturbierend hatte sie sich vor dem „Nicht-Sein" gerettet (Leitlinie 7). Diese, ihr seelisches Überleben ermöglichende Selbststimulation konnte sie aufgeben im Zuge der Entwicklung erster Symbolisierungen im Kontakt zur Welt. Sie entstanden in der Beziehung zu ihrer Erzieherin, die sie emotional angenommen und „passend" stimuliert hatte. Auch zur Mutter des Kindes konnte streckenweise eine kooperative und für das Kind wegweisende Beziehung mitgestaltet werden. Nun öffnet sich der Boden nicht mehr unter dem Kind, weil es erfahren hat, daß es gehalten wird, wenn sich Grenzen zwischen Ich und anderen aufzulösen drohen und Panik jeden inneren Halt fortreißt (Leitlinie 2). Angst gehört jedoch weiter zu ihrem Leben. In ihrer Welt herrschen hin und wieder magische Gewalten, und sie selbst bedient sich magischer Kräfte zu ihrer Abwehr, beispielsweise, in dem der Erwachsene den Blitz kalt pusten soll oder sie von der Abbildung eines Rettungsringes Hilfe in leiblich erfahrener Not erwartet (Leitlinie 2).

In der zusammenfassenden Betrachtung ihrer Bilder beeindruckt das Mädchen als Darstellerin ihres Ringens um innere Stabilität.

Dem Schwimmreifen weist sie eine herausgehobene, meist psychotisch-symbolische Bedeutung als Hilfe vor existentiell bedrohlicher Boden- und Haltlosigkeit zu (vgl. *G. Benedetti* 1992). Deutlich wird ferner, daß die in der pädagogisch-therapeutischen Arbeit mit dem Kind stattfindende Regression dazu führt, daß Andrea die dabei berührten Erlebnisse von Verlassenheit als Leere und strukturelle Kargheit abbildet.

Ihre entspannte und direkte Kontaktaufnahme, die Körperberührungen zuläßt, ist weitgehend frei von Angst und Abwehr. Der Scenoaufbau mit 7;0 Jahren spiegelt ihren inneren Kontakt mit Lebendigem wider. Im Spiel vermag sie nun zu symbolisieren. Sie benutzt Symbole eher „echt" als „psychotisch". Menschen erlebt sie in Fülle, aber vereinzelt. Das vorsichtige Umschließen des Babys in ihrer Hand deute ich als Ausdruck innerer Repräsentationen einer sie bergenden Umwelt.

Als Andrea mit 6;11 Jahren auf eine Episode zurückzublicken vermag, in der sie zu einem Bild einen psychotisch-symbolisierenden Bezug hatte (Leitlinie 2), ohne einen solchen aktuell herzustellen, zeigt sie Ansätze eines organisierten innerpsychischen Zustandes.

Ihre verbalen Beziehungsbeschreibungen erfolgen von einer recht klaren Ich-Position aus. Ihre Symptome sind durch den Abschied von der Erzieherin belebt worden. Die Übernahme der Hauptverantwortung für ihre Tochter nach der Entlassung aus der teilstationären Einrichtung löst in den Eltern Ängste, besonders vor krisenhaften Einbrüchen, aus. Das umfangreiche Wissen, das sie über die frühe Entwicklung ihrer Tochter in vielen Gesprächen erwerben konnten, hilft ihnen, manche Schwierigkeiten, die sichtbar werden, besser zu verstehen. Was *Zentner* (1993) mit „Passung" umschreibt, erfolgt in den Mutter-Kind-Interaktionen noch manchmal eher dissonant als konsonant. Interaktionen mit ihren älteren Geschwistern verlaufen weiterhin konsonant.

Anzunehmen ist, daß Mütter von Kindern, die lange Zeit nach der Geburt von ihnen getrennt waren, von ihren „neu erwachten" Kindern ebenso bestätigt werden müssen wie umgekehrt ihre Kinder, um „konsonante Passungen" füreinander zu finden. Die therapeutische Unterstützung vermag Mütter zu einem tieferen Verständnis von der Entwicklungsgeschichte ihres Kindes zu führen, doch erst ihr „erwachtes" Kind erreicht mit seinen verspäteten intuitiven Signalen die verschüttete Ebene mütterlicher Sehnsüchte nach Liebesbekundungen ihres Kindes.

3.4 Sprachdiagnostischer Befund

Sie beherrscht im Alter von 3;10 Jahren noch nicht die deklarative Sprache, d.h. sie vermag nicht, ihre Wünsche und Absichten anderen Personen gegenüber dauerhaft deutlich zu machen und sie mit Mitteln der Sprache durchzusetzen. Sie benutzt Sprache allein zur Signalisierung ihrer Wünsche, d.h. sie benutzt die sogenannte imperative Sprache. Sie kann sich weder als Ich noch mit ihrem eigenen Namen bezeichnen, benutzt statt dessen „Du" zum Bekunden ihrer Wünsche.

Da die selbständige Regulation des eigenen Körpers im geistigen Handeln erst aufzubauen ist, kann auch die Sprache noch keine Verfügung über diese darstellen.

Sie spricht kaum und wenn, dann in Ein- und Zweiwortsätzen.

Sprachtherapeutischer Befund im Alter von 4;10 Jahren nach kontinuierlicher Sprachtherapie: Das Kind kann alle Laute und Lautverbindungen sprechen. Sie spricht in ganzen Sätzen (bis zu fünf Worte). Die kurzen Sätze sind grammatikalisch meist richtig. Sie hat noch Probleme mit der Pluralbildung und den Personalpronomen. Den kommunikativen Aspekt der Sprache hat sie noch nicht in ausreichender Weise entdeckt. Ihre Gefühle und Wünsche kann sie nur in besonderen Situationen mitteilen.

Sprachdiagnostischer Befund im Alter von 6;0 Jahren ohne weitere Sprachtherapie: Sie benutzt jetzt nicht nur „wo" für alle Fragesätze, sondern differenziert durch die Fragewörter „warum", „wer" und „wann". Sie spricht durchgängig in der Ich-Form und bringt Gefühle und Wünsche verbal zum Ausdruck. Sie spricht in vollständigen, meist vier bis fünf Wortsätzen. Oft kommentiert sie ihr eigenes Handeln mit Worten. Aussprache und Satzbau haben sich wesentlich verbessert. Sie beherrscht die Umgangssprache.

4. Nachuntersuchung

4.1 Bericht

Als Nachuntersuchung bezeichne ich das, was sich während einer familientherapeutischen Sitzung am Verhalten des Kindes gezeigt hatte. Andrea war zu diesem Zeitpunkt 7;11 Jahre alt. Sie befand sich in einer Phase, in der sie neue Erfahrungen im sozialen Nahraum von Spielplatz und Straße ohne die Gegenwart ihrer Eltern machte. Diese begleiteten die Schritte ihrer Tochter sowohl mit ängstlicher Sorge als auch mit der Zuversicht, daß sie kränkende Zurückweisungen verarbeiten könne. Diese Erfahrungen machen Eltern mit ihren Kindern in normalen Entwicklungsprozessen, wenn diese zwischen vier und sechs Jahren alt sind.

Während der Familiensitzung saß Andrea auf dem Schoß eines Elternteils und berichtete etwa 15 Minuten lang, von nur kurzen Pausen unterbrochen, in grammatikalisch vollständigen Sätzen, von Erfahrungen, die ihr, nach der übereinstimmenden Meinung ihrer Eltern, während der ersten zwei Lebensjahre widerfahren waren. Ein inhaltlicher Zusammenhang wäre für einen Außenstehenden kaum erkennbar gewesen, da sie bruchstückartig Körperempfindungen, Tätigkeiten, Eigenschaften, medizinische Fachausdrücke, Ängste, phantasiegeleitete Naturbeschreibungen, Personen- sowie Orts- und Zeitangaben aneinanderreihte. Das Kind wirkte ernsthaft, konzentriert und wach. Nahezu ohne Zwischenfragen hörten wir ihr ergriffen zu. Die Eltern sagten, daß ihre Tochter nun beginne, ihre traurigen

Kindheitserfahrungen zu bearbeiten. In den Tagen und Wochen danach war Andrea zu Hause und in der Schule besonders empfindsam und reagierte auf Kränkungen durch andere mit Rückzug.

Sie malte in dieser Stunde ein Bild (Abb. 6), das sie nach ihren Worten im Schwimmbad zeigt. Ich ordne es aus folgenden Gründen der Leitlinie 10 zur Beurteilung von Verhaltenszuständen zu: Mit der Positionierung der Figur trifft sie die Mitte des Blattes. Der Mensch ist deutlich umgrenzt dargestellt. Die Wellen werden durch einen Rahmen aus rechtwinklig aufeinanderstoßenden Linien begrenzt. Diese Symmetrie trägt dazu bei, daß der Blick des Betrachters zur Mitte gelenkt wird.

4.2 Interpretation

Andrea hat auf Abb. 6 ein Abbild ihres inneren Ordnungssystems aufgebaut, dem die gezeichneten Begrenzungen und Symmetrien symbolisch entsprechen. Sie malt sich nun ohne Rettungsring (vgl. Abb. 1 und 2) im Wasser. Sie konnte diesen Schritt vollziehen, da sie die Verläßlichkeit von Erwachsenen zu ihrer inneren Sicherheit gemacht hat, worauf sich Ich und Identität aufbauen ließen.

Sie stellt sich als eine klar umgrenzte Figur dar und repräsentiert nicht nur Ich-Stärke, sondern auch Kontextbezogenheit, etwa in dem Sinn, daß sie im Kontakt mit Wellen als Symbol für unkontrollierbare Angst und Auflösung Bestand hat, was sich an der Stärke der Linien, die ihren Körper umgrenzen, im Verhältnis zu den Wellen zeigt.

Da Arme fehlen oder wie angelegte Flügel eines Vogels aussehen, und Beine und Füße eher zu einem Vogel als zu einem Menschen passen, sind dies symptomatische Hinweise. Nach meiner Deutung erlebt sie ihre Handlungsfähigkeit noch als so eingeschränkt, daß sie ihre Autonomie nur innerhalb klarer Umgrenzungen erhalten kann.

Die Verbalisierungen von Teilen ihrer leiblich erfahrenen frühen Lebensgeschichte deute ich als Ausdruck durchlässig werdender Grenzen gegenüber traumatischen Erlebnissen aus vorsymbolischer Zeit. Das Bemühen, in (verbal-)kognitiven Selbstdeutungsprozessen ihre frühe Geschichte zu ordnen, schafft Exzentrität für ihr Ich, das sich in diesem Bericht artikuliert. Empfindungen werden in ihr wach, die, so die Annahme, zu intensiverem Selbst- und Fremderleben führen. Dies kann aber nur dann geschehen, wenn sie sich sicher fühlt. Vermutlich zeigt sie dem Betrachter durch den symmetrischen Aufbau ihrer Zeichnung, daß ein inneres Ordnungssystem überflutende Reize zu kontrollieren vermag. Gesichert ist sie auch in der Beziehungstriade Vater-Mutter-Therapeut.

Theoretisch bedeutsam ist, daß ihre Erinnerungskraft bis in die vorsymbolische Zeit zurückreicht und Erlebnisse nach etwa sechs Jahren verbalisiert werden können. Sie verwendet in der Zwischenzeit gelerntes „generisches Wissen" (vgl. *Nelson* 1993). Die Intensität ihres Berichtes ließ bei denen, die ihn hörten, keinen Zweifel daran, daß die mitgeteilten Eindrücke in einem tatsächlichen Erfahrungszusammenhang mit archaischer Ohnmacht und Angst, wofür sie bisher keine Worte gefunden hatte, standen.

5. Beurteilung

Andreas non-verbale und verbale Mitteilungen zeigen, wie aus einer Vermischung von heftigen Affekten durch Innenreizungen und dem kaum gehinderten Eindringen von Außenreizungen ein beängstigendes Erleben ihres Seins entstanden war. Masturbierend und kontaktverweigernd lebte sie einsam auf einer inneren Insel, bis sie in der emotional nachsorgenden Atmosphäre, die ihre Pädagogin in der Gruppe gestaltete, begann, die anderen wahrzunehmen. Wahrscheinlich ist, daß sie aufgrund des häufig unterbrochenen Kontaktes zwischen ihr und der Mutter in den ersten Lebensjahren zur kompensatorischen Auflösung der Grenze zwischen sich und den anderen i.S. eines Abwehrvorganges keine Alternative sah (vgl. *Dornes* 1994).

Die empathische Bestätigung ihrer Interaktionssignale, die zur Stabilisierung der von Beginn an bestehenden Grenze zwischen Ich und Nicht-Ich unerläßlich ist, war gestört worden. Die Langsamkeit, die die „zweite Geburt" des Kindes im Gegensatz zu der Entwicklungsgeschwindigkeit eines Säuglings im ersten Lebensjahr unter normalen Bedingungen kennzeichnet, deute ich als Ausdruck der Schwere der Schädigung im Selbst des Kindes durch traumatisierende Erfahrungen. Wenn es dennoch zur Entwicklung von „Überstiegsfunktionen" kam, so waren sie bis zum Ende des Untersuchungszeitraumes in abnehmender Stärke gefährdet (vgl. *Lempp* 1992).

Andrea kommunizierte mit ihrem Körper als Symbol („Mehlsack") für Fallen und Stürzen ihre Angst davor. Das, was sie zeichnete, war für sie real. Die dargestellten Gegenstände gefährdeten sie dann tatsächlich. Das Kommunizieren über psychotische Symbole (vgl. *G. Bene-*

detti 1992) ist kein dialogisches, denn das Du ist ihr kein Ansprechpartner, sondern in diesem Moment ein Teil ihrer magischen Welt, der dort eine gewisse Beruhigung bewirkt. Als Andrea sich mit 6;11 Jahren an eine halluzinatorische Episode erinnert und darüber leicht verstört, aber nicht erschüttert spricht, reflektiert sie ihre Geschichte und stellt Distanz zu ihr her. Damit bestätigt sie die Existenz einer selbst-reflektierenden Identität. Beim Spiel am Puppenhaus zeigt sie jetzt zum ersten Mal eine destruktive Haltung im Sinne einer Bewältigungsstrategie von Omnipotenzphantasien (vgl. *Winnicott* 1993). Als Ergebnis der nahezu dreijährigen emotionalen und kognitiven Nachversorgung wagt sie nun die aggressive Auseinandersetzung (vgl. *Stierlin* 1994), um einen realistischen Bezug zu den Personen der gemeinsamen Realität herstellen zu können, oder, wie Winnicott sagt, das „Objekt zu verwenden".

Wie gefährdet ihre Identität auch jetzt noch ist, zeigt sich an psychosomatischen Reaktionen während der Abschiedsphase von ihrer Pädagogin, die eine Umgebung zur Verfügung gestellt hatte, die für sie „gut genug" war (vgl. *Winnicott* 1993a). Es erfolgt jetzt kein psychotisches Absinken in ihre „Nebenrealität", denn das repräsentierte Bild ihrer Mutter „trägt" sie auch dann, wenn diese nicht präsent ist.

Zur weiteren Festigung ihrer „Überstiegsfunktionen" tragen die Eltern bei, indem sie ihren Entwicklungsrückstand eher akzeptieren. Denn nur in „konsonant passenden" Interaktionen (vgl. *Zentner* 1993) entwickeln sich wechselseitige Resonanz- und Bestätigungsprozesse, die die Grundlage für eine weitere Stabilisierung der Realitätsbezugsfähigkeit des Mädchens sind. Vermutlich haben pädagogisch-therapeutische Interventionen dazu beigetragen, daß die Kontinuität von „Desorganisation" unterbrochen wurde.

Die anfänglichen Hinweise auf den Verdacht des sexuellen Mißbrauchs lassen sich als Teile ihres innerpsychischen Selbstrettungsplans verstehen. Die Rückzugsmasturbationen nahmen in dem Maß ab, wie sich ihr Türen zu der Welt um sie herum öffneten.

Empirisch-praktischer Teil 193

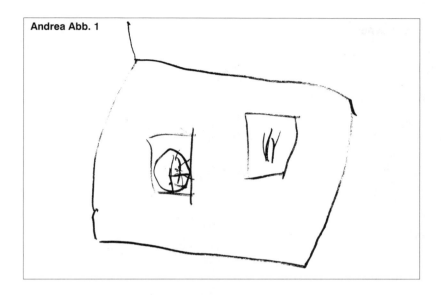
Andrea Abb. 1

Andrea Abb. 2

194 Traumatisierte Vorschulkinder

Andrea Abb. 3

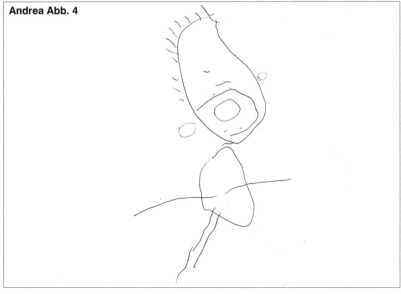

Andrea Abb. 4

Empirisch-praktischer Teil   195

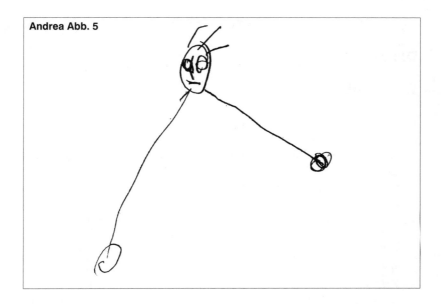

Andrea Abb. 5

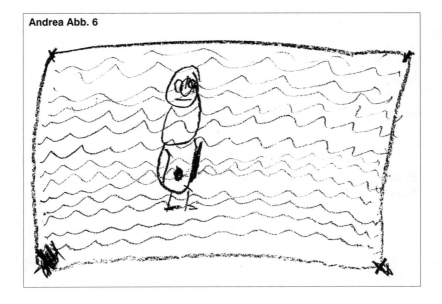

Andrea Abb. 6

Kasuistik 3

Dennis

1. Sexualisiertes Verhalten

Dennis entschied sich, in einer Gruppe betreut zu werden, in der er eine Erzieherin schön fand.

Als er 6;8 Jahre alt war, berichteten sie und ihre Kollegin, daß er sie mit geöffnetem Mund küssen wollte und er den Versuch unternommen hatte, ihr Brüste zu berühren. Einige Wochen später zog er mit beiden Händen das Gesicht einer Erzieherin zu sich herunter, saugte an ihrer Oberlippe und fuhr mit seiner Zunge an ihren Zähnen entlang.

Er sagte: „Ich küsse." Wer hat dir das gezeigt? „Mama." Später erzählte er, er habe gesehen, wie seine Eltern so geküßt hätten.

Zweimal während des Untersuchungszeitraumes erlebten seine Erzieherinnen, daß er beim kindgemäßen Schmusen mit ihnen plötzlich sehr aggressiv wurde. Noch einmal betastete er die Haut einer Erzieherin, um ihre Brüste zu fassen. Übereinstimmend empfanden beide Frauen sein sexualisiertes Verhalten als Ausdruck erotischer Begierde und nicht als spielerisches Nachahmen von Beobachtetem.

Bei einer Zungenübung während der Sprachtherapie schaute er auf den Mund der Therapeutin und sagte „eklig", wendete sich von ihr ab und blieb für ihre Kontaktversuche in dieser Stunde lange unerreichbar.

Gegen Ende der Betreuungszeit, es waren etwa 1 1/2 Jahre vergangen, legte sich Dennis auf seine Erzieherin. Dabei nahm sie keine sexuell-erotischen, sondern kleinkindhaft zärtliche Wünsche wahr.

2. Die Entwicklung des Kindes im Rahmen seiner Familienbeziehungen

Dennis ist eines von drei Kindern aus einer Ehe zwischen einem ausländischen Soldaten und seiner deutschen Frau. Bis zum dritten Lebensjahr lebte die Familie im Ausland und danach in Deutschland, wohin sein Vater versetzt worden war. Berufsbedingt mußten die Eltern in wenigen Jahren oft umziehen. Dennis Vater erschien im Kontakt sanft, vorsichtig und unsicher, während seine Frau von sich sagte, sie „habe die Hosen an". Das „Schwachsein" ihres Mannes bewertete sie negativ. Sie beschrieb Situationen klar und zeigte Entschlossenheit. In ihren Augen war Dennis ältere Schwester sexuell frühreif. Sie frisierte sie „streng männlich". Von Dennis wünschte sie sich typisches Jungenverhalten und freute sich, wenn er „männlicher" geworden war. Von sich sagte die Mutter, sie sei als Mädchen wie ein Junge gewesen und habe, vom wohlwollenden Blick ihres Vaters begleitet, viele Mutproben, z.T. unter starker Selbstgefährdung, bestanden. Sie fühlte sich Dennis besonders verbunden, weil er ihrem Vater ähnlich sei und von Geburt an hilfsbedürftig gewesen war. Zu ihrem Vater hatte sie einen so starken inneren Bezug, daß sie manchmal meinte, er sei noch am Leben und sie könne mit ihm sprechen, obwohl er schon viele Jahre tot war. Sie betonte, daß sie ihren Vater, den ihre Kinder nie kennenlernen konnten, in ihrem Sohn fortleben lassen möchte. Als Kind hatte sie sich von ihrer Mutter benachteiligt gefühlt.

Während des ersten Familiengesprächs konnte beobachtet werden, daß Dennis seinen Geschwistern körperlich und beim Spielen unterlegen war und er sich gegen ihre Angriffe nicht zur Wehr setzte. Sein kleiner Bruder wurde von seiner Mutter für sein selbstbestimmtes Handeln und seinen „drahtigen" Körper gelobt.

Zwei Föten waren im fortgeschrittenen Entwicklungsstadium gestorben. Mit ihrem Tod brachte die Mutter ihre intensiven Gefühle zu dem besonders hilfsbedürftigen Dennis in Zusammenhang. Seine Enuresis, Enkopresis sowie diffuse Ängste sah sie als Anzeichen seiner inneren Verzweiflung.

Sowohl die Familiengeschichte als auch die Persönlichkeit des Vaters wurden nicht erhellt, weil er Gesprächen darüber auswich. Er bedauerte, wegen Manövern und einem mehrmonatigen Kriegseinsatz häufig von seiner Familie getrennt zu sein und strebte seine Entlassung aus der Armee an. Einerseits fühlte seine Frau sich dann, besonders wegen der alleinigen Verantwortung für die Kinder, überfordert, und andererseits gewann sie an Selbstvertrauen, indem sie Alltagsprobleme allein löste. Er bemühte sich intensiv, besonders nach längeren Trennungen, emotionale Nähe zu seinen Kindern und seiner Frau wieder herzustellen. Seine Frau reagierte darauf verhalten, eher vernünftig als emotional. Da den Eltern Freundschaftsbeziehungen fehlten, fand Kontakt nahezu ausschließlich intrafamiliär statt. Ihre finanzielle Situation war durch mietgünstiges Wohnen und bescheidenes Leben auf einfachem Niveau gesichert. Die Mutter hatte vor dem Untersuchungszeitraum stundenweise als Hilfsarbeiterin Geld verdient.

Wenn der Vater weg war, sah die Mutter in Dennis den „Herrn im Hause". Er näßte dann regelmäßig ein, schlief nachts bei ihr im Bett, weil er weinte, und wurde von ihr wie ein Kleinkind gewaschen. Manchmal baute er sich drohend vor ihr auf, berichtete sie verwirrt.

3. Ergebnisse aus kognitiver und projektiver Diagnostik sowie aus freiem szenischem Spiel

3.1 Verhalten in der Triade Ich-Du-Puppe
Im Alter von 7;4 Jahren stellte er beim Rollenspiel mit der Handpuppe „Max" keinen verbalen Dialog zu ihm her. Dennis erdrückte, umklammerte und boxte ihn heftig, ohne auf seine „Anrede" zu achten. Er konnte keine Distanz zu ihm herstellen, vielmehr sah es so aus, als mache er ihn mit grenzenloser aggressiver Energie zu einem Teil von sich selbst.

3.2 Kognitive Entwicklung
Bei Untersuchungen seines sensumotorischen Entwicklungsstandes anhand des „Kiphard-Entwicklungsgitters" zeigte er einen mehrjährigen Entwicklungsrückstand mit besonders starken Defiziten im sprachlichen Bereich. Bis zu einer Ohrenoperation am Anfang des Vorschulalters war er schwerhörig gewesen. In einem sprachfreien Intelligenztest wurde im Alter von 5;9 Jahren ein IQ von 70 – im Alter von 7;2 Jahren von 117 festgestellt.

3.3 Ergebnisse aus Sceno-Tests und freiem szenischem Spiel
3.3.1 Bericht
In der ersten Untersuchung mit dem Sceno-Test im Alter von 5;2 Jahren, bevor der Verdacht, er könne sexuell mißbraucht worden sein, aufgetaucht war, zeigte sich Dennis kontaktscheu und beschränkte sich in seiner Kommunikation auf Gestik und Mimik. Er brachte sowohl orale Bedürftigkeit als auch vernichtende Aggressivität gegen eine aufgebaute Familie zum Ausdruck.

In der zweiten Untersuchung baute er nahezu schweigend zu Füßen einer im Liegestuhl ruhenden Frau aggressiv besetzte Tiere auf. Er umfuhr sie mit Zügen und Autos. Die monoton wiederholten Kreisbewegungen erzeugten eine unheimliche, bedrohliche Atmosphäre. Seine Eltern bereiteten sich in dieser Zeit auf den bevorstehenden Fronteinsatz des Vaters vor. In der Gruppe suchte Dennis zärtlich die Nähe zu Erwachsenen und ging im nächsten Augenblick zu aggressiven Spielen über (Leitlinie 5). Selbst in Situationen, in denen er, meist am Puppenhaus stehend, die grausamsten und hoffnungslosesten Kämpfe darstellte, blieb er selbst sanft und ruhig und strahlte ein zartes Glück aus. Es sah so aus, als habe er persönlich mit dem, was er inszenierte, nicht mehr viel zu tun. Wirkten hier unmittelbar die „heilenden Kräfte im kindlichen Spiel" (*Zulliger* 1972) oder verwies diese Diskrepanz auf nichtintegrierte innere Konflikte? (Leitlinie 5) Telefongespräche und Medienberichte über den Kriegsverlauf hielten die Verbindung der Familie zur Welt des Vaters aufrecht.

Die auf den Verdacht des sexuellen Mißbrauchs bezogene Untersuchung begann vier Monate nach der Rückkehr des Vaters aus dem Kriegsgebiet.

Jetzt läßt Dennis das Maul vom Krokodil zwischen die gespreizten Beine einer Frau fahren. Er sagt „Blut" und „tot". Danach spielt er am Puppenhaus „Krieg". Er erschießt alle Menschen und läßt am Ende auf die tote Frau ein Auto stürzen (Leitlinie 6). Im zweiten Spiel mit Sceno-Material wiederholt er die gegen den Unterleib der Frau gerichtete Aggressivität und läßt danach eine „Bombe" auf alle Menschen stürzen. Davon unberührt liegt ein Mann im Liegestuhl (Leitlinie 3).

Einen Monat später liefert Dennis im freien szenischen Spiel am Puppenhaus alle Menschen, zu denen „Mama", „Papa", „Ich" und „Kinder" gehören, einer erdrückenden Gewalt aus. Er preßt eine Decke durch die Türen und Fenster des Puppenhauses, so daß ein Entrinnen ausgeschlossen wird. Mit der Decke macht er es den Menschen eng, bis sie sterben (Leitlinie 6). Als Regisseur zieht er aus dieser Szene sichtbaren Lustgewinn.

In einem anderen Spiel umkreisen Autos einen Mann im Liegestuhl, der nach jeder Runde immer wieder getötet wird. Danach läßt er „Rote" und „Blaue" gegeneinander Krieg führen.

Im Sceno-Spiel mit 6;11 Jahren liegt er selbst tot im Krankenwagen. Er sagt, sein Vater gehe mit ihm zum Doktor. Im Kontakt wirkt er sanft und kooperativ (Leitlinie 3 und 5).

Mit 7;0 Jahren wirft er sich lachend, „küssend" und „leckend" über mich. Nachdem er aus diesem Kontakt zum Kampf übergegangen ist, rollt er, nun von mir gelöst, einen großen Gymnastikball als „Mutterkrokodil" über mich (Leitlinie 3 und 5). Mit 7;1 Jahren geschehen im Spiel mit Sceno-Material Unfälle, deren Opfer er in der Rolle eines kleinen Hundes wird. In der körperlichen Auseinandersetzung versucht er, mich da zu treffen, wo ich ihm durch Verbote Grenzen setze. Ich erlebe ihn als hilfloses und verwundetes Kind, das sich mir mit erdrückender Zärtlichkeit nähert, die er, indem er ein „Mutterkrokodil" zum Einsatz bringt, in ihrer Gefährlichkeit zu kennen scheint. Gleichzeitig sucht er die körperliche Auseinandersetzung.

Mit 7;2 Jahren läßt er „Schnee" auf mich fallen, durchbohrt mich mit Messern und „überschüttet" mich mit „Feuer". Aufsteigende Wasser bedrohen die Bewohner des Puppenhauses (Leitlinie 6). Er selbst wird vom Krokodil verfolgt und am Ende von Haien gefressen. Ohne einen hoffnungsvollen Ausblick bricht er dieses Spiel plötzlich ab, so als sähe er sich endgültig verloren (Leitlinie 3).

Mit 7;3 Jahren nimmt er impulsiv, aber ohne Maß für mein Schmerzempfinden, Körperkontakt zu mir auf. Auch im Sceno-Spiel experimentiert er mit Grenzüberschreitungen: die Kuh „dehnt sich aus", wird „fetter" und zerstört durch die Ausdehnung ihre Umgebung. Zwei Mädchen legt er unter die Kuh und läßt sie „fetter" werden. Seine Backen bläht er auf und spielt, als müsse er spucken und würgen. Am Ende beißt das Krokodil die Kuh, die daraufhin zur „Maus" schrumpft (Leitlinie 3).

Abb. 0 zeigt eine Skulptur, die Dennis mit den Biegefiguren des Puppenhauses geschaffen hat. Eine weibliche Figur hängt, nur mit der Spitze ihres Fußes gehalten, über der Tiefe. Sie umschlingt die Beine eines Mannes, an dem wiederum andere Menschen, Kinder und Erwachsene verschiedenen Geschlechts, Halt suchen, so daß eine hängende Menschentraube aus sieben Figuren entsteht. Die symbolische Ausdruckskraft dieses Objektes erschließt auf einen Blick wesentliche Aspekte der Innenwelt dieses sprachentwicklungsgestörten Kindes und ist damit seiner Kommunikation über verbale Symbole überlegen.

3.3.2 Interpretation

Im Mittelpunkt der ersten Spielszenen bis zum Alter von 6;11 Jahren steht die archaische Aggressivität des Kindes gegen seine Familienmitglieder. Archaisch nenne ich die Atmosphäre, die sein Handeln erzeugt, weil es in der Vernichtung elementaren, persönlichen Schutzes wie der Ausdruck eines sehr frühen Abwehrverhaltens erscheint. Seine Ruhe und Gelassenheit stehen im auffälligen Kontrast zu den zerstörerischen Gewalten, die er entfesselt. Sie finden sich wieder, wenn Personen im Liegestuhl ruhen, und er den liegenden Mann immer wieder tötet, so als sei eine, durch lauernde Gefahr ausgelöste Angst nicht anders zu bannen. Läßt er sich als Toter von seinem Vater zum Doktor bringen, so legt eine tiefenpsychologische Hermeneutik nahe, daß er die Unterscheidung zwischen sich und dem Bild von seinem Vater in der Identifizierung mit ihm auflöst. Eine soziale Hermeneutik legt nahe, daß seine psychische Befindlichkeit die angemessene Reaktion eines in seiner Persönlichkeitsentwicklung beeinträchtigten Kindes auf die Absurdität des Krieges in seinen Auswirkungen auf die Beziehungsrealität einer Familie ist.

Sich ergänzend beleuchten beide Deutungen das Ineinanderwirken verschiedener Risikofaktoren. Tötet er den Mann im Liegestuhl nach jeder Runde aufs neue, weil er immer wieder zum Leben erwacht, so ist Dennis der grandiose Herrscher über Leben und Tod. Läßt Dennis danach „Rote" gegen „Blaue" kämpfen, so entwirft er, auf der Grundlage seiner Vorstellungen vom Krieg, eine bildhafte Vision von der Befreiung aus seinen Grandiositätsphantasien durch eine destruktive Polarisierung (im Sinne *Winnicotts* 1993). Liegt er im nächsten Spiel tot im Krankenwagen und läßt sich von seinem Vater versorgen, so ist auch dieses Bild aus Erfahrungen in verschiedenen Einflußzonen entstanden. Aufgrund nicht gelungener Individualisierung identifiziert er sich mit dem, während seines Kriegseinsatzes, auch tatsächlich tödlich bedrohten Vater. Zugleich ist er ein (aus persönlichen Erfahrungen) verwundetes Kind, das sich Hilfe von seinem Vater erwünscht, um sich dem von seiner Mutter ausgehenden Regressionssog widersetzen zu können (vgl. *Buchholz* 1995).

Kreativ fand Dennis zwischen 7;0 und 7;3 Jahren verschiedene Symbole für die Mitteilung einer zentralen Erfahrung seiner frühen Kindheit: die im Selbst ohne den Schutz eines substantiellen Ich vernichtend empfundenen, überschwemmenden Stimulierungen von außen. Seine mißbräuchliche „Überfütterung" sowie die Totalität des Ausgeliefertseins, die er in sein Spielen projizierte, verstehe ich als Hinweise auf präsymbolische Traumatisierungen. Die durch psychische innerfamiliäre Mißhandlungen produzierten Affekte konnte

Dennis aufgrund seiner Hör- und Sprechbehinderung in der Kleinkindzeit und im Vorschulalter kognitiv nur unzulänglich bearbeiten. Die Abdrängung dieser Gefühle, für die er keine Worte hatte, in den Körper, zeigte sich als Enuresis und Enkopresis und an seinen destruktiven Spielideen. Verbrennungen („Feuer") oder Erstarrungen („Schnee") können mit aller Vorsicht als symbolische Codierungen inzestuöser Reizungen gedeutet werden. In seinen „Re-Inszenierungen" (vgl. *Metzmacher & Zaepfel* 1996b) werden sowohl Hinweise auf IWMs als auch auf ihre familiären Entstehungsbedingungen deutlich (Abb. 0). Macht über Menschen, denen er seine inneren Bindungsmodelle verdankt und die seine Existenz sichern, setzt er plastisch durch die Gefährdung der Menschentraube in Szene. Der Einfall, ihren Absturz dem Zufall (z.B. eines Luftzuges beim Öffnen der Zimmertür) anheim zu geben, symbolisiert zugleich sein Ausgeliefertsein an unkontrollierbare Mächte. Wie kann die persönliche Gefahr, die hinter narzißtischen, noch nicht an der Wirklichkeit abgeriebenen Größenphantasien droht, präziser ausgedrückt werden? Und was sagt die Skulptur über die familiären Entstehungsbedingungen dieser Persönlichkeitsentwicklungsstörung?

Die Rolle der die Menschentraube mit dem Haus verbindenden weiblichen Figur interpretiere ich als Ausdruck von Erfahrungen mit seiner Mutter. Dennis zeigt sie in ihrer Funktion, die Familie am Haus zu halten, als überfordert. Sie hat nicht nur das unter ihren Rock geschobene Kind, sondern auch jüngere und ältere Männer über dem Abgrund zu halten. Das Symbol von der Menschentraube hat er zum Ausdruck für seine Wahrnehmungen von intergenerational „verstrickten" Personen gewählt (vgl. *Main & Hesse* 1990). Anzunehmen ist, daß Dennis die Fähigkeit, komplexe Erfahrungen semiotisch zu entschlüsseln, nur rudimentär entwickelt hat. In Bildern sucht er nach Deutungen für ein inneres, atmosphärisches Erleben, das aus früh gestörten Regulationsprozessen der Mutter-Kind-Beziehung geblieben ist. In seinem, um männliche Identität ringenden Vater fand er nicht die Unterstützung, um sich aus einem Zustand pathologischer Triangulierung zu lösen. Zur mißbräuchlichen Besetzung seiner Person war es vermutlich aus nicht aufgelösten Verstrickungen seiner Mutter mit ihrer Herkunftsfamilie und der Verachtung ihres Mannes, den sie als unmännlich empfand, gekommen. Der Aufbau der Menschentraube läßt sich als familiengeschichtliche Selbstdeutung traumatischer Erlebnisse verstehen. Dennis reflektiert seine Bindungsgeschichte als

Teil mehrgenerationaler Transformationsprozesse, in denen die Individualität des einzelnen Menschen zugunsten einer zugewiesenen Funktion aufgehoben wird.

Insgesamt zeigt Dennis in seinem Spiel ein Verhalten, das ich den Leitlinien 3, 5, 6 der Klassifikation zur Beurteilung desorganisierter Verhaltenszustände zuordne. Am stärksten akzentuiert der Junge in seinen Spielszenen Leitlinie 3.

3.4 Ergebnisse aus projektiven Zeichentests und freiem Zeichnen
3.4.1 Bericht

Abb. 1 wurde von Dennis im Alter von 5;2 Jahren spontan hergestellt. Hier entfaltet ein explosiver Kern seine Zerstörungskraft und reißt ein Loch. Acht Monate später gab es seine erste Menschdarstellung. Ein deutliches Zentrum wird in ihr von einer zarten, durchlässigen Hülle umgeben. Am gleichen Tag malte er bunte Häute um heftig auf das Papier geworfene schwarze Striche, die er erfolglos mit Blau einzugrenzen versuchte.

In Abb. 2, Dennis ist jetzt 7;1 Jahre alt, werden eine „große und eine Babysonne getötet". Alle Grenzen sind aufgelöst, die Sonnenvernichtung findet im Universum statt.

Auf einer weiteren Zeichnung hält ein Haus dem „Angriff" von Schwarz stand (Abb. 3).

3.4.2 Interpretation

Bei deutlichen Parallelen zu seinem szenischen Spiel hinsichtlich destruktiver Dynamik fehlt in den Zeichnungen die Symbolik, die sein Spiel charakterisiert. Der Aufbau einer Szene und das symbolische Spiel in ihr enthalten Hinweise auf semiotische Fähigkeiten des Kindes, die bei seinem Kritzeln und Kreisen mit dem Stift fehlen. In dem regressiven Zustand, in dem sich Dennis infolge des mehr und mehr therapeutischen Diagnostikprozesses befand, repräsentieren seine Zeichnungen überwiegend präsymbolisches Erleben. Ich ordne sie der Leitlinie 8 (Abb. 1) bzw. Leitlinie 9 (Abb. 2 und 3) zu, wobei Abb. 2 aufgrund der verbalen Erklärung des Jungen Leitlinie 9 zugeordnet wird. Die Abb. 3 enthält auch Aspekte der Leitlinie 10, denn sie zeigt eine beginnende Auseinandersetzung seines rudimentären Kern-Ichs (Haus) mit dem Kontext (die gewaltigen Farbakzente als Symbole für traumatische Über- oder Unterstimulierungen?). Sie unter

Leitlinie 10 einzuordnen, ist jedoch wegen der geringen allgemeinen Interpretierbarkeit dieser Symbolik ungerechtfertigt.

In sein symbolisches Spiel schien er so tief versunken, daß ein dem Selbst gegenüberstehender „Anderer" für ihn nur in den Spielfiguren und nicht in der Person des Diagnostikers zu existieren schien. Die „Vernichtung" des Du deute ich als Abwehrmechanismus. Sein Realitätsverlust im kreativen Imaginationsprozeß war Ausdruck seiner inneren, existenziellen Not, der er sich beim Zeichnen, ohne die Sublimierungen von psychischer Energie durch symbolisches Spiel, schutzloser ausgeliefert empfand. Denkbar ist, daß er deshalb keine Lust zum Zeichnen hatte. Was *Stierlin* (1994) als „Individuation mit", *Winnicott* (vgl. 1993a) als „befriedigende mütterliche Fürsorge" und Bindungstheoretiker (vgl. *Bowlby* 1982) als Erfahrung von Bindungssicherheit durch Feinfühligkeit und Empathie bezeichnet haben, hatte Dennis defizitär, d.h. ohne angemessene Berücksichtigung seiner Selbstregulationsbedürfnisse erfahren, so daß die Ambivalenz zwischen Haß und Liebe durch die „Individuation gegen" nicht aufgelöst werden konnte, denn sie war ohne Verinnerlichung hinreichend guter Erfahrungen auf unbewußter Ebene zu gefährlich für ihn. Von einer gelungenen Verbindung im Sinne von „Ich-Du-Gegenstand-Symbol" (*Zollinger* 1991) kann daher nicht gesprochen werden, eher von einer gestörten, die sich so darstellen läßt: Ich-[Du]-Gegenstand-Symbol.

3.5 Sprachdiagnostischer Befund

Massive, zentralbedingte Sprachentwicklungsbehinderung, die als ein Teilaspekt einer allgemeinen Entwicklungsretardierung zu beurteilen ist. Er kommuniziert im Alter von 4;0 Jahren überwiegend durch Gesten, die die Familienmitglieder weitgehend deuten können.

Sprachdiagnostischer Befund im Alter von 4;8 Jahren: beidseitige Schalleitungsschwerhörigkeit, Multiple Dyslalie und Dysgrammatismus II°. Eingeschränkter aktiver und passiver Wortschatz. Auch sein Sprachverständnis ist nicht altersgemäß.

4. Beurteilung

Dennis' Mutter stand als Kind im Zentrum der Aufmerksamkeit ihres Vaters, der mit seinen Erziehungsmaßnahmen in ihr eine Höherbewertung des Männlichen bewirkt hatte. Sowohl ihren Mann als auch ihre Kinder beurteilte und bewertete sie am Maßstab einseitiger Männlichkeitsideale. Unter dem Einfluß ihres Vaters stand sie über dessen Tod hinaus. In dem nicht bearbeiteten Verlust dieser wichtigen Bezugsperson ist eine Wurzel für die Ausbildung „verstrickter" Bindungen mit Dennis und seiner als desorganisiert zu bezeichnenden Verhaltenszustände zu sehen (vgl. *Main & Hesse* 1990).

Dennis' Mutter wählte sich einen, mit seinen sanften und nachgiebigen Zügen, eher „weiblichen" Mann, der sich jedoch schon früh dem Kriegshandwerk als Berufssoldat verschrieben hatte. Im Verlauf des Untersuchungszeitraumes wurde deutlich, wie sehr er in dieser Rolle unter inneren Konflikten mit vermutlich erheblichen Auswirkungen auf seine Geschlechtsindentität litt (vgl. *Borneman* 1994).

Dennis jedenfalls erfuhr unter dem dominanten Einfluß seiner Mutter eine sexuelle Prägung, die widersprüchlich war. Einerseits wirkte sie auf die Ausbildung einer durchsetzungsstarken, an ihrem väterlichen Vorbild orientierten Persönlichkeit bei Dennis hin und beschleunigte durch (zumindest) latenten Inzest seine männlich-genitale Entwicklung. Andererseits liebte sie an ihm (im Vergleich zu ihren anderen Kindern) gerade seine Hilfsbedürftigkeit. Widersprüchliche Erwartungen und Signale können zu einer Realitätsbezugsstörung führen.

Zur Abgrenzung von diesen entwicklungshemmenden und schädigenden Erwartungen und Handlungen kam seinem Vater eine herausragende Bedeutung zu. Soweit beobachtet werden konnte, entsprach er diesem Bedürfnis als zärtlicher, verzeihender und einfühlsamer Vater, wich allerdings vor der Notwendigkeit einer klaren Begrenzung der impulsiven Aggressivität seines Sohnes zurück, so als fürchte er dessen Liebesverlust (Hinweis auf Leitlinie 1). In der Auseinandersetzung mit seiner Frau vermittelte der Vater seinem Sohn eine Haltung von Unterordnung unter ihren Willen. Um so mehr identifizierte sich Dennis mit den „starken" Seiten seines Vaters, die dieser zur erfolgreichen Ausübung seines Berufes und vermutlich auch zur Kompensation einer Identitätsschwäche herangebildet hatte.

Der latente oder reale Inzest ist somit als Ausdruck einer Familiendynamik zu verstehen, die einerseits in der Geschlechtssozialisation der Mutter und den davon geprägten Persönlichkeitszügen sowie andererseits in dem Geschlechtsrollenkonflikt des Vaters und seiner Bearbeitung als Berufssoldat ihren Ursprung hat. Die soziale Isolation, in der die Familie in Deutschland lebte, erschwerte die Entwicklung einer durch alternative Bestätigungsprozesse sich entfaltenden sozialen Identität der Eltern und reduzierte ihre Resonanzerfahrungen, besonders der Mutter, auf den familiären Raum.

Trotz verzweifelt destruktiver Affektentladungen gelang es Dennis nicht, sein in der Gleichförmigkeit von kreisenden Fahrzeugen symbolisiertes Gefangensein in frühkindliche Verschmelzungsphantasien mit Elternimagines im Interesse des Aufbaus einer organisierten Persönlichkeitsstruktur zu überwinden.

Empirisch-praktischer Teil 207

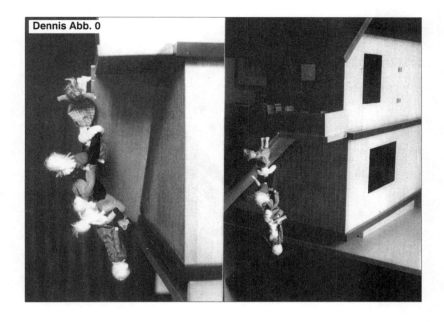

Dennis Abb. 0

Dennis Abb. 1

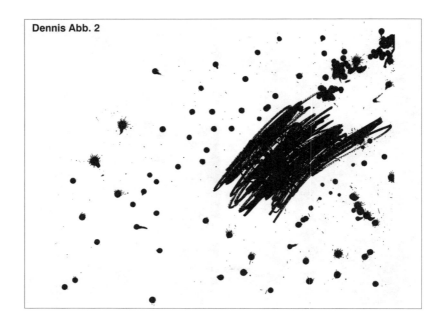

Dennis Abb. 2

Dennis Abb. 3

Kasuistik 4

Fabian

1. Sexualisiertes Verhalten

Während einer klinisch-psychologischen Untersuchung im fünften Lebensjahr hatte Fabian mit Sceno-Test-Material gespielt. Dabei war Aggressivität gegen seinen Großvater aufgefallen. Auf einer Zeichnung war ein Phallus-Symbol erkannt worden. Die Eltern erwähnten, daß ihr Sohn zu Hause hin und wieder sexualisiertes Verhalten zeigte. Vor einem untersuchenden Arzt wollte er sich nicht ausziehen. Es war der Verdacht geäußert worden, Fabian könne von seinem Großvater sexuell mißbraucht worden sein. In der Vorschuleinrichtung wurde der geringe Entwicklungsfortschritt des Kindes jetzt mit der von den Eltern aufgrund der Voruntersuchungen vermuteten sexuellen Traumatisierung des Kindes in Zusammenhang gebracht.

2. Die Entwicklung des Kindes im Rahmen seiner Familienbeziehungen

Fabian lebte mit seinen Eltern und seiner jüngeren Schwester in einem Zweifamilienhaus, das den im selben Haus wohnenden Schwiegereltern der Mutter des Kindes gehörte. Fabian war bis zum Eintritt in die Vorschuleinrichtung weitgehend von diesen Großeltern betreut worden.

Der gegen den Großvater entstandene Mißbrauchsverdacht offenbarte den Riß zwischen den Generationen, die schon länger mißtrauisch miteinander umgegangen waren. Die Feindseligkeiten wurden in Familiengesprächen thematisiert. Eine deutliche Verminderung des Mißtrauens konnte nicht beobachtet werden.

Fabian war wegen seiner Sprachentwicklungsverzögerung von mehr als zwei Jahren in die teilstationäre Vorschuleinrichtung gekommen. Geburtskomplikationen oder frühkindliche Entwicklungsprobleme wurden nicht berichtet. Seine Unsicherheit und Ängstlichkeit hatten zu einer sehr langen Eingewöhnungszeit in den Kindergarten geführt. Für die Schwierigkeiten des Kindes machten sich Eltern und Großeltern gegenseitig verantwortlich. Beide Parteien wirkten infolge von somatischen Erkrankungen bzw. depressiv-zwanghaften Verhaltensmustern geschwächt. Sie verletzten sich gegenseitig an empfindlichen Stellen.

Die Kinder entschieden sich im Loyalitätskonflikt für ihre Eltern. Fabian wirkte in den Familiengesprächen ängstlich und verwirrt, während er in der Vorschuleinrichtung aggressiv auftrat und den Eindruck erweckte, als brauche er niemand.

3. Ergebnisse aus kognitiver und projektiver Diagnostik sowie aus freiem szenischem Spiel

3.1 Verhalten in der Triade Ich-Du-Puppe

Im Handpuppenspiel erzählt „Max" Fabian, wo er wohnt, und fragt ihn nach seinem Zuhause. Fabian, der jetzt fast sieben Jahre alt ist, erzählt „Max" durch Aneinanderreihung von Hauptwörtern, wie sein Zuhause aussieht. Manchmal schaut er dabei den Untersucher, meist aber die Handpuppe an. Zärtlich streichelt er sein Fell und läßt sich von ihm streicheln. Fabian sagt nicht „Ich", sondern „Fabian". Nach vier Minuten wendet er sich ab und anderen Reizen im Raum zu. Die visuelle und taktile Kontaktaufnahme stand im Vordergrund. Obwohl er den Untersucher als Spieler von „Max" wahrnahm, gelang ein verbaler Dialog in der Triade nicht.

3.2 Kognitive Entwicklung

Zwei nonverbale Intelligenzuntersuchungen, zwischen denen sechs Wochen lagen, ergaben stark voneinander abweichende Ergebnisse. In der ersten erreichte er einen IQ von 60 im Verhältnis zum Durchschnitt seiner Altersgruppe und in der zweiten von 82. Während der sechs Wochen hatten Kontakte zum Untersucher stattgefunden, die seine ängstliche Leistungshemmung reduzieren konnten.

3.3 Ergebnisse aus freiem szenischem Spiel und von Familiengesprächen
3.3.1 Bericht

Es sollte in Familiengesprächen, an denen hin und wieder auch die Großeltern teilnahmen, herausgefunden werden, ob und wie die Beziehungsstörungen zwischen den Generationen die geschilderten, vom Untersucher nicht beobachteten, sexuell auffälligen Verhaltensweisen erklären könnten.

In den meisten Einzelstunden war das Kind mißtrauisch und abwehrend gegen den Untersucher. Oft baute er, uneinsehbar für ihn, am Boden und zerstörte sein Werk, wenn dieser einen Blick darauf werfen wollte. Blickkontakte entstanden daher nur zufällig. Kontaktvermeidung wurde auch in Form seiner körperlichen Unruhe deutlich.

In der ersten Stunde tötet er ein Insekt und zerreibt es am Boden, springt plötzlich auf, schlägt heftig auf die bereitliegenden Musikinstrumente, daß die Töne wie Schläge wirken. In einer der folgenden Stunden, er ist jetzt sechseinhalb Jahre alt, zerschneidet er ruhig und konzentriert Fäden in kleine Stücke, verschließt sie sorgfältig in einer Schachtel und wirft diese in den Papierkorb. Danach spielt er kurz am Kran, sagt „Haus" und spielt dann „Kaufen" und „Bankgehen". Das Spielgeld und -obst will er aus dem Spielzimmer mitnehmen. Öfters lutscht er am Finger. Dann zerlegt er eine Gliederpuppe und sagt „tot" (Leitlinie 5). Die raschen Szenenwechsel erwecken den Eindruck, als sei das Kind vor einer unbekannten Bedrohung auf der Flucht.

In die folgende Stunde kommt er freudig und ist sprachlich besser zu verstehen als bei der Kontaktaufnahme. Er fährt „Opa" mit einem Auto um und legt „Fabian" behutsam daneben. Danach zerstört er den Aufbau. Ein Konflikt zwischen Trennung und Annäherung wird hier deutlich. In einem Gespräch mit seinen Großeltern begrüßt er diese freudig (Leitlinie 5). Zu Hause ist der Kontakt zu ihnen von seinen Eltern unterbrochen worden.

In den folgenden Gesprächen mit seinen Eltern, Großeltern oder beiden Gruppen gemeinsam, soll Fabians Rolle als von beiden umworbener Verbündeter dargestellt und verändert werden. Diese Aussicht führt zu einer Entspannung des Kindes in seiner Gruppe und in den Einzelkontakten, doch im Spiel „tötet" er seinen Großvater. Ein Mehrgenerationengespräch führt zu Versöhnungsgesten, die sich in den folgenden Gesprächen jedoch wieder verflüchtigen. Fabian äußert, daß er seine Familie verlassen möchte.

In einer Einzelstunde beschäftigt er sich jetzt zum ersten Mal mit dem Sceno-Testkasten. Er läßt ein Schwein das Spielklo mit Früchten verstopfen und leert dies danach zufrieden in einen Topf aus. Nahrung konnotiert er hier mit Fäkalien. Anschließend rettet er ein Kind aus einem Haus, das brennt. Die Gespräche mit den Erwachsenen führen nicht zu der erwarteten Entspannung, so daß Fabians Loyalitätskonflikt nicht aufgelöst werden kann. Es wird beobachtet, daß er auf den Schoß eines Betreuers klettert, dort zärtlich Kontakt zu ihm aufnimmt und ihn plötzlich schlägt (Leitlinie 5).

3.3.2 Interpretation
Im Handpuppenspiel wird deutlich, daß Fabian nicht zur trialogischen Kommunikation kommt (Leitlinie 4). In seinem Spiel ist vorwiegend vernichtende, im Gegensatz zu konstruktiver Aggressivität sichtbar (Leitlinie 6). Spielgegenstände verwendet er symbolisch. Die Fäden, die er zerschneidet, können ein Symbol für Verbundenheit zu Menschen (vgl. *Winnicott* 1993a) oder für Fesseln sein (vgl. *Abresch* 1993). Seinen Wunsch, etwas aus dem Spielzimmer mitzunehmen, deute ich als Bedürfnis, eine über unseren kurzen Kontakt hinausgehende Bindung zu schaffen. Gleichzeitig zeigt er verbal wie non-verbal Widerstand dagegen (Leitlinie 5). Als Retter des Kindes aus einem brennenden Haus und in der Rolle desjenigen, der durch das Reinigen des Klos für freien Fluß sorgt (als Symbol für die „Verschmutzung" der intergenerationalen Beziehungen?), zeigt er Ansätze von Rollenumkehr (Leitlinie 1).

3.4 Ergebnisse aus projektiven Zeichentests und freiem Zeichnen
3.4.1 Bericht
In Abb. 1, die auf die Anweisung, verzaubere deine Familie, und zeichne sie, entstanden ist, beeindruckt die Aufteilung der Kleinfamilie in zwei gegengeschlechtliche Dyaden. Er stellt sich größer als seine Mutter dar. In der Vater-Tochter-Beziehung sieht er ein generationsadäquates Gefälle insofern, als er das Symbol für seinen Vater kräftiger ausmalt als das für seine Schwester. Nach dem Malen teilt er mit, daß die Großeltern nicht zur Familie gehören.

Ohne Anweisung entstand Abb. 2, zu der er „Haus, Feuer, Feuerwehr, Kind retten" sagt. Dann übermalt er alles.

Zwei Monate später entstand Abb. 3, in der er auf die Anweisung, male einen Baum und seine Umgebung, zugängliche Lebensräume darstellt.

Empirisch-praktischer Teil 213

3.4.2 Interpretation

Abb. 1 thematisiert die Rollenumkehr des Jungen im Verhältnis zu seiner Mutter. Abb. 2 ordne ich den Kriterien von Leitlinie 9 zu. Fabian zeigt darin, daß er sich im Übergang von der vorsymbolischen zur symbolischen Kommunikation befindet. Er hat omnipotente Aggressionsphantasien zur Abwehr von Angst entwickelt (Abb. 2), die einer realistischen Beziehungsgestaltung im Weg stehen.

Die Abb. 3 deute ich, gemäß der Leitlinie 10, als Ausdruck eines organisierten Verhaltenszustandes.

Seine Zeichnungen zeigen innerpsychische Zustände von Einsamkeit und Bedrohung. Die Beschränkung auf die präzise Darstellung der Objekte ohne Anreicherung durch spontane Ideen besticht in Abb. 1. Ich deute dies als Ausdruck zwanghafter Anspannung gegenüber äußeren Erwartungen im Interesse der Kontrolle von Angst. Die Beziehungserfahrungen, die er mit seinen Großeltern gemacht hatte, leugnet er im Interesse seiner Loyalität zu den Eltern. Innerhalb seiner Familie erlebt er sich von der Welt seines Vaters und seiner Schwester getrennt und im Verhältnis zu seiner Mutter in der Elternrolle (Leitlinie 1).

3.5 Sprachdiagnostischer Befund

Sprachentwicklungsverzögerung mit multipler Dyslalie und Dysgrammatismus. Sein aktiver Wortschatz besteht im Alter von 5;8 Jahren aus 60-70 Wörtern. Zwar ist sein Sprachverständnis besser als seine aktive Sprache, jedoch längst nicht altersgemäß. Seine Sprache besteht ausschließlich aus Nomen, die er manchmal mit hinweisenden Elementen, Verben in der Befehlsform oder Adjektiven zu Zweiwortsätzen zusammenzieht. Er strukturiert seinen Wortschatz nach Prinzipien der artikulatorischen Einfachheit. Er gebraucht auffällig viele einsilbige Wörter. Er gebraucht noch keine Konsonantenverbindungen.

Sprachdiagnostischer Befund nach Sprachtherapie mit 6;2 Jahren: Er hat seinen Wortschatz durch Namen von Bezugspersonen und einige Verben erweitert. Er bildet unstrukturierte Sätze mit bis zu sechs Wörtern. Die multiple Dyslalie besteht fort.

Sprachdiagnostischer Befund mit 7;4 Jahren nach kontinuierlicher Sprachtherapie: Er bezeichnet sich jetzt fast durchgängig mit „Ich" und benutzt „Du". Es gelingt ihm das Auseinanderziehen von zusammengesetzten Verben. Besonders hinsichtlich Verben, Adjektiven und Adverben hat sich sein Wortschatz weiterentwickelt. Sowohl sprachliche wie kommunikative Einschränkungen, so werden Aussagen ohne Nebensatzgebrauch aneinandergereiht, bleiben bestehen. Es besteht eine Hörmerkschwäche und eine eingeschränkte Prosodie.

4. Beurteilung

Die Gefahr der Entwicklung eines gestörten Realitätsbezuges ist für Fabian angesichts der gegensätzlichen Informationen, die ihm gleich wichtige Bezugspersonen geben, groß.

Diese verwirrenden Außenreize treffen auf eine wenig stabile Persönlichkeitsstruktur. Wenn er in Stellvertretung für Erwachsene deren Aufgaben erledigt, so zeigt er damit, daß er sie in dieser Hinsicht als unfähig erlebt und partiell in ihren Rollen agiert.

Nach den vorhandenen anamnestischen Informationen und diagnostischen Befunden ist sein Verhaltenszustand als desorganisiert zu bezeichnen. Da eindeutige und verläßliche Beziehungsangebote nicht zur Verfügung standen, konnte er seine innerpsychischen Ambivalenzen, z.B. zwischen Macht und Ohnmacht, nicht auflösen. Im Sinne von „Individuation gegen" stand sein Agieren gegen den Untersucher im Vordergrund.

Die Hinweise auf organisierte Verhaltenszustände in Abb. 3 lassen sich vermutlich auf die zu diesem Zeitpunkt entschiedene und dem Jungen mitgeteilte, geplante Fremdunterbringung zurückführen. Ein Anlaß, den sexuellen Mißbrauchsverdacht weiter zu verfolgen, ergab sich während des Untersuchungszeitraumes nicht. Der sexuelle Mißbrauchsverdacht war als Waffe in den Auseinandersetzungen zwischen den Generationen aufgebläht worden und hatte in der Einrichtung für eine vermeintliche Klarheit in diagnostischen Fragen gesorgt.

Empirisch-praktischer Teil 215

Fabian Abb. 1

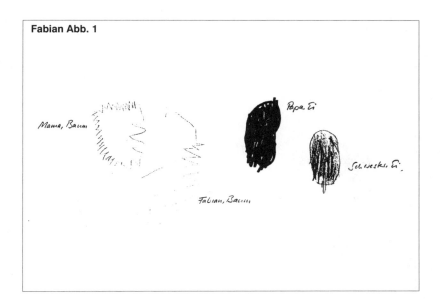

Fabian Abb. 2

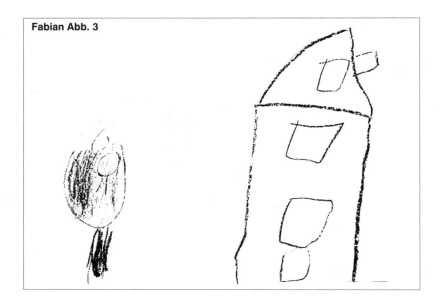

Fabian Abb. 3

Empirisch-praktischer Teil 217

Kasuistik 5

Mario

1. Sexualisiertes Verhalten

Mit 6;0 Jahren sagte Mario auf die Frage seiner Erzieherin an die Kinder ihrer Gruppe, was sie gestern gemacht hätten: „Bruder Pimmel gelutscht". Mit 6;2 Jahren hielt er ein Mädchen seiner Gruppe fest und wollte es am Po lecken. Er wirkte dabei vertieft und fasziniert von seinem Tun, reagierte nicht auf Ansprache, begehrte heftig, daß sie ihn am Po lecke. Einen Monat später setzte sich Nils (Kasuistik 7) auf den Schoß von Mario, und beide bewegten ihre Becken so, als wollten sie sich genital reizen. Im Gespräch mit dem älteren Bruder von Mario erzählte dieser, Mario, spiele gerne Arzt. Auf die Frage, „... habt ihr einen Arztkoffer?", antwortete er: „Nein, wir spielen das anders." Weitere Fragen ließ er unbeantwortet. Der Vater berichtete, Mario habe zwischen dem 2. und 5. Lebensjahr seinen Penis oft mit Lust steifgemacht.

Mit 6;4 Jahren masturbierte er in der Gruppe stöhnend, nachdem sein Versuch, ein Mädchen auf seinen Schoß zu ziehen, an ihrem Widerstand gescheitert war. Seine Erzieherinnen beobachteten eine Sequenz zwischen Mario und dem Mädchen in der Duschwanne mit der Videokamera: Mario räkelt sich unschlüssig, mal liegend, mal kauernd, den Waschlappen drückend, am Boden. Petra putzt stehend mit einem Waschlappen die Fliesen. Ihr Hintern ist dabei in Höhe seines Kopfes. Er wäscht ihr vorsichtig die Beine, sich ihrem Po nähernd. Er sitzt mit geöffneten Beinen und verändert diese Position während der folgenden 15 Minuten nicht. Mario betrachtet hin und wieder seinen Bauch und streicht sanft über ihn. Er umfaßt Petra von hinten um ihr Becken, zieht die Hand zurück, berührt wieder sich selbst am Bein. Er ist sehr ruhig, wirkt zentriert im Kontakt mit sich und Petra. Wenn Petra sich setzt, berührt er mit seinem eregierten Penis ihren Hintern. Sie bleibt sitzen, steht wieder auf, handelt sehr selbstbestimmt, ohne sichtbar erregt zu sein. Beide sagen auf Nachfrage, es sei schön.

Während des diagnostisch-therapeutischen Prozesses über 11 Monate waren sexuelle Stimulierungen am eigenen Körper und

Kontaktaufnahmen zu Jungen in der Gruppe sowie eine sexualisierte Sprache bei Mario oft zu beobachten. Im Alter von 6;10 Jahren hielt er ein Mädchen aus einer anderen Gruppe fest und rieb sein Becken an ihr. Auf die Frage der Erzieherin, warum er das mache, antwortete er ihr, das mache Spaß. Manchmal zeigte er einfach seinen Penis.

2. Die Entwicklungsgeschichte des Kindes im Rahmen seiner Familienbeziehungen

Mario lebte mit seinem älteren Bruder und seinen Eltern in einem einfachen, sehr alten Haus. Sein Vater, ein selbstbewußter Arbeiter, renovierte es. Vor dem Einzug in dieses Haus war die Familie mehrere Jahre von Obdachlosigkeit bedroht gewesen. Neben Überstunden in der Fabrik, deren Bezahlung die Familie dringend zum Lebensunterhalt benötigte, arbeitete er an seinem Haus. Zwischen den Zimmern der Jungen gab es keine Tür. Im Wohnzimmer lief tagsüber öfters der Fernsehapparat. Auch Pornofilme wurden mit den Kindern angeschaut.

Mario erkrankte sehr häufig an zum Teil hochfiebrigen Infektionen und ging dann, aber auch aus anderen Gründen, nachts zu seinen Eltern ins Bett. Als er, gerade vier geworden, im Kindergarten aufgenommen worden war, sprach er nichts außer „Mama, da" und mußte anfangs wegen seiner Trennungsängste einige Stunden früher als die anderen Kinder nach Hause gebracht werden. Im Spiel war er nach Worten seiner Erzieherin meist in der Beobachterrolle und das Dreirad sein „bester Freund". Ihm nicht bekannte Menschen lösten Rückzug und Desorientierung in ihm aus.

Nach der komplikationsfreien Schwangerschaft und der glatten Geburt hatte er bis zum Sprachbeginn am Ende des 3. Lebensjahres selten gelallt und war insgesamt ein sehr ruhiger Säugling gewesen. Seine Mutter mied die Vorsorgeuntersuchungen, weil sie Kinderärzte wegen schlechter Erfahrungen ablehnte. Nur gegen ihr Zögern, aber mit Unterstützung seines Vaters, konnte der Junge während des Untersuchungszeitraumes einer stationären Diagnostik zugeführt werden. Beim Spielen im Kindergarten blieb er die ganze Zeit über meist allein und zeigte dabei eine Tendenz zu mechanischen Wiederholungen. Häufig lachte er sich in einen wirklichkeitsfernen Zustand.

Von seiner Mutter ließ er sich gern im Kinderwagen schieben. Im Kontakt mit altersgleichen Kindern in einer benachbarten Einrichtung verharrte er über zwei Stunden wie abwesend in Passivität und reagierte nicht auf Ansprache seiner ihm seit 2 1/2 Jahren vertrauten Erzieherin. Er schlug sich hier mit den Fäusten an den Kopf, was vorher noch nicht beobachtet worden war.

Seine Mutter wies Gespräche, die seitens des Kindergartens eingeleitet wurden, in einer depressiv-ängstlichen und unsicheren Haltung ab. Durch Überbehütung band sie ihre Kinder an sich. Der Vorschlag, Mario einer weiterführenden spezifischen Behandlung zuzuführen, schien sie zu ängstigen.

Die Mutter von Mario war seit einer lebensbedrohlichen Krankheit in frühester Kindheit sowohl in intellektueller als auch lebenspraktischer Hinsicht beeinträchtigt. Wegen ihrer Hilfsbedürftigkeit organisierten die Großeltern des Kindes das Familienleben ihrer Kinder und Kindeskinder mit, so daß sich Marios Mutter fremdbestimmt und in ihrer Identität verunsichert fühlte. Das Streben ihrer Kinder hin zu den Großeltern, die einen von Kontinuität, Geborgenheit und klarer Orientierung gekennzeichneten Lebensrahmen zur Verfügung stellten, wurde von ihr mit ambivalenten Gefühlen begleitet.

Der Vater des Jungen verhielt sich seiner Frau gegenüber fürsorglich und bestimmend wie ein Vater.

Mario und sein Bruder spielten einerseits noch zusammen, was durch die Retardierung des älteren begünstigt war, andererseits erlebte Mario seinen großen Bruder sowohl kumpelhaft als auch dominant und gewalttätig. Manchmal übernahm er auch Mutterfunktionen für Mario.

3. Ergebnisse aus kognitiver und projektiver Diagnostik sowie aus freiem szenischem Spiel

3.1 Verhalten in der Triade Ich-Du-Puppe

Im Alter von 6;8 Jahren reagierte Mario im Rollenspiel mit „Max" wie folgt: Als „Max" ihn begrüßt, antwortet Mario „Hallo" und nennt seinen Namen, als wäre er von „Max" danach gefragt worden. Mario will „Max" haben, greift nach ihm auf meiner Hand, zieht und läßt sich nur gegen starken Widerstand dazu bewegen, mit „Max" zu kommunizieren. Er schaut ihn an und sagt einen Zwei-Wortsatz. Als er „Max" hat, beginnt er, mich mit ihm zu erschrecken, definiert ihn vom „Guten" zum „Bösen" um. „Max" wird zunehmend aggressiver und verbeißt sich in meinen Hals, wobei Mario Töne ausstößt, die mich das Fürchten lehren sollen. Mario sagt: „Ich bin Max." Bei diesem lustvollen Ausdruck von Aggressivität spricht er einige Wörter so klar aus wie selten, so daß anzunehmen ist, daß zurückgehaltene Aggressivität die Kraft und Klarheit seiner Stimme blockiert. Nachdem er „Max" weggelegt hat, wird er zum Schäferhund, der bellend wegläuft. Später sagt er: „Jetzt Mario", womit er signalisiert, die Rolle verlassen zu haben.

3.2 Kognitive Entwicklung

Ergebnisse aus sensumotorischer, intellektueller und medizinischer Untersuchung: Anhand der Ergebnisse, die mit Hilfe des Entwicklungsgitters nach *Kiphard* (1984) gewonnen worden waren, zeigte er eine erhebliche Retardierung und in einem sprachfreien Intelligenztest einen IQ von weniger als 55. Eine ausführliche stationäre Untersuchung, besonders wegen des Verdachts einer Hirnfunktionsstörung, blieb ohne Befund.

3.3 Ergebnisse aus szenischem Spiel
3.3.1 Bericht

Zu vielen der 12 Einzelstunden kam Mario ungern mit, so als müsse er inneren Widerstand gegen anstrengenden Kontakt erst überwinden. Nur in wenigen Stunden war eine Entwicklung im Spielverlauf zu erkennen, in fast allen Stunden standen Sequenzen scheinbar unverbunden nebeneinander. Seine meist unverständliche Sprache konnte er nicht durch eine Eindeutigkeit in der nonverbalen Kommunikation kompensieren.

Deutlich zog sich aber doch ein roter Faden durch fast alle Stunden, nämlich die Auseinandersetzung mit seinen Großeltern und seinem Bruder, während er Vater und Mutter jeweils nur einmal erwähnte.

Als er im Alter von 6;2 Jahren beim Malen einer Linie den Namen seines Bruders nennt, entsteht ein kurzer Dialog mit ihm. Ich frage, ob er ihn mag. „Nein!" Ich frage weiter, warum? „Bringt mich um", antwortet Mario. Auf meine Bitte, mit dem Material aus dem Scenokasten nachzubauen, was dieser mit ihm mache, nimmt er die

Großmutterfigur und ein Kind. Sie kämpfen gegeneinander, und Mario zeigt dabei einen heftigen emotionalen Ausdruck. Auf meine Aufforderung weiterzubauen, stellt er einige Bausteine auf, sagt „Haus" und hört auf zu bauen. Eine Woche später nimmt er vom Sceno-Material die Eisenbahn und fährt, mit „husch, husch" sein Spielen begleitend, zu seiner Oma. Er will sie mit lautem Rufen wecken, weil sie schläft (Leitlinie 2). Er spielt so, als erlebe er alles real.

Mit 6;3 Jahren holt er von irgendwo seine „Oma" und mit einem Auto „Opa", die er nahe zueinander legt und sagt, „die küssen". Blickkontakt zu mir hält er einige Sekunden, als ich seinen Kopf mit beiden Händen halte, um seine Worte besser verstehen zu können (Leitlinie 4). Dabei entsteht ein Dialog. Spielst du mit deinem Bruder? „Ja." Was? „Umbringen." Die Frage, wie sie das machen, bleibt unbeantwortet, ebenso die Bitte, es mit Sceno-Material zu spielen.

Auch mit 6;4 Jahren holt er die „Oma" mit der Lokomotive dorthin, wo ich sitze, laut das Eisenbahngeräusch nachahmend. Die „Oma" drückt er dann kräftig auf einen unter ihr liegenden „Mann".

Mit 6;5 Jahren malt er ein Haus, indem, das betont er, sein Bruder nicht wohnt. Auf die Frage, warum nicht?, sagt er: „Bringt mich um". Auf die Bitte, es mit Sceno-Material zu spielen, sagt er: „Zeig ich dir nicht." Statt dessen nimmt er „Oma" und „Opa" und läßt sie „schmusen". Und macht selbst Kußgeräusche.

Zwei Spielsequenzen, die im Alter von 6;6 bzw. 6;7 Jahren entstanden waren, schildere ich ausführlicher, weil er in ihnen etwa 20 Minuten kontinuierlich spielt, so daß anhand der Interpretation ein weiterer Blick auf den Stand seiner Persönlichkeitsentwicklung geworfen werden kann.

Er legt einen langen Schienenweg unter einer Schrankwand hindurch und zeigt mir an, mich ans Ende des Schienenweges, jenseits der Wand, zu setzen. Schweigend versucht er, auf seiner Seite Eisenbahnwagen und zwei Loks über Magnete aneinander zu koppeln. Wegen der Magnetverhältnisse stoßen sich die Loks gegenseitig ab. Nach 30 Minuten gibt er den Ankopplungsversuch auf und läßt den Zug nur mit einer Lok unter „husch-husch"-Geräuschen in eine Richtung fahren. Er sei in dem Zug, der von einem anderen, in dem ein Räuber sei, verfolgt wird, der aber nur mich, nicht ihn, denn er sei nicht böse, umbringen wolle. Er verläßt die Schienen und fährt zu einem Wohnhaus weiter. Seine wenigen Worte sind bei diesem Spiel nur nach häufigen Wiederholungen zu verstehen.

Mit 6;7 Jahren fesselt er mich zaghaft an einen lose im Schrankschloß hängenden Schlüssel. Er droht mir mit dem Schrank als „Gefängnis" (Leitlinie 6). Danach fährt er mich etwa 20 Minuten lang in einem „Porsche" nach Hause. Beim Gasgeben schreit er so laut, daß er rot anläuft (Leitlinie 2). Er hält einen Stoffhund liebevoll im Arm. Hier entsteht ein klarer, nonverbaler Kontakt zwischen uns. So wie er das Anbinden an einen Punkt, wo kein Halt erwartet werden kann, versucht, so kraftlos wirkt er selbst im Kontakt.

In unserer Abschiedsstunde, als er 6;11 Jahre alt ist, versucht er, mich etwas fester zu fesseln. Er tritt nah an mich heran, so daß es zu Blick- und Hautkontakten kommt. Aber dies geschieht zufällig und wie nebenbei. Es gelingt mir nicht, einen Dialog daraus zu entwickeln. In diesen 25 Minuten stellt er ein verschmelzendes „Mit-Mir-Sein" her und breitet einen „Sprachbrei" über uns aus, aus dem nur einzelne Wörter klar hervortreten (Leitlinie 2).

3.3.2 Interpretation

Bei der Beobachtung des szenischen Spiels im Alter zwischen 6;2 und 6;5 Jahren wird deutlich, daß er seinen Bruder als bedrohlich beschreibt, aber einen vertiefenden Prozeß darüber ablehnt, vielmehr Oma und Opa als Dyade nonverbal in den Vordergrund bringt. Was sie tun, zeigt er nonverbal und bestätigt es verbal. Der Kampf zwischen Großmutter und einem Kind kann als sein Wunsch, sie wie ein Kleinkind seine Mutter zu besitzen, interpretiert werden. Da seine Eltern in allen Sequenzen im Gegensatz zu seinen Großeltern ohne Bedeutung bleiben, ist zu vermuten, daß die für ihn emotional bedeutsamen Beziehungen zu ihnen bestehen und er, in der innerpsychischen Auseinandersetzung mit ihnen, sich um Annäherung und Loslösung von ihnen bemüht, um sein Ich auszubilden. Wodurch er sich von seinem Bruder bedroht fühlt, bleibt unklar. Es könnte um einen Konkurrenzkampf gehen, indem er sich, was die Dauer und Intensität der großelterlichen Fürsorge anbelangt, ihm gegenüber benachteiligt fühlt. Da dieser als erstes Enkelkind, vom Säuglingsalter an, betreut und geliebt wurde, besteht die tiefere Beziehung der Großeltern zu ihm. Denkbar ist auch, daß er körperlicher oder sexueller Gewalt durch ihn ausgesetzt ist. Marios Mutter erwartet von seinem großen Bruder, daß er, oft als Stellvertreter ihrer mütterlichen Verantwortung, für ihn Verantwortung übernimmt. Es läßt sich beobachten, daß er diese Aufgabe liebevoll erfüllt. Insgeheim rächt er sich vielleicht bei Mario für diese Pflicht, indem er ihn quält. So könnten Rache- und Tötungswünsche in Mario entstanden sein. Darüber gibt es jedoch keine eindeutigen Informationen. Ich erkenne in seinen Spielen die zu den Leitlinien 2 und 4 entwickelten Gesichtspunkte.

Er zeigt im Spiel mit 6;6 Jahren, wie begrenzt seine Möglichkeiten, experimentell alternative Lösungen zu finden, entwickelt sind. Dabei wird seine kognitive Retardierung deutlich. Allerdings zeigt sich hier auch die Unfähigkeit zur Kommunikation in der Triade: Ich-Du-Gegenstand (Leitlinie 4). Hinter dem Schrank bin ich für ihn nicht erreichbar, so daß er in der Dyade mit dem Gegenstand verharrt. Er müht sich ab, eine Lösung innerhalb seines Wissensrahmens zu finden. In diesen Grenzen wiederholt er, in einer affektiven Mischung aus Wut und Faszination, immer wieder die gleichen Lösungsideen. Es scheint, als spitze sich in ihm ein Konflikt zu, dessen Lösung ihn zentral berühren wird. Die Erweiterung seiner Handlungsmöglichkeiten durch Kommunikation zu suchen, kommt ihm nicht in den Sinn. Warum? Sucht er Bestätigung für seine autonome Handlungsfähigkeit? Dafür spricht, daß er mich hinter den Schrank verwies. Sucht er zwanghaft ängstlich nach Verbindung, weil er die Realität in Gegensätze zerfallen sieht? Erlebt er diese in sich selbst? Dafür spricht, daß er schließlich einen Weg geht, auf dem eine „Ordnung" erkennbar wird – Ich bin gut, du bist böse! – und er sein inkohärentes Selbst bergen und umgrenzen kann, indem er mit seinem Zug ein Haus erreicht. Das Haus ist für mich Symbol für einen klaren Ich-Zustand oder die Sehnsucht danach.

Ich sehe in der Verwendung des Seils durch Mario ein Symbol für eine innere Kraft, die nach Bindung an ein Objekt sucht, so wie ein Kleinkind in der Trennung seine Mutter sucht. Zu seiner depressiven Mutter fand und findet er diese kaum. Sein Aufbegehren gegen diese Enttäuschung führt zu einer Drohung gegen mich, der er keine Taten folgen läßt. Es bleibt bei einem unerfüllbaren omnipotenten Wunsch, Kontrolle zu übernehmen. Da er keinen Zugang zu konstruktiver Aggressivität findet, kann er seine Omnipotenzphantasien nicht in einen realistischen Bezug zur Wirklichkeit überführen. Wenn er mich schon nicht einsperren kann, so übernimmt er wenigstens im Porsche die Führung. Als Fahrer kontrolliert er unseren Weg und begleitet sein Handeln mit der Kraft seiner Stimme. Regressiv findet er dabei Halt bei einem Übergangsobjekt aus der Kleinkindzeit. Sein angestrengtes Bemühen, aus seiner Nebenrealität den „Überstieg" in die Hauptrealität zu schaffen, ist hier, aber auch sonst, nur von kurzen Erfolgen gekrönt.

Das Spiel mit Seilen, die Kinder zum Fesseln benutzen, interpretiert *Winnicott* als Zeichen dafür, daß sie Separation und Autonomie verhindern wollen. Seine Bewegungen im Raum zwischen Imagination und dem Faktischen, zwischen Innen und Außen, zwischen „Selbst"- und „Ich"-Zuständen deute ich als Individuationsversuche, meist auf präsymbolischer Ebene.

Mario erscheint undifferenziert wie ein Säugling, der eine eindeutige und klare Anbindung an eine Bezugsperson sucht und gleichzeitig von Verfolgungsängsten bedroht wird. An seine Großeltern scheint er dieses Bedürfnis zu richten. Wegen des oben geschilderten Generationskonfliktes erlebt er ihre Fürsorge und die Reaktionen seiner Mutter darauf als desorientierend.

3.4 Bericht und Interpretation seiner Zeichnungen

Neben dem skelettähnlichen Eindruck vermittelt Abb. 1 ein Bild von seiner, hinter Lethargie und Rückzug verborgenen Anstrengung, heraus aus seinem Kokon und voranzukommen, hin zum kommunikativen Austausch. Er setzt in diesem Selbstbildnis den Bleistift immer wieder neu an, um eine Figur entstehen zu lassen, über die er ein Bild von sich selbst in unseren Dialog einbringen kann (Leitlinie 9). Der besonders prägnante Penis ist angesichts der ansonsten hochgradig undifferenzierten Figur als ein Hinweis auf sexuellen Mißbrauch zu deuten. Zu Abb. 2 sagt Mario, daß alle in seiner Familie doof seien, nur seine Freundin nicht. Die Zeichen am Rand sind seine Schriftversuche. Seinen Wunsch, schreiben zu wollen, verstehe ich als Versuch, sich in der gemeinsamen Realität verständlich zu machen. Auf anderen Blättern verdichtet er Formen und hebt sie durch Schraffur hervor. Es scheint, als erkenne er elementare Zusammenhänge und Gegensätze in der Welt. Weit entfernt ist er noch immer von einer Wahrnehmung seiner Umgebung in Bildern, über die sich die Mehrheit der Kinder die Welt interpretieren (als Zugang zur „Hauptrealität", vgl. *Lempp* 1992).

3.5 Sprachdiagnostischer Befund

Schwerste Sprachentwicklungsstörungen: Der Junge lautiert mit 5;0 Jahren ca. 20 Worte verwaschen. Sie sind nur für seine Bezugspersonen verständlich (z.B.: att=satt, O=Klo). Er hat jedoch einen großen passiven Wortschatz und versteht alle altersgemäßen Worte. Oft lautiert er ein Wort und wiederholt dieses, bis sein Gegenüber den Sinn verstanden hat. Insgesamt hat er Probleme in der Artikulation, der Grammatik, dem Wortschatz und der auditiven und visuellen Wahrnehmung.

Sprachdiagnostischer Befund mit 6;0 Jahren nach einem Jahr Sprachtherapie: Er kann Bilder zuordnen und sie benennen. Er kann akustische Reize differenzieren und sie visuellen Angeboten zuordnen. Es liegt jedoch noch eine phonematische Differenzierungsschwäche vor. Die multiple Dyslalie und eine Konsonantenverbindungsschwäche sind deutlich. Er spricht und erzählt spontan und in Mehrwortsätzen. An der Artikulation konnte aufgrund seiner geringen Konzentrationsspanne kaum gearbeitet werden.

Sein Dysgrammatismus läßt sich folgendermaßen beschreiben: Er benutzt weitgehend den Infinitiv von Verben und setzt sie an das Satzende. Große Probleme hat er mit Deklinationen, Konjunktionen, der Pluralbildung und den Präpositionen.

4. Nachuntersuchung

4.1 Bericht

Nach 9 Monaten fand eine Nachuntersuchung in der häuslichen Umgebung des Kindes statt, an der außer dem Vater alle Familienmitglieder teilnahmen.

In der Nähe seiner Mutter verhielt sich Mario überwiegend so, daß der Eindruck entstand, er nähme sie nicht wahr. Sie sprach ihn laut und gereizt an und schrieb ihm, meist erfolglos, Verhaltensweisen vor. Seine Sprache war karg, fehlerhaft und verwaschen wie in der Zeit der Erstuntersuchung. Er provozierte seine Mutter, indem er nicht auf sie reagierte. Sein großer Bruder zeigte sich einfühlsam und freundlich, aber auch belehrend ihm gegenüber. Schriftversuche seines kleineren Bruders kommentierte er wie ein Vater. Später holte er sich ein Spielzeug aus seinem Zimmer, legte sich auf den Boden zu Mario und spielte mit ihm. Zu ihrem großen Sohn verhielt sich die Mutter freundlich und zugewandt. Dieser erfüllte schweigend und schnell ihre Bitten.

Beim Sceno-Testspiel baute Mario aus Bauklötzen zwei Rechtecke. In eines stellte er ein Auto, das andere sollte ein Gefängnis für seinen

Bruder sein. Auf die Anregung, einen Menschen hinzuzunehmen, griff er nach einer männlichen Figur und küßte sie.

4.2 Interpretation

Die Verhaltensbeobachtungen zeigen latente aggressive Auseinandersetzungen und emotionale Distanz zwischen Mario und seiner Mutter. Sein großer Bruder verhält sich einerseits wie ein Erwachsener und andererseits wie ein Gleichaltriger zu Mario. Seine Beziehung zur Mutter wirkt aggressionsfrei und nah, aber abhängig. Marios Arrestierung seines Bruders im Spiel kann aus vielfältigen Ohnmachtserlebnissen motiviert sein.

Beim Rundgang durch die zwei Kinderzimmer im Haus weiß Mario nicht, welches seins ist, während sein Bruder sich so verhält, als lebe er in beiden. Mario schläft in einem ins Elternschlafzimmer geschobenen Bett. Vielleicht ist dies eine Erklärung für seine Orientierungslosigkeit.

Den Individuationsversuchen des Jungen wirkt die Ausübung „elterlicher Macht" durch seinen Bruder, der die Mutter vor Mario schützt, entgegen. Vermutlich haben auch die widersprüchlichen Botschaften von Marios Bruder Einfluß auf seinen desorientierten Zustand.

Auf Abb. 3 fällt im Unterschied zu den Abb. 1-2 seine sichere Strichführung, mit der er aus einem Schwung ohne Unterbrechung Formen entstehen läßt, sowie die Schwärzung einiger Stellen auf, die hier als aggressive Betonung von Persönlichkeit gedeutet wird (Leitlinie 9).

5. Beurteilung

Die Qualität der Kontakte, die Mario zur Umwelt herstellt, ist als unabgegrenzt und „leibnah" zu beschreiben. Sowohl sein häufiges körperliches Kranksein als auch sein Weinen und Schreien sind Mitteilungen über sein Befinden, für das er wegen eines Mangels an „semiotischen Fähigkeiten" keinen anderen Ausdruck findet. Im vertrauten Lebensraum hat er die Kraft, vorübergehend eine exzentrische Position zu Menschen und Dingen einzunehmen. In fremder Umgebung brechen Ich- und Identitätsstrukturen zusammen, und er gerät in psychoseähnliche Zustände.

Seine Mutter wird, sowohl in ihrer Herkunftsfamilie als auch von ihrem Mann, als Mutter entwertet. In einer Art Gegenbewegung versucht sie, ihre Identität zu schützen, indem sie sich nach außen verschließt. Bereits die teilstationäre Behandlung ihres Sohnes erlebt sie als Verlust. Sie bremst die Autonomieentwicklung ihrer Kinder, um Versorgende zu bleiben. Dabei verhält sie sich einerseits überbehütend und ist andererseits schnell überfordert.

Die materielle Lage der Familie zwingt den Vater, seine Kräfte auf die Bewältigung der Berufsanforderungen und die kostengünstige Schaffung von Wohnraum zu konzentrieren. Die notwendigen innerfamiliären Auseinandersetzungen im Interesse der Autonomieentwicklung seiner Kinder führt er nur am Rande, so daß Mario auch am Ende des Vorschulalters die frühkindliche Entwicklung zur triangulären Kommunikation noch nicht vollzogen hat.

Die möglicherweise auf einen nicht zu diagnostizierenden, minimalen Hirnfunktionsschaden zurückzuführenden Leistungsstörungen von Mario haben vermutlich, neben der depressiven Persönlichkeitsstruktur der Mutter, dazu beigetragen, daß seine frühkindlichen Dialogversuche mit ihr unbefriedigend verlaufen waren. Im Familiensystem wirkt jetzt eine Dynamik, in der die früh festgeschriebenen Verhaltensmuster aufgrund von Ängsten der Mutter und den Autoritätsansprüchen des Vaters nur schwer veränderbar sind.

Das sexualisierte Verhalten des Kindes hat sich als Symptomatik entwickelt, die Hinweise auf frühe Bindungsdefizite und spätere Traumatisierungen enthält. Die verstrickte Bindung zwischen Mutter und Kind im Interesse der Kompensation von Leere und Ängsten führte zu einem Persönlichkeitsentwicklungsprozeß, in dem Individualisierung ängstlich vermieden wurde. Marios sexualisiertes Verhalten hat den Anschein, als versuche er, einen symbiotischen Zustand wiederherzustellen, den er aus prä-verbaler Zeit leiblich erinnert. Unter dem Einfluß seines älteren und körperlich erheblich stärkeren Bruders, der vermutlich Marios sexuellen Intimraum nicht respektiert, werden seine Kontaktwünsche weiter sexualisiert. Das innere Bild von seinen Körpergrenzen kann aufgrund von psychischen und körperlichen Grenzverletzungen nicht an Klarheit gewinnen, so daß hauptsächlich die Leitlinien zum Tragen kommen (2 und 4), die einen Zustand beurteilen, in dem Kinder zwischen sich und ihrer Umwelt nur diffus unterscheiden können.

Seine Nebenrealität, aus der er im szenischen Spiel, aber auch auf seinen Zeichnungen an die Umwelt Mitteilungen macht, bleibt meist seine Hauptrealität. Der „Überstieg" in die gemeinsame Realität mit dem Untersucher gelingt selten, so daß es auch über seine sexualisierten Verhaltensweisen keinen Dialog mit ihm geben kann.

Sein Verhaltenszustand ist als desorganisiert zu bezeichnen.

Empirisch-praktischer Teil 229

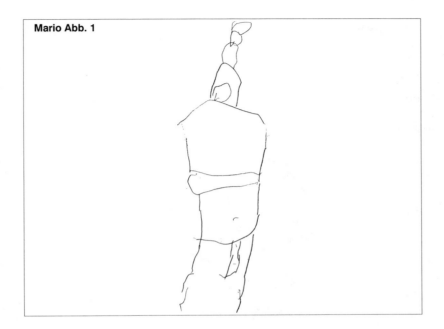

Mario Abb. 1

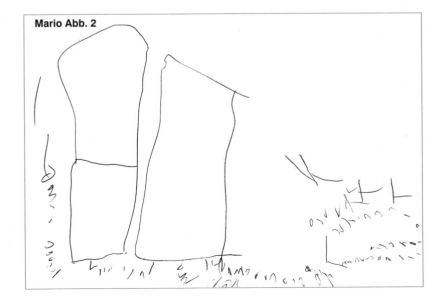

Mario Abb. 2

Mario Abb. 3

Empirisch-praktischer Teil 231

Kasuistik 6

Natascha

1. Sexualisiertes Verhalten

Ihre Erzieherin berichtete, Natascha habe einem männlichen Kollegen die Hose heruntergezogen und sich ihm in sexueller Absicht genähert. In der Gruppe hatte sie sich vor einem anderen jungen Mann auf den Boden gelegt, die Beine geöffnet und rhythmische Beckenbewegungen gemacht. Außerhalb der Gruppe hatte sie sich auf eine Stufe gehockt und an der Kante ihre Scheide gerieben, bis sie sexuell erregt war.

Sie weigerte sich, außerhalb der elterlichen Wohnung zu übernachten, weil sie Angst vor einem Räuber hatte. Den hatte sie schon einmal am „Strullemann" gekitzelt, wie sie sagte. Sie hatte die Mütze eines Kindes einmal mit einem Penis verglichen.

Von ihren Eltern war zu erfahren, daß Natascha bei Bekannten einen Plastikpenis gesehen hatte, der wie ein Blechspielzeug durch eine aufziehbare Feder zum Laufen zu bringen war. Dort hatte ihn ein Jugendlicher in ihrer Gegenwart öfter in Bewegung gesetzt. Auf ihn richtete sich, mehr von der Pädagogin als von den Eltern des Mädchens, der Verdacht sexuellen Mißbrauchs.

2. Die Entwicklung des Kindes im Rahmen seiner Familienbeziehungen

Es hatte weder Schwangerschafts- noch Geburtskomplikationen gegeben, doch unmittelbar nach der Geburt war eine Hauterkrankung bei dem Säugling diagnostiziert worden, die bis heute behandelt werden muß. Nachts waren ihre Hände und Füße fixiert worden, und tagsüber mußte sie Handschuhe zum Schutz vor Selbstverletzungen tragen. Das Kind befand sich in den ersten Lebensjahren einige Male infolge der Krankheit in lebensbedrohlichen Zuständen. Zwischen dem dritten und fünften Lebensjahr war sie mehrere Wochen in stationärer Behandlung.

Die Eltern sprachen von Wutanfällen und Provokationen ihrer Tochter. Phasenweise litt sie unter Angstzuständen und Schlafstörungen.

Von den Eltern ihres Mannes war die Mutter des Kindes kritisiert und abgewertet worden, weil sie eine geschiedene Frau war. In der Beziehung zu dem Vater von Natascha trat sie dominant und abwertend auf. Sie bezweifelte seine Durchsetzungsfähigkeit in der Familie, verunsicherte ihn in seiner Männlichkeit und stellte heraus, daß sie von der Kleinkindzeit an sowohl zu Natascha als auch zu ihrer Schwester eine tiefere Beziehung hatte als er. In Familiengesprächen reagierte ihr Mann nicht auf diese Bewertungen. Er wirkte geduldig und aggressionsgehemmt. Nataschas Mutter sagte, daß sie manchmal unangemessen heftig auf das Verhalten ihrer Tochter reagierte.

Dem Verdacht des sexuellen Mißbrauchs gaben beide im Verlauf der Gespräche immer weniger Gewicht. Im Mittelpunkt ihrer Sorge stand die Entscheidung über die Zuordnung ihrer Tochter in die Schule oder den Schulkindergarten.

3. Ergebnisse aus kognitiver und projektiver Diagnostik sowie aus freiem szenischem Spiel

3.1 Verhalten in der Triade Ich-Du-Puppe

Im Alter von 5;11 Jahren begrüßt sie „Max", indem sie ihn direkt anspricht. Sie erzählt ihm auf seine Bitte eine Geschichte. Sie verändert den Blickkontakt von mir zu „Max", je nachdem, wer gerade spricht. Im anschließenden Gespräch sagt sie zu mir: „Du hast gesprochen", und stellt weiter fest: „Du hast mit Max gesprochen." Sie beweist damit ihre Fähigkeit, sich von dem, was sie vorher in einer Beziehung zwischen ihr, mir und „Max" gespielt hatte, zu distanzieren. Indem sie mich fragt, ob „Max" das nächste Mal wieder dabei ist, löst sie sich von dem Gegenwartsbezug und nimmt in ihrer Phantasie Zukünftiges vorweg.

In einem anderen Rollenspiel mit Puppen erweist sich, daß sie in einer linearen Reihung ein Phantasiespiel gestaltet, indem sie kocht, abwäscht und anschließend abtrocknet. Sie zeigt insgesamt gut entwickelte semiotische Fähigkeiten, so daß anzunehmen ist, mit ihr in einem verbalen Dialog über mögliche Mißbrauchserfahrungen sprechen zu können.

3.2 Kognitive Entwicklung

Mit 5;8 Jahren erreichte sie in einer Intelligenzmessung einen IQ von 99.

3.3 Ergebnisse aus Sceno-Tests
3.3.1 Bericht

Bei unserer Kontaktaufnahme ist Natascha 5;5 Jahre alt. Ich erlebe sie überraschend offen und mir zugewandt. Mit Sceno-Material baut sie einen See in Afrika für ein Krokodil. Sie will das Baby sein, legt „sich" auf das Fell am Seeufer. Sie holt das Krokodil aus dem See, legt es neben das Baby und deckt beide zu. Als sie von der „Mama" geweckt werden, will sie plötzlich aufhören zu spielen.

Im Spiel mit Sceno-Material eine Woche später baut sie ein Zimmer für ihren Vater. Sie stellt Becher auf einen Tisch und holt später die Mutter. Sie „beißt", in der Identifizierung mit dem Krokodil, alle Menschen krankenhausreif. Als sie im Krankenhaus sind, zerstört die Kuh die Wohnung. Möchtest du das auch machen, frage ich sie. „Ja", antwortet sie strahlend. Als „Mutter" aus dem Krankenhaus kommt, wird die Kuh, mit der sich Natascha jetzt identifiziert, von der „Mutter" totgeschlagen. Plötzlich will sie aufhören zu spielen.

Die Abbrüche beider Spieleinheiten durch das Kind können als Barriere gegen stärker werdende innere Impulse verstanden werden.

Im Sceno-Spiel mit 5;6 Jahren ist Natascha wieder das Baby, ihre Eltern seien „tot, im Himmel", sie hätten „Krebs" gegessen. Das Krokodil tötet das Baby und alle Tiere, nicht jedoch Nataschas Schwester, die um das gestorbene Baby weint. Dann kommen Eltern vom Himmel und weinen um den Verlust ihres Babys. Am Ende ist das Baby im Himmel. Natascha spielt alles lachend und distanziert sich damit von den Gefühlen, die dieses Spiel in ihr auslösen. Trotz der Trauer ihrer Eltern bleibt sie einsam und getrennt von der Familie.

Mit Freude und bei sehr klarem Bewußtsein zerstören im Sceno-Spiel eine Woche später der „Hund", später die „Mutter", dann das „Monster" alles Lebendige (Menschen, Bäume, Blumen, Tiere) und schließlich auch Gegenstände. Alles wird danach auf den „Müll" geworfen.

Im Sceno-Spiel mit 6;0 Jahren fahren Autos zwischen leeren Gefäßen. In einem Eimer sitzt Natascha als Affe, der einen Zwerg, der nur nachts aus dem Wald darf, bewacht. Zwei Männer sind Kinder. Das Krokodil tötet eine Mutter und ein Kind, stößt mehrmals die Kuh um, die von Natascha immer wieder aufgestellt wird. Freude entwickelt sie, wenn das Krokodil mich beißt. Sie steigert sich bis zur Ausgelassenheit in einem kraftvollen, ausdauernden Ringkampf mit mir. Am liebsten möchte sie ein Affe sein („find ich so schön"), gar nicht sein möchte sie ein Hund („wegen der Hundefänger").

Im Sceno-Spiel mit 6;1 Jahren möchte sie ein Krokodil sein, um für „Betty", den Säugling, Menschenfleisch zu besorgen. Sie beißt mich mit dem Krokodil, bis ich „tot" bin, will mich „auf dem Grill rösten", um mich danach zu essen. „Betty" sei deshalb allein, weil alle anderen Erwachsenen „tot" seien. Der „böse" Affe wird nur kurz aktiv auf der Suche nach Menschenfleisch.

Die große Freude und Lust, mit der sie „mich" zerkleinert, auf dem Rost zubereiten will, um dann den einsamen Säugling damit zu füttern, ist von keiner sichtbaren Hemmung getrübt. Die Kuh, die „Betty" angemessene Nahrung zur Verfügung stellen könnte, bleibt passiv, als Nährende funktionslos.

3.3.2 Interpretation

Ich deute die Scenospiele von Natascha als Ausdruck ihres Kampfes um innerpsychische Autonomie im Rahmen eines um Jahre verspäteten Individuationsprozesses. Vielleicht läßt sich in einer genauen Betrachtung der Entfaltung ihres aggressiven Potentials, über die sechs Scenospiele hinweg, erkennen, wie sich archaische, aus Omnipotenzvorstellungen gewachsene, auf Vernichtung zielende Aggressivität (Leitlinie 6) verändert – in eine Form von konstruktiver Agggressivität, die als ein Teil der Individuation in der Persönlichkeitsentwicklung bedeutsam ist. In ihr sehe ich ein Kriterium zur Beurteilung kindlicher Verhaltenszustände als organisiert. Ich folge mit meiner Deutung dem sich in den Scenospielen 1-6 abzeichnenden Vorgang der Auseinandersetzung des Mädchens mit aggressiven Impulsen.

1. Ihre Fähigkeit, ein Spiel in der Triade Natascha-Untersucher-Spielgegenstand zu entfalten, zeigt mir, daß sie genügend Sicherheit durch gute Elternfiguren verinnerlicht hat. Sie differenziert die Situation in Ich-Du-Gegenstand-Symbol.

Sie „birgt" die aus ihrem bewußten Leben verschwundene ‚männliche Erfahrung' in Form des Krokodils aus der Tiefe eines Sees. Daß sie etwas Bekanntes hebt, wird daran deutlich, daß sie einen See „für ein Krokodil" baut. Sie bettet es freundlich neben sich und macht es so zu ihrem Freund. Wie aus einem Traum läßt sie sich von der Mutter wecken, so als wäre es wichtig, daß die Fortsetzung des Kontaktes zum Krokodil (Vater?) ausgeschlossen wird. Natascha zeigt ihre Kontrollfähigkeit gegenüber inneren, dynamischen Prozessen.

2. Jetzt entfaltet sie ihre destruktive Aggressivität (Leitlinie 6) aus der Identifizierung mit einem männlichen und einem weiblichen Symbol. Darin sehe ich eine Voraussetzung für die Entwicklung von trianguläer Kommunikationsfähigkeit als erfüllt an. Die anschließende „Rache" der Mutter an Natascha zeigt, daß sie ihre Mutter nicht für „überlebensfähig" (vgl. *Winnicott* 1993) hält, sich selbst also nicht hinreichend sicher fühlt. Doch einen Absturz ins „Nicht-Sein" muß sie vermutlich nicht befürchten, weil sie auch väterliche Erfahrungen verinnerlicht hat.

3. Nun sind ihre Eltern „tot im Himmel". So mögen es vielleicht Kinder empfinden, wenn sie dabei sind, sich von ihnen innerpsychisch zu trennen. Doch die „Rache", diesmal vom männlichen Symbol, dem Krokodil, ausgelebt, verschont Nataschas Schwester, die ihre Verbundenheit zu Natascha zeigt. Natascha hat auch aus der Verinnerlichung dieser Bindung Sicherheit entwickelt. Kommen dann die Eltern vom Himmel zurück, verschwindet sie dorthin.

Ich sehe darin ihre Fähigkeit, mit diesen bindungsbezogenen, existentiellen Themen zu „spielen" und die Unterscheidungsfähigkeit zwischen Ich und Nicht-Ich dabei nicht zu verlieren (vgl. Leitlinie 2).

4. Wegen dieser distanzierten Haltung, mit der sie an die Vernichtung alles Lebendigen geht, sehe ich darin nicht die Kriterien von Leitlinie 6 erfüllt.

5. Die Transformation ihrer Aggressivität in die Beziehung zum Untersucher deute ich so, daß es ihr gelungen ist, einen Teil ihrer ängstigenden Aggressionsimpulse gegen Elternimagines auszuleben, um sich in der Realität diesen angstfreier überlassen zu können.

6. Da sie erlebt hat, daß ich vor ihrer Aggressivität nicht zurückweiche, kann sie ihre destruktiven Impulse ausleben, um sich davon zu befreien. Sie nimmt wahr, daß ich „überlebe". Wenn ihre Eltern

jedoch mit Verboten oder Abwertungen derart gegen ihre destruktiven Impulse vorgehen, daß sie diese nicht als Begrenzung, sondern als Eingriff versteht, werden ihre archaischen Phantasien bleiben, und Individuation wird gebremst.

3.4 Projektive Zeichnungen
3.4.1 Bericht
Im Alter von 5;5-5;11 Jahren fertigt Natascha fünf Zeichnungen auf die Anweisung, verwandle deine Familie und male sie, an. Es entsteht in jedem Monat eine Zeichnung.

Zunächst malt sie sich als kleinen Hasen im Kopf ihrer Schwester, die sie als große Katze darstellt. Im zweiten Bild ist ihre Schwester ein großer, alles überragender Baum, während sie sich als kleine Pflanze von allen abwendet (Abb. 1). Auf Abb. 2 stellt sie ihre Schwester als „Haus mit einem langen Weg" dar. Sie grenzt sie ein und damit von den übrigen Familienmitgliedern aus. Sie selbst ist ein kleiner Würfel am äußeren Rand. Auf Abb. 3 stellt sich Natascha als Eichhörnchen dar, das einen kleinen Würfel, so stellt sie diesmal ihre Schwester dar, vor sich her zu schieben scheint. Auf einer anderen, nicht abgebildeten Zeichnung malt sie sich als prägnanten Baum mit Äpfeln, von dem sie einen vergifteten nimmt, um ihre Schwester, „die alles frißt", zu töten. Nach der letzten Zeichnung macht sie ein Kampfspiel mit mir.

3.4.2 Interpretation
Natascha dokumentiert den Wandel ihres Selbst innerhalb der Familienbeziehungen als ihr „größer-mächtiger-agressiver-Werden" im Verhältnis zu der ohnmächtiger dargestellten Schwester. Sie dokumentiert in den Zeichnungen den Wandel ihres Bildes, das sie sich von Vater und Mutter macht. Ihre Mutter wird von einem nahezu unsichtbaren Hund über ein Nüsse fressendes, an ihrer großen Tochter, dem mächtigen Baum, hängendes Eichhörnchen (Abb. 1), über eine „Welle" am Rand (Abb. 2), einem gefräßigen, mit spinnenartigen Beinen ausgestatteten Tausendfüßler (Abb. 3) zu einem Haus, dem Symbol für Sicherheit innerhalb eines umgrenzten Raumes.

Ihren Vater sieht sie als Maus im Mittelpunkt der Familie, dann als „Schnecke, die Handstand macht". In Abb. 2 ist er ein deutlich dargestellter Baum, neben den sich Natascha wie einen schwebenden Drachen malt. In Abb. 3 ist er ein aufgeblasenes Pferd mit vielen kleinen Füßchen. Ein anderes Mal zeichnet sie ihn als Würfel, ein Gegenstand im Spiel der anderen.

Ihre Mutter sieht sie in ihrer Vielseitigkeit mal zärtlich, mal bedeutungslos, mal bedrohlich und mal schützend. Im Bild von ihrem Vater treten starke Züge hervor, aber die ironische und dadurch Distanz herstellende Verarbeitung ihrer Erfahrungen mit ihm, prägt den Gesamteindruck. Hier findet möglicherweise die Abwertung des Mannes durch seine Frau ihren Niederschlag.

Im Mittelpunkt der Zeichnungen sehe ich die Auseinandersetzung des Kindes mit dem Bild, das sie von ihrem Vater hat. Identifizierungen des Kindes mit ihm werden im diagnostisch-therapeutischen Prozeß belebt. Die Merkmale ihrer Zeichnungen ordne ich Leitlinie 10 zu.

3.5 Sprachdiagnostischer Befund

Es besteht eine Sprachentwicklungsverzögerung mit universeller Dyslalie und Dysgrammatismus. Die sprachliche Ausdrucksfähigkeit im syntaktischen wie im grammatikalischen Bereich ist im Alter von 4;1 Jahren erheblich eingeschränkt. Die Sprache ist weitgehend verständlich. Es fehlen Frikativlaute bei inkonstanten Fehlbildungen von R und L, und es ist die allgemeine Tendenz zu beobachten, fehlende Laute durch d zu ersetzen.

Sprachtherapeutischer Befund im Alter von 5;0 Jahren nach kontinuierlicher Sprachtherapie: In der Differenzierung der Verschlußlaute gibt es jetzt kaum noch Probleme. Die Anbahnung der Reibelaute ist schwierig, wobei die Problematik besonders im Transfer zur Spontansprache liegt. In der Übungssprache hat sie an Sicherheit gewonnen. Es besteht noch eine Tendenz zur Übergeneralisierung. Mehr unbewußt besteht die Tendenz zu einem Festhalten an kleinkindhafter Ausdrucksweise. Sie hat noch Schwierigkeiten in der Satzbildung.

Sprachtherapeutischer Befund im Alter von 6;1 Jahren nach kontinuierlicher Sprachtherapie: Das Kind kann das stimmhafte S jetzt im Anlaut und Inlaut sicher bilden. Die Bildung des stimmlosen S-Lautes gelingt in den Konsonantenverbindungen Ks und Ts noch nicht sicher. Die Mängel im morphosyntaktischen Bereich sind weitgehend behoben.

4. Nachuntersuchung

Die Eltern berichten nach zehn Monaten, daß Natascha in einigen Monaten die Grundschule besuchen wird. Im Verhalten sei sie noch manchmal wie ein Baby, indem sie ihre Sprache verändert und sich hilflos stellt, sagen die Eltern abwertend. Ihre Hauterkrankung besteht fort und muß z.Zt. täglich von einem Arzt behandelt werden. Sie berichten ferner, daß Natascha viele Kontakte hat. Sie tritt offensiv und provokativ ihren Eltern entgegen.

4.1 Scenotest
4.1.1 Bericht
Sie unterteilt die Spielfläche mit Bausteinen in zwei Teile im Verhältnis von 1/3 zu 2/3. Auf die 1/3 -Fläche stellt sie Vater, Mutter und drei Kinder, wovon eines ein Baby ist. Als ihre zuschauende Schwester ihr sagt, in ihrer Familie gäbe es kein Baby mehr, nimmt sie es weg. Sie baut einen gestauten See, über dessen Auslaufen sie mit einem Hammer entscheiden kann. Auf die 2/3- Fläche stellt sie eine Badewanne und legt sich als Mädchen hinein. In ihrer Nähe stehen das Krokodil, ein Tiger und die Kuh.

Sie lacht und spricht laut, schlägt mit einem Hammer auf den Tisch und greift den Untersucher, den sie Vater nennt, an. Sie wirkt aufgedreht und sehr extrovertiert.

4.1.2 Interpretation
Vermutlich war die aggressive Auseinandersetzung, die mit dem Untersucher während der Hauptuntersuchung begonnen worden war, in der Familie eher gebremst worden, so daß der gestaute See, dessen Damm sie mit dem Hammer öffnen kann, als Symbol für ihre zurückgehaltene Aggressivität zu deuten ist.

Ich deute ihr Rollenspiel vom kleinen Mädchen, das in der Badewanne Wärme und Geborgenheit sucht, als Anpassungsversuch an die Realität, die ihre Wünsche nach kleinkindhafter Zuwendung unbefriedigt läßt. Sie trägt sie provokativ an ihre Eltern heran. An deren Verärgerung ist zu erkennen, daß die „Passung" zwischen Kind und Eltern jetzt, ähnlich wie früher, dissonante Aspekte hat.

Empirisch-praktischer Teil 239

4.2 Zeichentests
Auf Abb. 4 malt sie sich so groß wie ihre Mutter, was als Hinweis auf Rollenumkehr zu verstehen ist (Leitlinie 1). Sie sieht ihre Eltern als Elefantenkopf, sich daneben als Vogel. Ein anderes Bild zeigt einen im Aquarium gefangenen Wal. Dieses Bild lese ich als ein Symbol für gestaute Kraft und für Freiheitsbeschränkung, der sie sich als Vogel entziehen will. Abb. 5, ein Mensch-Zeichentest, thematisiert als Mißverhältnis zwischen Kopf- und Körpergröße kognitive Bewältigungsstrategien leiblicher Schmerzen und Defiziterfahrungen. Alle Zeichnungen erfüllen Kriterien von Leitlinie 10.

5. Beurteilung

Im Verlauf des diagnostisch-therapeutischen Prozesses vollzieht sich eine Veränderung des Kindes, die für das Verstehen ihres sexualisierten Verhaltens bedeutsam ist. In der ersten Untersuchung mit dem Sceno-Test „birgt" Natascha die aus ihrem Leben verschwundene „männliche Erfahrung" in Form des Krokodils aus der Tiefe des Sees. So beginnt die Darstellung ihres Identifizierungsprozesses mit seiner Stärke und Zerstörungskraft. Sowohl die folgende Inszenierung mit Sceno-Material als auch ihre in den Familienzeichnungen abgebildeten Innenwelten versinnbildlichen ihre Integrationsbemühungen um männlich-aggressive Affekte. Aus oraler Deprivation und frustrierender Erfahrung eines depotenzierten Vaters ist ihr verzweifeltes Handeln explosiv aufgeladen. Sie vitalisiert in ihrem Spiel Bereiche ihres Selbst, die verschüttet waren, über aggressiven Ausdruck im Spiel, ohne dabei desorganisierte Verhaltenszustände zu zeigen.

Ihr sexualisiertes Verhalten verstehe ich als Ausdruck ihrer Suche nach Sicherheit und Klarheit in ihrer Geschlechtsidentität. Aus der Beziehung zwischen ihren Eltern, wie sie sich in der Familiengeschichte abzeichnet, hat sie gelernt, ihren Vater in seinen männlichen Eigenschaften nicht ernst zu nehmen. Sie sucht, nahezu bittend, Resonanz von Männern, z.B. auf ihre genitale Sexualität, weil ihr Vater „wie in einem See versunken" war. Im Alter von 6;2 Jahren erklärt sie in einem verbalen Dialog beim Betrachten einer Mensch-Zeichnung klar und eindeutig, daß sie nur bei Papa einen „Strullemann" gesehen hat, und sonst bei niemand.

Natascha bedient sich kreativer Medien zur Transformation traumatischer und defizitärer Erfahrungen in Spielabläufen, in denen ihr archaisches, narzißtisch gekränktes Selbst in wilden, oral-aggressiven Affekten um Existenz zu ringen scheint. Die ausgelassene Freude, mit der sie während der Erstuntersuchung fast durchgängig spielt und zeichnet, erweckt den Eindruck, als betreibe sie dabei eine längst fällige Befreiung aus grandiosen Phantasien, ohne in diese, wie eine desorganisierte Persönlichkeitsstruktur impliziert, gefangen gewesen zu sein. Die Leichtigkeit, mit der sie die imaginäre Szene beherrscht und Selbstaspekte re-inszeniert, zeigt eine organisierte Persönlichkeitsstruktur an.

Beim Spielen in der Nachuntersuchung vor den Augen ihrer Eltern und Schwester entsteht eine andere, schwere Atmosphäre, die im Gegensatz zu der in der Erstuntersuchung von Abwehr ihrer Kontaktwünsche geprägt ist. Ihre so befreiend vorgebrachte Aggressivität der Erstuntersuchung ist zurückgenommen worden. Als Herrin über das Seewasser und als Wal im Aquarium zeigt sie eher dumpfe Bedrohung.

Empirisch-praktischer Teil 241

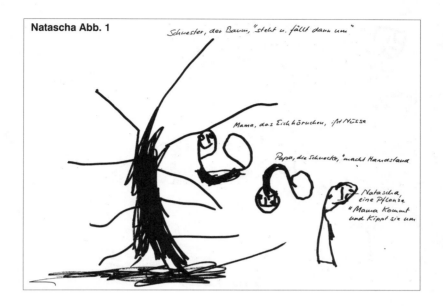

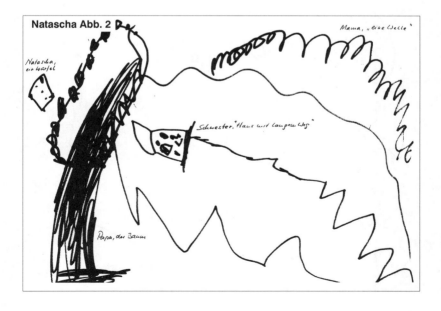

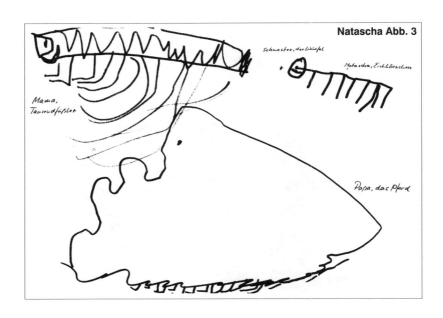

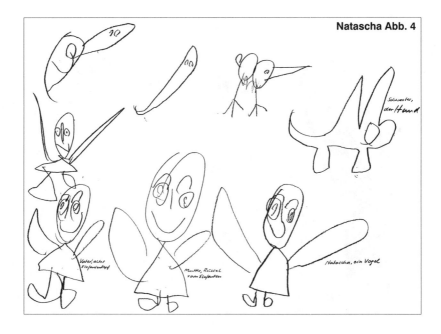

Natascha Abb. 5

Kasuistik 7

Nils

1. Sexualisiertes Verhalten

Am Frühstückstisch fragt Nils mit 5;11 Jahren: „Wer bumst heute mit wem?" Zehn Tage später setzt er sich auf den Schoß eines anderen Jungen aus seiner Gruppe, küßt ihn auf den Mund und sagt: „Komm, wir bumsen", und bewegt sein Becken. 2 1/2 Monate später versucht er mit der Unterstützung von zwei anderen Jungen, einem Mädchen aus der Gruppe die Hosen herunterzuziehen. Etwas später bedrängt er ein anderes Kind körperlich, will es festhalten und sagt: „Los, wir bumsen". Einige Tage danach hält er einen zwei Jahre jüngeren Jungen fest, „knutscht" ihn mit Zungenkuß, stöhnt bei Beckenbewegungen, die er am Körper des anderen Kindes vollzieht. Einem männlichen Erzieher öffnet er die Hose und will ihn ausziehen.

Im Alter von 6;10 Jahren greift er an die Geschlechtsorgane einer Erzieherin, begleitet von einer sexualisierten Sprache. Sie fühlt sich ihm „nahezu ausgeliefert" und kann sich seiner Zudringlichkeit nur durch massive Gegenmaßnahmen erwehren.

2. Die Entwicklung des Kindes im Rahmen seiner Familienbeziehungen

Die Mutter lebt mit Nils und einem Mann in einem renovierungsbedürftigen Haus. Materielle Sorgen belasten die Lebensgemeinschaft. Der leibliche Vater des Jungen starb, als Nils 4;3 Jahre alt war. Seine Eltern hatten zu diesem Zeitpunkt bereits getrennt gelebt. Zur Trennung war es aus der Sicht der Mutter gekommen, weil ihr Mann unselbständig gewesen war, unregelmäßig gearbeitet, teure Autos ohne Eigenkapital angeschafft und häufig einen derartigen materiellen Notstand in der Familie geschaffen hatte, daß die Versorgung des Kindes gefährdet gewesen war. Unter Alkoholeinwirkung habe er sie auch in Gegenwart von Nils oft geschlagen. Geld hatte er eher für Spielsachen als für Nahrung ausgegeben, um sich die Zuneigung des

Jungen zu sichern, sagt die Mutter. Von einer intensiven Beziehung zwischen Vater und Sohn sprechen auch seine Großeltern. Nils' Mutter bekam früh ihr erstes Kind, dessen Vater auch der Vater von Nils war. Das Mädchen starb im ersten Lebensjahr. Ihr Mann hatte den Jahre später geborenen Nils wie ein Mädchen behandelt. Auch die Mutter verleugnete lange den Tod ihrer Tochter. Ihrem Mann hatte sie sich „bis zur Selbstaufgabe untergeordnet". In dieser Beziehung sei ihr Selbstvertrauen verloren gegangen. Während der ersten Lebensjahre von Nils mußte sie sich mehrere Monate in stationäre psychiatrische Behandlung begeben. In dieser Zeit war Nils bei seinem Vater und dessen Freundin gewesen. Hier sei er Zeuge ihrer Sexualität geworden.

Der Mann, mit dem die Mutter jetzt seit mehreren Jahren zusammenlebt, übernimmt für Nils väterliche Verantwortung, wobei sein Verhalten streng, konsequent und oft sehr aggressiv ist. In seiner starr wirkenden pädagogischen Haltung bietet er Nils ein väterliches Modell an, das er bisher nicht kennengelernt hat. Die Mutter akzeptiert „zähneknirschend" diese Haltung ihres Partners. Sie sagt, sie könne aus Angst vor Verlust der Liebe ihres Sohnes so wie er nicht sein. Ihre stummen Versuche, sich den Herrschaftsansprüchen ihres Freundes, die er mit physischer und psychischer Gewalt unterstreicht, zu widersetzen, führen schließlich zur Trennung von ihm.

Bei seinen Großeltern fand Nils schon frühzeitig die Geborgenheit, die sich ein Kind als Gegengewicht zu Risikofaktoren, die eine dauernde psychische Überforderung in sich tragen, ersehnt.

Die individuelle Entwicklung des Kindes ist seit seiner Geburt von einer körperlichen Erkrankung überschattet, die viele Krankenhausaufenthalte sowie regelmäßige schmerzhafte Behandlungen durch Ärzte mit sich bringt. Seine Mutter lebt in der Angst vor einem frühen Tod des Jungen. Genährt werden diese Befürchtungen durch die Gefahren seiner Krankheit sowie durch Verlustängste in Folge der Traumatisierung als Mutter, die einen Säugling verloren hat.

Beim Spielen muß Nils vorsichtig sein, um Verletzungen zu vermeiden. Er hat bereits in einem sehr frühen Lebensalter seine Objektumwelt als einschränkend, schmerzend und lebensgefährlich erlebt. Nach dem Tod seines Vaters hatte er, nach Aussage der Mutter, Selbstmordversuche unternommen, um dorthin zu kommen, wo er seinen toten Vater und seine tote Schwester vermutete.

Ihre Beziehung zu Nils wirkt jetzt empathisch. In innerpsychischen oder partnerschaftsbezogenen Krisen, in die sie leicht gerät, neigt sie dazu, Nils überbehütend an sich zu binden. Bis zum Alter von 6;2 Jahren war ihre Beziehung zu Nils sehr schwierig gewesen. Er sei oft von zu Hause weggelaufen, ohne ihr Bescheid zu sagen. Nach einer längeren Krankheit des Kindes hatte sie wieder kindliche Bedürfnisse nach Zärtlichkeit bei ihm wahrgenommen und gern beantwortet. Bis dahin hatte sie sich wegen seiner altersunangemessenen Sexualität innerlich von ihm distanziert. Er wollte sie z.B. mit geöffnetem Mund küssen. Sie wirkt beim Erzählen traurig und bestürzt.

Fernseh- und Videofilme sind dem Jungen zugänglich. Nils ist ein hübscher Junge, der überdurchschnittliche Körperkraft entwickelt hat.

3. Ergebnisse aus kognitiver und projektiver Diagnostik sowie aus freiem szenischem Spiel

3.1 Verhalten in der Triade Ich-Du-Puppe
Im Handpuppenspiel mit „Max" führt er mit ihm ein realitätsbezogenes Gespräch, ohne den Kontakt zum Untersucher zu verlieren.
Max: Wer bist du? „Nils"
Max: Wo warst du so lange? „Zu Hause"
Max: Warum? „Krank"
Max: Was hattest du? „Bluten"
Max: Was willst du spielen? „Autos und Krieg"

3.2 Kognitive Entwicklung
Im Verlauf von vier Intelligenzuntersuchungen anhand nichtsprachlicher Verfahren innerhalb von fünf Monaten zeigt er starke Schwankungen (IQ-Werte zwischen 55 und 96).

3.3 Spiel mit Sceno-Testmaterial und freies Spiel
3.3.1 Bericht
In drei Sceno-Test-Untersuchungen werden drei unterschiedliche Selbstbilder deutlich. Mal ist er ein Baby, das nach Essen schreit, oder er ist jemand, der zur Kuh sagt: „Ich will dich melken." Im nächsten

Augenblick ist er Herr über Leben und Tod, der Menschen und Tiere „tötet" und „zerstückelt" (Leitlinie 5).

Die 4. Untersuchung mit dem Scenotest schildere ich ausführlicher, weil darin seine Sexualphantasien in Szene gesetzt werden. Während der Spielzeit von 45 Minuten läßt der Junge „Mann und Frau ficken, knutschen, bumsen", bis sie am Ende „fertiggebumst haben", was er zwei Figuren, stimmlich begleitet von „Ä, bah, pfui," tun läßt. Als ich ihn frage, ob er das „Bumsen" schon gesehen habe, sagt er: „Ja, im Fernsehen". Sonst nicht? „Nein, Geheimnis." Wer sagt das? „Mama" (Leitlinie 3).

Mit dem Krokodil zerstört er seinen Aufbau, zuletzt auch die, „die bumsen". Drei Personen quetscht er in eine Schachtel und sagt, „jetzt haben sie Schutz". Anschließend tötet er „Oma", in dem er sie mit einem Baustein zerquetscht und anschließend begräbt. Den Weihnachtsbaum und den Weihnachtsmann läßt er von einem Mädchen töten. Lange unentschlossen sagt er schließlich, daß er zu den „Bumsenden" gehört. Der Fernsehapparat im Zimmer „überlebt" die Wellen der Zerstörung (Leitlinie 6).

Kurzfristig stellt er Körperkontakt her, dann will er mich dazu bringen, ihm zu dienen (Leitlinie 5).

Im freien Spiel fallen seine vorsichtigen, verlangsamten Bewegungen sowie sein nahezu starrer Gesichtsausdruck auf. Beim überraschend heftigen Schlagen auf eine Trommel sagt er: „Kaputtmachen macht Spaß." Die Anregung, seine „verzauberte Familie" zu malen, lehnt er ab, weil er Angst hat, seine Mutter und seinen Bruder dabei zu verlieren. Hier wird die magische Kraft seiner Phantasie deutlich (Leitlinie 2).

Immer wieder „tötet" er Männer, und manchmal rettet er sie vor dem Sterben (Leitlinie 5). Im Verlauf mehrerer Einzelstunden stehen seine heftigen Aggressionen gegen mich im Vordergrund.

3.3.2 Interpretation

Es fällt sein, im Sinne der aufgestellten Merkmale, als desorganisiert zu beurteilender Verhaltenszustand auf. Seine Zerstörungsaffekte weisen auf frühkindliche Omnipotenzphantasien hin. Hinreichend verläßliche Bezugspersonen konnten sich mit ihm bisher nicht so auseinandersetzen, daß der Junge seine Energie zum Aufbau realistischer Beziehungen auf der Grundlage „wissender Individuation" (vgl. *Stierlin* 1994) nutzen konnte.

3.4 Ergebnisse aus projektiven Zeichentests und freiem Zeichnen
3.4.1 Bericht
In den vier Menschenzeichnungen (z.B. Abb. 1), im Verlauf von drei Monaten im Alter von 6;2 und 6;5 Jahren angefertigt, zeigt Nils eine große Breite hinsichtlich der Annäherung an die Darstellung der menschlichen Gestalt. Mal sind Arme, Rumpf und Kopf zwar zu erkennen, entsprechen jedoch dem zeichnerischen Entwicklungsstand eines etwa drei Jahre alten Kindes. Mal übermalt er aggressiv den Rumpf, mal ist die Figur leer (Abb. 1). Auch bei den Armen lassen sich keine Übereinstimmungen erkennen: fehlen sie in Abb. 1 völlig, verlieren sie sich auf hier nicht gezeigten Zeichnungen in Spiralfäden oder sind überdimensioniert wuchtig und in Abb. 3 kleine Fremdkörper am Rand des großen Mundes. Allein Abb. 3 zeigt ein nach mehreren Merkmalen differenziertes Abbild: Haare, Pupillen, Mund, Arme, Beine und Rumpf.

In Abb. 2, die mit 6;5 Jahren entstanden ist, zeichnet er ein „Haus", das einem Fernsehgerät ähnlich ist, so als wäre seine Geborgenheitserfahrung die seiner Beziehung zu den bunten Bildern auf dem Schirm. Der Mensch steht davor und schaut mit großen Augen. Er kann nicht sprechen, weil er keinen Mund hat, nicht handeln, weil ihm die Arme fehlen, und sich nicht bewegen, weil er auf einem abgerundeten Rumpf steht.

3.4.2 Interpretation
Die Abb. 1, 2 und 3 ordne ich der neunten Leitlinie zu, weil sich die zeichnerische Symbolisierungsfähigkeit des Jungen andeutungsweise in den detailarmen Darstellungen erkennen läßt.

Die dargestellte Bewegungsunfähigkeit der Figuren, die nicht seiner tatsächlichen Bewegungsvielfalt entspricht, läßt sich als Ausdruck der Erfahrung interpretieren, daß freie Bewegungen zu lebensbedrohlichen Verletzungen führen können, die Nils bereits erlebt hat und die von seiner Mutter beschworen werden, um ihn zur Vorsicht zu erziehen. Sie läßt sich jedoch auch als Symbol für den Stand seiner Persönlichkeitsentwicklung interpretieren. Unter- oder Überstimulierungen in Beziehungserfahrungen haben zu Persönlichkeitsentwicklungsstörungen geführt, worauf z.B. die Leere in dem Rumpf von Abb. 1 oder das Füllen von Formen mit heftiger Strichführung verweisen. Daran werden gegensätzliche emotionale Zustände sichtbar (Leitlinie

5). Das Ansetzen der Arme an die große Mundhöhle in Abb. 3 und das Weglassen von Armen in Abb. 1 deute ich als Ausdruck einer nicht hinreichend guten und seinen oralen Bedürfnissen angemessenen Erfahrung von Geborgenheit und Zuwendung, aus der eine Unfähigkeit zum Handeln und der „Verwendung von Objekten" im Individualisierungsprozeß entstanden ist (vgl. *Winnicott* 1993). Kompensatorisch gibt er sich in einer anderen Zeichnung Muskelpakete, die als ein Ausdruck von Grandiositäts- und Omnipotenzphantasien zu deuten sind.

Ich beurteile seinen Verhaltenszustand aufgrund dieser Zeichnungen als desorganisiert.

3.5 Sprachdiagnostischer Befund mit 6;9 Jahren

Leichte Sprachentwicklungsverzögerung. Sein Sprachverständnis ist leicht verzögert. Manchmal müssen ihm Zusammenhänge wiederholt erklärt werden, bis er etwas versteht.Während sein aktiver Wortschatz nahezu altersentsprechend ist, ist sein passiver Wortschatz nicht altersentsprechend entwickelt. Probleme hat er mit dem richtigen Gebrauch der Pronomen. Oft gelingt es ihm nicht, einen Satz grammatikalisch richtig zu bilden. Bei Worten, welche ihm nicht sehr geläufig oder zu lang sind, vertauscht er ab und zu die Laute.

4. Nachuntersuchungen

4.1 Bericht

Im Alter zwischen 7;6 bis 7;9 Jahren fanden Nachuntersuchungen in Form von vier Spielstunden und einem Gespräch mit der Mutter und dem Großvater des Jungen statt. Es waren die 34., 35., 38., 41. Therapiestunden einer psychotherapeutischen Behandlung, die nach der Entlassung des Jungen aus der teilstationären sonderpädagogischen Einrichtung begonnen hatte. Es wird zusätzlich von zwei Therapiestunden berichtet, als Nils 8;8 Jahre alt war.

Nils provozierte seine Mutter mit Beschimpfungen und jähzornigen Anfällen, indem er sich z.B. auf den Boden warf, um seinen Wünschen Nachdruck zu verschaffen. Sexualisiertes Verhalten wurde in der Familie nicht beobachtet, in der Schule versuchte er hin und wieder, ein Mädchen zu küssen.

Im Spiel baut er mit Puppen seine Familienmitglieder auf und tötet sie anschließend, so daß er allein zurückbleibt. Sein Handeln scheint nicht aus der Wut auf die Menschen, sondern aus einer Lust an Überlegenheit motiviert zu sein. Diese sucht er auch im Kontakt zum Untersucher, gegen den er meist kämpft. Er tritt und spuckt nach ihm. Er will ihn aus dem Raum entfernen, wenn das Spiel nicht nach seinen Wünschen verläuft. Nur selten läßt er Berührungen zu.

Er inszeniert mit Scenomaterial den Absturz zweier LKWs von einer Brücke in den Fluß. Er ist der Fahrer in einem Fahrzeug. Nils rettet alle, mal mit einem „Rettungskran", mal mit einer „Holzente", und er bleibt tot im Wasser liegen. Danach bricht er das Spiel ab. Sein Spielverhalten wirkt schematisch. Er zentriert den Inhalt auf das Trauma, das er kühl und distanziert im Spiel darstellt, einer kreativen Weiterführung des Spiels verweigert er sich. Nils macht sich zum Retter, wo es doch um seine Rettung vor dem drohenden Untergang geht.

In einer Stunde malt er den Absturz von Autos von der Brücke ins Wasser. In immer heftiger werdenden Malbewegungen mit dem blauen Stift läßt er das Wasser steigen, bis es die Autos überflutet hat. „Tot", sagt er. Wer? „Ich".

In den zwei Therapiestunden im Alter von 8;8 Jahren, aus denen ich kurz berichte, verhält er sich im Kontakt zu mir offen, kontaktfreudig und nicht grenzüberschreitend.

Er begrüßt mich lachend, umarmt mich dabei oder schlägt mir kumpelhaft in die Hand. Zwischen 15 und 20 Minuten sitzt er dann auf meinem Schoß und spielt von dort aus. Die Abschiede gestaltet er ähnlich herzlich wie die Begrüßungen. Im Spiel gibt es Unfälle und Angriffe, doch es geht ihm dabei nicht um die Inszenierung von Vernichtungsphantasien; er respektiert die Grenze zwischen Ich und Du.

Die mit 7;6 Jahren angefertigten Zeichnungen „Haus", „Mensch" (Abb. 4) und „Baum" sind in erster Hinsicht Dokumente seiner kaum kontrollierbaren Impulsivität und Selbstüberschätzung (Leitlinie 9). Im Vergleich der Menschenzeichnung, die er mit 6;2 Jahren angefertigt hatte, und dieser werden neben der kräftigen Strichführung neue Körperteile und ihre Proportionen zueinander sichtbar. Der Kopf füllt jetzt 3/4 der Fläche aus. Darunter befindet sich ein kleiner, runder Körperteil, nicht größer als das Ohr, der Hals oder Rumpf sein könnte, an den in Dreiecksform Beine oder eher ein Sockel angefügt sind, die zwar dem Menschen Halt am Boden geben können, jedoch eine Fortbewegung ausschließen. Das, was Hals oder Rumpf darstellen kann, vermag den riesenhaften Kopf nur zu halten, wenn der Mensch die Bewegung vermeidet. Im Vergleich zu Abb. 1 beschreibt Abb. 4 ein differenziertes Selbstbild. Geblieben ist die Bewegungslosigkeit, hinter der in Abb. 4 jedoch die kontrollierte innere Kraft sichtbar wird, für deren Umsetzung und Handlung nach außen er noch keinen Weg gefunden hat, weil „er" keinen Rumpf hat, aus dem der Impuls dazu kommen könnte.

Die mit 8;8 Jahren angefertigte, nicht abgebildete Zeichnung ist ein Selbstbildnis mit ähnlichen Proportionen wie die in Abb. 4. Im Unterschied zu dieser Zeichnung fallen hier jedoch die markanten Haare und der massive Boden unter den Füßen der Person auf, wozu Nils sagt, er stehe auf einer Brücke (Leitlinie 10).

4.2 Interpretation

Im ersten Spiel der Nachuntersuchung inszeniert er ein Geschehen, das er allein überlebt. Darin sehe ich zwar seine Entscheidung, sich gegen den Tod zu stellen, aber auch die Vernichtung seiner Existenzgrundlage (Leitlinie 6). Auch im Kampf gegen den Therapeuten, der monatelang die Therapiestunden beherrscht, überwiegen Vernichtungsphantasien. Wenn er Autoabstürze darstellt, re-inszeniert er direkt den Tod seines Vaters, der dabei im Wasser erstickt war (Leitlinie 3 und 1).

Abb. 4 ordne ich Leitlinie 9 zu. Der riesige Kopf signalisiert kognitive Bewältigung von Affekten.

Im Spiel (als solches würde *Winnicott* sein zwischen Ich und Nicht-Ich verschwommenes Tun allerdings nicht bezeichnen) hebt er die Grenze zwischen sich und dem Tod auf.

Sein Verhaltenszustand ist in dieser Nachuntersuchung als desorganisiert zu bezeichen.

Anders jedoch im Alter von 8;8 Jahren. Hier sucht er die körperliche Nähe zum Therapeuten unter Aufrechterhaltung seiner Persönlichkeitsgrenze. Auf einer Zeichnung fällt die „Haarbedachung" des Kopfes auf. Mit *Wohl* und *Kaufman* (1985) deute ich dieses Detail als Ausdruck einer neu entwickelten Kontrollfähigkeit gegenüber seinen Phantasien. Daß er sich in dieser Zeichnung auf die Brücke stellt, deute ich als Versuch, sich von der inneren Verstrickung mit dem Tod seines Vaters zu distanzieren. Er kann nun beginnen, das „Introjekt" (Leitlinie 3), zu externalisieren. Der Vorgang läßt sich auch als Auseinandersetzung mit archaischer Retroflexion verstehen.

5. Beurteilung

Im Zentrum der innerpsychischen Dynamik zwischen Mutter und Sohn stehen die Verluste ihrer Tochter und seines Vaters. Der Tod des Kindes sollte mit der Geburt von Nils kompensiert werden. Diese Erwartung, viele Jahre später von der Mutter geäußerte Trauerreaktionen sowie eine angesichts des medizinischen Befundes ungerechtfertigt starke Angst vor einem frühen Tod ihres Sohnes, sprechen für nichtbearbeitete Verlusttraumata. Der Aufbau einer empathischen Beziehung zu Nils in seinen ersten Lebensjahren war belastet. Zur Unterstützung ihres Sohnes beim Tod seines Vaters und ihres Ehemannes fehlten ihr Kraft und innere Distanz. Mit der Bearbeitung ihrer Verluste waren beide überfordert und allein. Durch die somit weit über die Ereignisse hinaus konservierten Ängste wurde ihre Bindungsgeschichte „verstrickt" (vgl. *Main & Hesse* 1990). Aus ihr und anderen Kontexteinflüssen war die Sexualisierung des Kindes hervorgegangen, so daß er sich in phallischem Imponiergehabe nicht nur Kindern, sondern auch seiner Mutter näherte. Ein besonderes Problem seiner sexuellen Identitätsentwicklung bestand neben der Gewalt zwischen seinen Eltern in der frühen Identifizierung des Jungen mit der weiblichen Geschlechtsrolle durch seinen Vater und latent auch durch seine Mutter.

Das sexuelle Begehren seiner Mutter legt es nahe, darin einen, wenn auch völlig unangemessenen, Versuch zum Aufbau einer autonomen Identität zu sehen. Sein Erwachsenensexualität imitierendes Verhalten läßt die sexuellen Grandiositätsphantasien des Kindes erkennen. Seine darin versteckt hervordrängenden, ungestümen kindlichen Liebeswünsche beantwortet seine Mutter mit Entsetzen und Distanzierung. Sie „rächt" (vgl. *Winnicott* 1993) sich damit für seinen Angriff auf ihre Tabugrenzen, so daß es aus den früh entstandenen Kettenreaktionen zu weiteren Verstrickungen zwischen beiden kommt. Bereits am Beginn seines Lebens waren Interaktionserfahrungen von Störungen, Traumatisierungen und Defiziten geprägt. Nils war in einer Umwelt aufgewachsen, die nicht „gut genug" war (vgl. *Winnicott* 1993a), um entwicklungszeitlich und inhaltlich angemessene Formen für eine „Individualisierung gegen ... Bezugspersonen" (vgl. *Stierlin* 1994) entwickeln zu können.

Die Wiederholung alter Beziehungsprobleme in der neuen Lebensgemeinschaft der Mutter mit einem aggressiven Mann hatte die Weiterentwicklung und Belebung alter Ängste in Mutter und Sohn mit sich gebracht. Für die Bearbeitung der mit ihren Verlusten verbundenen Ängste war somit auch jetzt kein begünstigendes Klima entstanden.

Für eine Veränderung der seiner „Desorganisation" zugrunde liegenden IWMs gab es noch Jahre nach den frühen Traumatisierungen kein hinreichend protektives Milieu.

Als wichtigsten Schutzfaktor neben den Großeltern des Kindes sehe ich seine, möglicherweise im frühen Überlebenskampf gegen die von Geburt an bestehende körperliche Erkrankung gewachsene, aggressive Lebensgier. In der Gegenresonanz (vgl. *Metzmacher & Zaepfel* 1996b) bewegt sie mich, in einer oft wütenden Hartnäckigkeit, die Grenze zwischen uns verbal und nonverbal nach seinen Grenzverletzungen und Übergriffen immer wieder zu errichten und dabei die Beziehung aufzubauen.

Die Nachuntersuchung mit 8;8 Jahren dokumentiert anhand seiner nonverbalen Mitteilungen die Veränderbarkeit von IWMs, an der die therapeutische Begleitung beteiligt war. Die zur Beurteilung desorganisierter Verhaltenszustände zusammengestellten Gesichtspunkte lassen sich darin nicht erkennen.

Ein Anlaß, den sexuellen Mißbrauchsverdacht weiter zu verfolgen, ergab sich während des Untersuchungszeitraumes nicht.

Nils Abb. 1

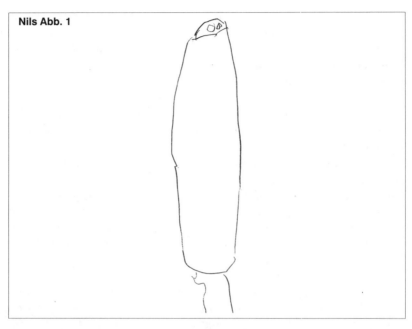

Nils Abb. 2

Empirisch-praktischer Teil 255

Nils Abb. 3

Nils Abb. 4

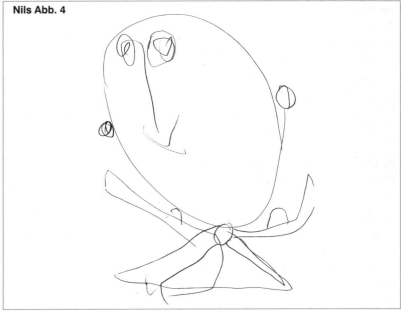

256 Traumatisierte Vorschulkinder

Kasuistik 8

Sylvia

1. Sexualisiertes Verhalten

Im Alter von 6;1 Jahren erzählte Sylvia ihren Erzieherinnen, daß ihr Vater sie an der Scheide „gekillert" hatte, als sie „nackig" gewesen war. Sie sagte auch, daß er ihre Mutter geschlagen und ihr selbst auf die Füße getreten hatte.

Ihre beiden Erzieherinnen kamen zu verschiedenen Beurteilungen ihres Verhaltens. Für die eine waren die Informationen Ausdruck ihrer außergewöhnlichen Phantasietätigkeit, bei der sie die Grenzen zur Realität häufig verwischte. Für sie war daher die Annahme sexuellen Mißbrauchs haltlos. Ihre Kollegin ging dagegen von ihrer inneren Erregung aus, spürte, wie ihr beim Zuhören „Adrenalin in den Körper schießt", woraus sie folgerte, daß Sylvias geschildertes Erlebnis nicht nur erfunden sein konnte.

Am Verhalten des Mädchens war während ihrer Schilderung der sexuellen Andeutungen ein „Grinsen", bei der Gewaltschilderung dagegen ein betroffener Gesichtsausdruck zu beobachten. Sylvia galt in ihrer Gruppe als besonders zuneigungsbedürftig, so daß vermutet wurde, sie wolle mit ihrer „Geschichte" zum Mittelpunkt der Aufmerksamkeit der Erzieherinnen werden, so wie ein anderes Mädchen, das wegen des Verdachts von Inzest ein Jahr lang im Zentrum ihrer Fürsorge gestanden hatte. Sylvia war mit diesem Kind befreundet.

2. Die Entwicklung des Kindes im Rahmen seiner Familienbeziehungen

Die Mutter des Mädchens war, zusammen mit mehreren Geschwistern, in sehr ärmlichen Verhältnissen aufgewachsen. Vor ihrer Geburt waren einige Geschwister gestorben. Zu ihrem Vater hatte sie ein gutes Verhältnis gehabt. Noch viele Monate nach seinem Tod sprach sie von ihm so, als sei er noch am Leben. Er hatte ihren Mut geschätzt. Sie sagt von sich selbst, „... an ihr sei ein Junge verlorengegangen."

Als Jugendliche hatte sie Fehlgeburten als Folge von Gewalteinwirkungen durch ihren Freund und späteren ersten Ehemann. Bald nachdem sie mehrere Kinder in dieser Ehe zur Welt gebracht hatte, zog die Familie in das Heimatland des Vaters. Um sich vor der fortgesetzten männlichen Gewalt zu retten, kehrte sie allein nach Deutschland zurück.

Hier verdiente sie als Hilfsarbeiterin ihren Unterhalt und wurde dabei von ihrem Chef sexuell bedrängt. Nach einem Jahr hatte sie ihren zweiten Ehemann, den späteren Vater von Sylvia, kennengelernt. Mit seinem Lohn als Arbeiter konnten sie sich „über Wasser halten". Er war ihr gegenüber nie gewalttätig geworden. Sie erlebte mit ihm „langersehnten Frieden", wie sie sagte.

Sylvias Vater wirkte gutmütig und gegenüber Forderungen seines Vaters, der mit im Haus wohnte, nachgiebig und ängstlich. Er sah seine Frau tatkräftig „... wie einen Mann", die sich um das Haus und seinen Vater kümmerte. Von diesem wurde sie abgelehnt, weil sie zwischen das enge Vater-Sohn-Verhältnis getreten war, berichtete sie.

Nach einer bis wenige Wochen vor der Geburt komplikationsfreien Schwangerschaft wurde Sylvia zehn Tage zu früh geboren. Unmittelbar nach der Geburt mußte sie sich einer sehr schmerzhaften Operation unterziehen, und bis ins zweite Lebensjahr war ihre Bewegungsfreiheit durch ein orthopädisches Hilfsmittel eingeschränkt. In dieser Zeit wurde ihre Schwester geboren, die in ihrem ersten Lebensjahr häufig stationärer medizinischer Hilfe bedurfte. Ein erheblicher Teil der elterlichen Fürsorge galt der Schwester. Zu beobachten war, daß sie sich schneller als Sylvia entwickelte. Der Vater empfand eine intensivere Bindung zu dem jüngeren Kind.

3. Ergebnisse aus kognitiver und projektiver Diagnostik sowie aus freiem szenischem Spiel

3.1 Verhalten in der Triade Ich-Du-Puppe

Im Rollenspiel mit der Handpuppe „Max", das am Ende des Untersuchungszeitraumes stattfand, wechselte Sylvia souverän zwischen einem phantasiegeleiteten Gespräch mit „Max" und der Verständigung darüber mit dem Untersucher.

Aus „Max", dem kuscheligen Biber, macht sie, weil er nicht sofort bekommt, was er fordert, ein wütend angreifendes Raubtier. Er reißt mir „blutige Wunden", die Sylvia dann sorgsam behandelt. Am Ende weiß sie nicht, wer sie sein möchte: meine Frau, ein Kind oder „Max".

3.2 Kognitive Entwicklung

Im vierten Lebensjahr errechnete sich eine Entwicklungsverzögerung von sechs Monaten. Im Alter vom vierten bis zum sechsten Lebensjahr variierte ihr IQ zwischen 70 und 75.

3.3 Projektives Geschichtenerzählen und Ergebnisse aus szenischem Spiel
3.3.1 Bericht

Zu den im CAT vorgelegten Bildern fügte sie in ihren Erzählungen neun Gegenstände bzw. Personen hinzu. Sie wurde mehrmals von einem Menschen umgebracht und war dann selbst „Mörder", dem „ein Kind gehört", das „gleich umgebracht" wird (Leitlinie 5). Er hat „Hose, Hemd aus", ist „nackig". „Das ist Geheimnis." „Ich weiß nicht, was da vorn hängt", sagt sie auf den Genitalbereich eines Mannes zeigend, wobei sie sich mit der anderen Hand den Mund verschließt.

In drei Scenotestuntersuchungen vor dem Entstehen des Verdachtes auf sexuellen Mißbrauch war das Mädchen weinerlich und wollte daumenlutschend Katze sein, um gestreichelt zu werden. Vor der Berührung wich sie dann jedoch zurück (Leitlinie 5). Erwachsene stellte sie auf der Spielfläche auf, um sie anschließend zu töten.

Zu den Einzelstunden nach der Mißbrauchsvermutung kam sie meist freudig und setzte der Beendigung oft heftigen Widerstand entgegen. Wenn sie den Therapeuten in ihr Spiel einbezog, dann so, daß sie ihm vorschrieb, was er zu tun hatte (Leitlinie 1).

Zum Zeichnen hatte sie weniger Lust als zum szenischen Spiel.

Manchmal verhielt sie sich trotzig, um etwas vom Therapeuten zu erzwingen, wobei es ihr eher um das Experimentieren mit Macht als um das Ziel ging. Zu körperlichen Berührungen mit dem Therapeuten kam es fast nie.

Aus den Einzelstunden mit Sylvia wähle ich in meiner Darstellung ihrer Persönlichkeitsentwicklung diejenigen Szenen aus, die ihre vielfältigen Beziehungserfahrungen und -wünsche dokumentieren, um ihre sexuellen Themen zu verstehen und ihre Bindungsstrategien kennenzulernen.

1. Sie stellt ein leeres Gefäß in die Mitte und sich als Mädchen, ihre Schwester, das Krokodil und die Kuh an die Ränder der Spielfläche. Ohne zu spielen, räumt sie die Figuren weg. In einer zweiten Sequenz hilft die Oma ihr, ihre Ansprüche gegen ihre Schwester zu behaupten. Unmittelbar danach tötet sie alle Erwachsenen, auch ihre Oma (Leitlinie 6).

2. Sie gibt ihren Großeltern mächtige Rollen, in denen der Opa sie vor Gefahr schützt und die Oma ihren leeren Becher füllt sowie das gefährliche Krokodil zähmt, auf dem Sylvia reitet.

3. Sylvia liegt krank im Liegestuhl neben ihrer auf 18 Jahre verjüngten Mutter, zu der sie sagt: „... gib mir einen Kuß." Dann stirbt sie und will von ihrer Mutter begraben werden. Als „Prinzessin" wird sie wiedergeboren und kämpft darum, von ihr anerkannt zu werden. Als sie es erreicht hat, wird aus der „Prinzessin" „Helga" und nicht „Sylvia", die erst später wieder auftaucht (Leitlinie 5).

Ihr Vater spielt keine Rolle, weil er getötet worden ist, sagt sie.

4. Auf Wunsch ihrer Mutter ist sie eine 18jährige Frau „mit Brüsten". Sie spielt Phantasien über Rechte und Pflichten einer Erwachsenen und muß „alles retten". In der Nähe vom Vater wird sie wieder zum Kind und küßt ihn. Auf die Frage, warum sie Frau war, antwortet sie, „... weil Großoma und Großopa gestorben sind" (Leitlinien 1,3,5).

5. Ich soll im Spiel am Puppenhaus „Vater" sein, dem sie stolz vorführt, wie mutig sie sich weit vom Haus entfernt, ohne ihre Verantwortung für den Haushalt aufzugeben, während alle anderen Familienmitglieder noch schlafen. Sie wirft ihre außerhalb des Puppenhauses stehende Schwester in ein Gefängnis, „weil sie sagt, sie will nach Hause". Sie selbst klettert als Puppe „Sylvia" auf das Dach und will von mir vor dem Absturz gerettet werden (Leitlinie 5).

6. Die Stunde findet nach einer achtwöchigen Pause statt. Sylvia spielt versorgende Mutter und verläßt danach das Haus, um in die Schule zu gehen (Leitlinie 1). Dort läßt sie die Puppe, mit der sie spielt, liegen und sagt, sie habe sich vergessen (Leitlinie 2). Sie geht nach Hause und wirft zusammen mit ihrer Mutter, deren Kind sie jetzt spielt, den Opa aus dem Haus (Leitlinie 1). Ihr Vater will den Opa schützen.

7. Bevor Sylvia beginnt, am Puppenhaus zu spielen, erzählt sie mir, dem „Polizisten", von einem Traum, in dem ihr ein Messer in den

Bauch gestoßen wurde. Sie fordert von mir, den Täter zu fangen, so als reiche meine Macht in ihren Traum (Leitlinie 2).

Im Spiel läßt sie ihre „betrunkene Mutter" vom Dach des Puppenhauses stürzen, die von ihrem Mann gerettet wird. Wenn sie selbst abstürzt, soll ich sie als „Vater" retten (Leitlinie 3). In froher Stimmung spielt sie danach mit ihm (Leitlinie 5).

3.3.2 Interpretation
Trotz ihrer eindeutigen Fähigkeit zur trialogischen Kommunikation zwischen Ich-Du-Puppe taucht sie im freien szenischem Spiel so weit in ihre phantastische Eigenwelt ab, daß sich dort die Konturen ihrer Identität immer wieder auflösen. Ihr Verhaltenszustand ist als desorganisiert zu beurteilen. Als Erfahrungshintergrund werden nicht erfüllte frühe Versorgungswünsche des Kindes deutlich.

3.4 Ergebnisse aus projektiven Zeichentests und freiem Malen
3.4.1 Bericht
Ihre ersten Zeichnungen sind nach der Anweisung „Male einen Menschen" im Alter zwischen 4;4 und 6;5 Jahren entstanden. Ich beschreibe Zeichnungen von Sylvia, die hier nicht abgebildet sind (außer Abb.1).

Es wird die bunte Vielfalt einzelner Kritzel ohne inneren Zusammenhang dargestellt (Leitlinie 8). In Abb. 1 werden erste Zuordnungen ähnlicher Kritzel deutlich, die an Darstellungen von Bewegungen der Spermien zur Eizelle erinnern (Leitlinie 8). Dann werden Elemente zu einer Ordnung gefügt, die als menschliches Körperschema interpretiert werden kann (Leitlinie 9). Einige Symbole, wie „Arme am Kopf", „vergitterter Bauch" und die freundlich wegschauende Sonne sind hinzugekommen (Leitlinie 9). Ihr Kopf ist auf einer Zeichnung im Verhältnis zum Körper überproportional groß, was an einen Mangel an Handlungsimpulsen denken läßt.

Es folgen mit den Abb. 2 und 3 Zeichnungen des Mädchens auf die Anweisung: „Verzaubere deine Familie."

Auf einer Zeichnung, die hier nicht wiedergegeben wird, zeigt sich Sylvia als Mensch, während sie alle anderen Familienmitglieder in Nicht-Menschen verzaubert. Sie stellt ihre Mutter in bezug auf Größe und Farbe anders als die übrigen Familienmitglieder dar.

Auf Abb. 2 stellt sie sich mit gelber Farbe, so wie ihre Mutter auf einer anderen Zeichnung, dar. Während sie ihre Mutter dort als einen die anderen an Größe überragenden Panther darstellte, ist ihre Mutter jetzt eine kleine Katze, die sie an den gleichen Ort auf dem Blatt Papier setzt wie sich selbst auf dem anderen Blatt.

Welch großartige Bedeutung sie sich selbst im Verhältnis zu anderen Familienmitgliedern auf Abb. 2 zuschreibt, wird an dem Text deutlich, den sie zu diesem Bild gesprochen hat: „Die Katze frißt die Maus, die Maus verschwindet zur Sonne. Die Sonne streichelt die Maus. Der Maus geht es schlecht. Die Katze kratzt den Mann. Papa soll Maus bleiben." Sie hatte sich in eine Sonne verzaubert.

Auf Abb. 3, Sylvia ist jetzt 6;11 Jahre alt, schwebt sie als Dreieck auf gleicher Höhe mit dem Weihnachtsmann der Sonne entgegen, mit der sie sich auf Abb. 2 identifiziert hatte. Welche Wünsche soll er ihr erfüllen? Von ihrer Familie, die sie an den unteren Bildrand zeichnet, hat sie sich weit entfernt.

Die Abb. 4 und 5 und andere hier nicht gezeigte, nenne ich „Sonnenbilder", weil Sylvia der Sonne eine zentrale symbolische Aussagekraft zuweist. Auf einem schaut eine „böse", neben der es eine kleine, „gute" Sonne gibt, auf einen Menschen, dessen Genital mit einem Sonnengelb hervorgehoben wird (Abb. 5). Das Lachen im Gesicht des Menschen kontrastiert mit dem drohenden Blick der blauen Sonne. Eine Macht, die sie auf Abb. 3 der Sonne verlieh, assoziiert sie hier mit Sexualität, auf die sie einen bösen Blick gerichtet sieht. Auf einem weiteren „Sonnenbild", das hier nicht zu sehen ist, ist „eine Sonne, die ein Krebs ist, der gegen Wände haut, aber nichts verändert und schließlich stirbt", zu sehen. Auf Abb. 4, ein Mensch-Zeichentest, „kommen Regen und Blitz über den Mann, der im Himmel bei der Sonne ist". Ihm sind jetzt Hände am Rumpf gewachsen. In ihrer magischen Phantasie hat sie sich die Sonne vom Himmel geholt, die ihr freundlich gesonnen scheint.

Auf einem weiteren „Sonnenbild" „steigt die Sonne Anna zur freundlichen Spinne herab, die sich mit ihr verheiratet." Die Vereinigung von „Sonne" und „Spinne" in Sylvia variiert das Thema der Konnotation von Sonnenkraft und Sexualität auf dem oben beschriebenen Bild.

3.4.2 Interpretation

Ihre in Bild- und Sprachsymbolen erzählten Geschichten sind schwer zu deuten. Sie handeln vom Zusammenspiel kosmischer Gewalten, in denen das Mädchen ihre innere Orientierungslosigkeit, Verloren- und

Zerrissenheit, aber auch ihre Suche abbildet. Ihre Identifizierung mit kosmischen Kräften läßt sich als Hinweis auf einen psychischen Zustand interpretieren, der ihr die Auseinandersetzung mit der konkreten Realität als bedrohlich erscheinen läßt.

Abb. 2 ordne ich Leitlinie 9 zu, weil die einzelnen Figuren eher Ausdruck höchstpersönlicher Schöpfungsprozesse als Kenntnisse von konventionalisierten Symbolen sind, was bei den Abb. 3, 4 und 5 der Fall ist, so daß sie der Leitlinie 10 zuzuordnen sind.

Bild 2 entstand als Ausdruck ihrer Suche nach Identität. Sie thematisiert Rollenumkehr (Leitlinie 1) und die mit diesem Beziehungsmuster verbundene Nichterfüllung eigener Bedürfnisse. Im animistischen Verständnis von sich als „Sonne" ist sie Wärmespenderin, aber weit weg von ihrer Familie. Sie wärmt den Vater und sorgt sich um die gefährdete Maus, zu der sie ihn verwandelt hat. Sie betont, daß „Papa Maus bleiben soll", was bedeutet, daß sie die beschriebene Beziehungskonstellation aufrechterhalten möchte.

Ihre Andersartigkeit, innere Leere und Distanz zur Familie drückt sie auf Abb. 3 dadurch aus, daß sie eine geometrische Form ist und im Raum schwebt, während ihre Eltern Pflanzen sind. Abb. 5 deute ich als Ausdruck ihres inneren Konfliktes zwischen kindlicher sexueller Lust (Wärme) und dem inneren Verbot, diese zu fühlen. Abb. 4 könnte als Ausdruck von Selbstbestrafung für eine phantasierte Schuld gedeutet werden, die sie als Person, die jetzt in der Lage ist zu handeln („Hände"), auf sich geladen hat. Doch die Sonne schaut wohlwollend zu, so als habe Sylvia einen inneren, protektiven Faktor an ihrer Seite.

In ihren „Sonnenbildern" beschwört sie auf magische Art die wärmende Kraft der Sonne, mit der sie sich vereinigen möchte. So werden ihre grandiosen Verschmelzungsphantasien sichtbar.

3.5 Sprachdiagnostischer Befund

Sprachentwicklungsverzögerung mit multipler bis universeller Dyslalie und hochgradigem Dysgrammatismus im Alter von 3;5 Jahren.

Sprachdiagnostischer Befund im Alter von 6;2 Jahren nach 1;8 Jahren Sprachtherapie:
1. Artikulation: Korrekte Lautbildungen und weitgehende Übertragung in die Spontansprache. Ein inkonsistenter Sigmatismus besteht fort.
2. Wortschatz: Er ist deutlich erweitert, aber noch nicht altersgemäß. Unsicherheiten auf abstrakter Ebene und im Wort- und Satzverständnis.

3. *Grammatik:* Sie bildet komplexere Satzgefüge mit Nebensätzen. Probleme bei Artikeln, Deklination und Konjugation bestehen fort.
4. *Sprachhandlungsebene:* Sie benutzt Sprache zur Mitteilung von Emotionen, Wünschen und Bedürfnissen sowie zur Lösung von Konflikten.

4. Nachuntersuchung

Sie fand 10 Monate später im Kinderzimmer des Mädchens statt. Sylvia freute sich über den Besuch und das gemeinsame Spiel. Sie sprach klar und differenziert.

4.1 Bericht

Im Gespräch mit den Eltern schilderten diese ihre Tochter als weinerlich, fordernd und aggressiv, wenn ihr etwas versagt wird. In einer Beobachtung zeigte sich, daß Sylvia trotz spontaner Ablehnung das von ihnen bekam, was sie forderte (Hinweis auf fortbestehende Rollenumkehr). Wenn ihre kleinere Schwester zu Hause bleibt, möchte auch sie nicht in die Schule gehen. Dort sei sie ehrgeizig und fleißig.

Die Mutter fühlt sich von den starken Bedürfnissen ihrer Kinder nach Zuwendung überfordert und findet zuwenig Rückhalt in ihrem Mann, der sich, wie sie sagt, widerstandslos von seinem Vater in Anspruch nehmen läßt.

Sylvia baut einen Tisch, Becher, Stuhl, Klo und das Fell im Deckel auf. Sie belebt die Szene, indem sie als erstes das Baby, dem sie ihren Namen gibt, an den Deckelinnenrand legt und ihre Eltern folgen läßt. Schließlich stellt sie vier Geschwister dazu, wobei sie eine „Erstgeborene" von einer „Zweitgeborenen" unterscheidet. Nun beginnt das Baby Sylvia zu weinen, und der Vater, den ich spiele, soll es hochnehmen („der ist lieb"), aber kurz darauf der Mutter in die Arme legen.

Das Baby schreit „Mama, Mama" und Sylvia sagt dazu: „... der hab ich ... als Baby in die Brust gebissen."

Jetzt kommt ihre Schwester und nimmt Sylvia aus dem Arm ihrer Mutter. Sylvia drängt die Mutter, die ich jetzt spiele, sie dafür zu strafen. „Ich hasse sie", sagt Sylvia. Sie wirft ihre Schwester über den Deckelrand und sagt: „... die gehört nicht mehr dazu."

Abb. 6, ein Menschen-Zeichentest, zeigt „Ich", wie Sylvia ihn nennt. Dem Menschen weist sie eine zentrale, aber im Gegensatz zum „Baum" (Abb. 7) eine vom unteren Blattrand abgehobene Position zu. Der ausgemalte Bauch wird von Stacheln umgeben, womit sie ausdrückt: Ich bin wehrhaft, aber ohne Arme handlungsunfähig. Zu den Strichen zwischen den Beinen sagt sie „Hose", womit sie auf eine männliche Kleidung hinweist. Es kann vermutet werden, daß sie Männlichkeit und Wehrhaftigkeit verbindet.

Der „Baum" auf Abb. 7 steht rechts im Bild (im Gegensatz zur Abb., wo er in die Mitte gerückt wurde), was Intellektualisierung, Kontrolle und realitätsorientiertes Verhalten bedeutet. Er beeindruckt durch seine geschlossene Gestalt. In der Krone gibt es nicht einzelne Früchte, sondern wabenähnliche Zusammenhänge. Es ist offen, ob sie sich schließen oder öffnen werden. Das Kind intendiert mit diesem Aufbau der Krone eine Bewegung vom Rand zur Mitte, vom Außen zum Innen.

4.2 Interpretation

Im Vergleich zu den Spielszenen der Erstuntersuchung handelt sie nicht mehr in einer „umgekehrten" Rolle als Schützende, Wärmende, Versorgende, sondern als schreiendes, bedürftiges Baby, das die Nähe zu ihrer Mutter sucht und den Platz bei ihr gegen die Ansprüche ihrer Schwester verteidigt. Die offensive Eindeutigkeit dieser zielgerichteten Handlungen, mit der sie sich auch während des Gesprächs gegen ihre Eltern durchsetzte, dokumentiert Ansätze zur Veränderung ihrer inneren Arbeitsmodelle. Ihr Verhaltenszustand ist jetzt eher als „organisiert" und weniger als „desorganisiert" zu beurteilen.

An der Menschenzeichnung (Abb. 6) fallen einige Details auf, die ich als Hinweise auf Gesichtspunkte deute, sie als der Leitlinie 10 zugehörig zu beurteilen. Die Haare sind zum ersten Mal prägnant dargestellt und lassen ihre Auseinandersetzung mit der Kontrolle ihrer Phantasie erkennen. Der Rumpf ist ausgemalt und kann als Hinweis auf den Aufbau von innerpsychischer Fülle – zu der auch Aggressivität gehört –, wo vorher Leere war, interpretiert werden. Der Baum beschreibt den Prozeß der Verkernung vom Außen zum Innen. Vielleicht ist er damit Ausdruck der frühen Mutter-Kind-Interaktionen, die von Traumatisierungen auf beiden Seiten durchfärbt waren und später allmählich befriedet wurden.

Die Zeichnungen der Nachuntersuchung ordne ich der Leitlinie 10 zu.

5. Beurteilung

In der Erstuntersuchung bildete das Mädchen die in defizitären Individuationsprozessen mit der Mutter geprägten IWMs im szenischen Spiel und in ihren Zeichnungen ab, die zur Existenz einer unabgegrenzten Persönlichkeit beigetragen hatten. Im dritten szenischen Spiel bildete sich ihre bis zur Selbst-Verleugnung wandelbare Identität besonders deutlich ab. Sie empfand sich als ein die Konflikte ihrer Mutter lösendes Organ (Szene 6). In Zeichnungen traten ihre aus primären Identifizierungsprozessen mit der Mutter gewonnenen Grandiositätsphantasien hervor (Abb. 2). Das Thema narzißtischer Selbstüberschätzung führte sie in den Sonnenbildern fort. Handlungsmöglichkeiten zur Abgrenzung von der Mutter und Umgrenzung der eigenen Kern-Identität wurden nicht oder nur in Form ohnmächtiger Auflehnung sichtbar (Abb. 4).

Das im CAT gezeigte Ausmaß an Verleugnung von Bildrealitäten durch ein „Hinzusehen" nicht abgebildeter Gegenstände und Personen sowie den schnellen Wechsel aus der Rolle des kindlichen Opfers zum erwachsenen Täter deute ich als weiteren Ausdruck ihrer labilen Identität, die sie vor den Fakten der gemeinsamen Realität zurückschrecken läßt. Sie ist bereit, jede zur Verfügung stehende Identität anzunehmen (vgl. Triade Ich-Du-Puppe).

Sylvia zeigt eine vom Mutterbild nahezu beherrschte Identität (Leitlinie 3). Ihre Mutter wurde Ehefrau und schwanger mit Sylvia in Hoffnung auf Heilung ihrer aus Armuts- und Gewalterfahrungen entstandenen Wunden. Es gibt Anzeichen dafür, daß sie den Tod ihres Vaters und die endgültige Trennung von ihren Kindern aus erster Ehe nicht überwunden hat. Ihre Identität als Mädchen und Frau sah sie im Verlauf ihrer Lebensgeschichte widersprüchlichen Erwartungen und vielfältigen Schädigungen ausgesetzt. Der Hilflosigkeit ihres bewegungsbehinderten Säuglings und Kleinkindes Sylvia begegnete sie als Ehefrau eines geschwächten Mannes mit einer Kraftanstrengung, die in ihr keinen Boden hatte. Sylvia hatte sich in das Modell ihrer verletzten, gekränkten und aus Verzweiflung stark gewordenen Mutter eingelebt und dabei ein grandioses Selbst entwickelt, dem ebenfalls der Boden fehlte. Es ist wahrscheinlich, daß die nichtbearbeiteten Verluste im Leben ihrer Mutter über „verstrickte" Bindungsmuster zu IWMs geführt hatten, die sich in ihren desorganisierten Verhaltenszuständen zeigen. Die Suche nach väterlichem Halt inszenierte sie im Spiel als Hilfeschrei aus Lebensgefahr – als Ansturm, dem er nicht gewachsen schien.

Sylvias vorgetäuschte Realitätsfähigkeit verleitet dazu, sie als realitätstüchtig auf der Grundlage organisierter innerer Arbeitsmodelle zu beurteilen. Sie steht jedoch auf eine Art mit der Realität in Beziehung, die diese in einem Ausmaß mit dem Stoff verdrängter Erfahrungen durchsetzt, daß sie in ihr wie außerirdisch wird. Der am Verhalten beobachtbare zwanghafte Wille des Kindes zur Beherrschung der Spiel-Szene und des anderen im zwischenmenschlichen Kontakt zeigt, wie defizitär ihre „Überstiegsfunktionen" ausgebildet sind und wie eng ihr innerer Dialograum ist.

Ich beurteile ihren Verhaltenszustand z. Zt. der Erstuntersuchung als desorganisiert. Das sexualisierte Verhalten hat auf ihrem lebensdramatischen Weg die Funktion, ihr dabei zu helfen, die soziale Umwelt ihren verzweifelten Selbst-Heilungsversuchen unterzuordnen. Es hat appellativen Charakter, möglicherweise mit dem Ziel, ihren Vater zu motivieren, für sie präsent zu werden.

In der Nachuntersuchung zeigt Sylvia ihr defizitär „genährtes" frühes Selbst und wie sie Nachnährung fordert. Unbekannte Bedingungen müssen dazu geführt haben, daß sie der malignen Progression in der Erstuntersuchung regressive Empfindungen folgen lassen kann. Wie schutzbedürftig sie dabei ist, zeigt Abb. 6. Abb. 7 bildet, ähnlich wie Abb. 6, ihr nach innen gerichtetes und nach außen begrenztes Ich ab.

Es gibt Anzeichen, daß die bei Vorschulkindern beobachtbare Kontinuität desorganisierter Verhaltensmuster (vgl. *Suess* et al. 1992; *Wartner* et al. 1994) in der Entwicklung von Sylvia unterbrochen wurde.

Empirisch-praktischer Teil 267

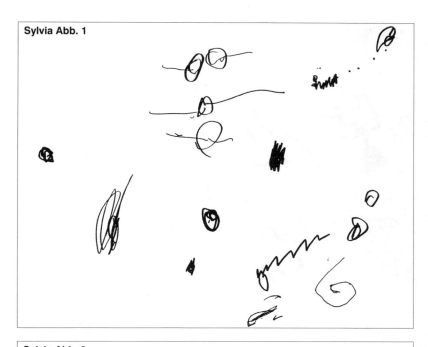

Sylvia Abb. 1

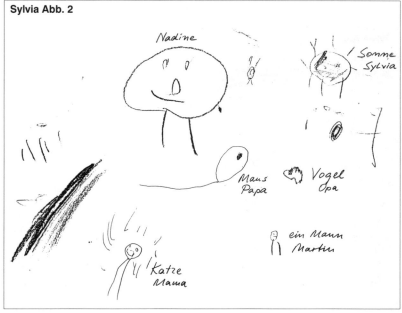

Sylvia Abb. 2

268 Traumatisierte Vorschulkinder

Sylvia Abb. 3

Sylvia Abb. 4

Empirisch-praktischer Teil 269

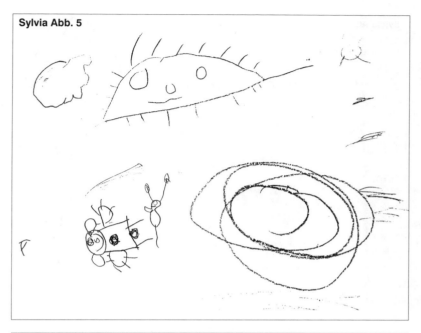

Sylvia Abb. 5

Sylvia Abb. 6

Sylvia Abb. 7

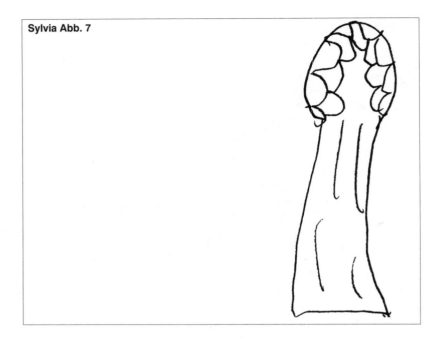

8.3 Zusammenfassung

In acht Kasuistiken von Vorschulkindern werden diagnostisch-therapeutische Prozesse von durchschnittlich zwölf Monaten Dauer beschrieben und interpretiert. In Folgeuntersuchungen nach durchschnittlich 14 Monaten werden sechs, mittlerweile ins Schulalter gekommene Kinder hinsichtlich der Veränderung ihrer Verhaltenszustände beurteilt.

Aus Ergebnissen der Säuglings-, Bindungs- und entwicklungspsychopathologischen Forschung sowie aus psychotherapeutischen Deutungskonzepten sind zehn Leitlinien zur Beurteilung psychopathologischer Entwicklungsprozesse bei Vorschulkindern entwickelt worden. Sie ermöglichen die diagnostische Einschätzung ihrer Verhaltenszustände, womit ein Beitrag zu der bislang weitgehend offenen Frage, welche psychodynamischen Vorgänge im „desorganisierten" Verhalten wirken (vgl. *Wartner* et al. 1994), geleistet wird.

Es wird ein breites Spektrum sexualisierter Verhaltensweisen beschrieben, die vielfältige sexuelle wie nichtsexuelle Erfahrungen repräsentieren. Es reicht von sexuellen Aufmerksamkeitsspielen (z.B. Kasuistik 8) über phalllisch-aggressive Provokationen ohne und mit Masturbationen (z.B. Kasuistik 7 bzw. 1) bis zu Rückzugsmasturbationen (Kasuistik 2).

Es wird anhand langfristiger, psychotherapeutische Interaktionen einschließender, diagnostischer Prozesse dargelegt, daß sexualisierte Verhaltensweisen bei entwicklungsbeeinträchtigten Vorschulkindern zwar in allen Fällen eine erfahrene Grenzverletzung in Interaktionsprozessen signalisieren, jedoch nur in zwei Fällen einen Zusammenhang mit sexuellem Mißbrauch als wahrscheinlich erscheinen lassen. Es wird versucht, über Deutungen einzeldiagnostischer Befunde im Kontext familiärer Lebenswelten die frühe Bindungs- und Interaktionsgeschichte der Kinder zu erhellen. Verläufe werden sichtbar, in denen negative Kettenwirkungen, die häufig ihre Wurzeln in traumatischen Erfahrungen der Eltern als Kinder oder Erwachsene haben, zu desorganisierten Verhaltenszuständen führen können.

Die Veränderungen desorganisierter Verhaltenszustände in organisierte bei drei von sechs Kindern nach Abschluß der Erst- bis zu den Nachuntersuchungen zeigen Diskontinuitäten in bezug auf die untersuchten Verhaltenszustände. In zwei Kasuistiken (2 und 7) tragen vermutlich therapeutische Interventionen dazu bei, bzgl. der dritten (8) möglicherweise positive Schulerfahrungen oder/und Veränderungen in der Familie.

8.4 Bewertung

Auffällige Verhaltenszustände von acht entwicklungsbeeinträchtigten Vorschulkindern werden mit Konstrukten der Bindungs- und Säuglingsforschung analysiert und mit Hilfe tiefenpsychologischer Annahmen gedeutet. Den drei Konzepten gemeinsam ist die Vorstellung, daß das Kind seine innere Automie, die schon mit seiner Geburt in Erscheinung tritt, nur dann entwickelt, wenn versorgende Erwachsene seine Individualität erkennen, respektieren und akzeptieren. Was *Winnicott* als „hinreichend gute Mutter" umschreibt, konkretisieren und differenzieren die genannten empirischen Forschungsrichtungen.

„Frühe Persönlichkeitsstörungen", „präpsychotische Auffälligkeiten", „sexuelle Identitätsstörungen" oder „affektive Wahnvorstellungen im Kindesalter" lassen sich mit Hilfe des zehn Punkte umfassenden Diagnostikschemas differenziert beschreiben und interpretieren. Die auf Loslösung und „wissende Individuation" gerichtete Entwicklungskompetenz des Säuglings und Kleinkindes wird zum Maßstab für die Unterscheidung „desorganisierter" von „organisierten" Verhaltenszuständen. Frühe Abwehrformen, wie Regression oder Retroflexion, werden zu einem Kriterium, das für „desorganisierte" Verhaltenszustände spricht.

Die entwicklungspsychopathologische Betrachtung einer Verkettung von inneren und äußeren Entwicklungsfaktoren in der Kindheit macht Annahmen über monokausale Erklärungen von Entwicklungen unwahrscheinlich. Diagnostik wird vielmehr als ein Suchen und Bewerten möglichst zahlreicher Prozeßvariablen verstanden.

Es hat sich gezeigt, daß den kognitiven Möglichkeiten von Vorschulkindern zur Erfassung von Sinnzusammenhängen der Welt eine Bedeutung für ihre Realität und eine ihr angemessene „Tüchtigkeit" im Sinne der Unterscheidung von Neben- und Hauptrealität zukommt.

Für die Diagnostik von sprachbehinderten Vorschulkindern bei Verdacht auf sexuellen Mißbrauch gibt es mit Kinderzeichnungen und Spielbeobachtungen keine Alternative zur Eindeutigkeit von Sprache. Ihre Zeichnungen und ihr körperlicher Ausdruck liegen zwar näher an ihren affektiven Erfahrungen als Worte, doch welche Erfahrung sich in ihnen spiegelt, ist nur im Verbund mit anderen diagnostischen Zugängen zu erfassen. Sexualisiertes Verhalten belegt Vermutungen über sexuellen Mißbrauch keineswegs, denn es tritt auch als regressives oder retroflexives Phänomen nach psychischen Traumatisierungen auf. Für Mißbrauch in Familien sind sozioökonomische Lebensbedingungen ebenso verantwortlich zu machen wie schwere Beziehungsstörungen ihrer Mitglieder. Um so bedauerlicher ist es für den Diagnostiker, daß es keine Befunde über Zusammenhänge zwischen „restringierten" bzw. „elaborierten" nonverbalen Sprachcodes und sozioökonomischen Lebensbedingungen in Familien gibt. Es können nur ungenaue Aussagen über den Zusammenhang von Armut in den untersuchten Familien und Mißbrauchserfahrungen ihrer Kinder gemacht werden. Möglicherweise könnten entsprechende Forschungsergebnisse und diagnostische Methoden für Spiel- und Malverhalten belegen, daß die Wirkung des Faktors Psychopathologie eines Elternteils oder von Beziehungsstörungen in der Ehe bei der Verkettung von Lebensereignissen zu Psychopathologien des Kindes im Verhältnis zu Armutsaspekten erheblich niedriger – als von mir in dieser Arbeit – anzusetzen ist.

Wenn Familien die Loslösung und Individuation von Kindern in einer Atmosphäre von Mutlosigkeit, Resignation, emotionaler Leere, Verwirrung oder Angst vor inneren und äußeren Bedrohungen nicht konfrontativ, sondern eher betäubend behindern (vgl. Kasuistiken 3, 4, 6, 7), so wird die Entfaltung von aggressiven Phantasien und Handlungen existentiell wichtig für den Bestand des kindlichen Ichs. Um Aggressivität kennen und nutzen zu lernen, muß jedoch der Aufbau einer elementaren Persönlichkeitsstruktur zur Unterscheidung von Ich und Nicht-Ich vollzogen sein. Ist dies nicht der Fall, so verirrt sich das Kind in seinen Verschmelzungswünschen mit Gegenständen und Personen und vermag ein Gegenüber ebensowenig wie sich selbst zu erkennen (Kasuistik 5).

Eines der drei Mädchen zeigt, daß es über ein aggressives Potential zur Behauptung ihrer Identität verfügt und im diagnostisch-therapeutischen Prozeß weiterentwickelt. Es hat eine dominante Mutter, die sich Konflikten stellt (Kasuistik 6). Die beiden anderen Mädchen zeigen dagegen Abwehr als archaische Retroflexion in Form halluzinatorischer Veränderung von Realität. Ihre Mütter treten als Ansprechpartnerinnen ihrer Kinder zwar deutlicher als die Väter hervor, jedoch nicht so direkt und impulsiv wie die Mutter von Natascha (Kasuistik 6). Die psychisch im Hintergrund stehenden Väter der Mädchen überlassen ihren Frauen nahezu ganz die Regie auf der Bühne, wo Rollensicherheit und Identität eingeübt werden.

Insgesamt tritt die Phänomenologie regressiv bzw. retroflexiv oder aggressiv-konstruktiv sich selbst behauptender Kinder deutlich hervor. Die Konturen von Mustern, nach denen Familien eher betäubend als repressiv die Identitätsentwicklung ihrer Kinder beeinträchtigen, sind nur vage zu erkennen. Ob aktuelle familiensoziologische Untersuchungen Material für meine These liefern, es werde in vielen Familien eher betäubend als repressiv die Individuation von Kindern erschwert, kann hier nicht untersucht werden. Arbeiten über emotionalen und sexuellen Mißbrauch an Kindern und über Bindungsmuster von Kindern in Einelternfamilien zeigen, daß Kinder schnell zu Ersatzpartnern von Erwachsenen werden, weil ihre Intimitätswünsche im Geschlechterkampf untergehen. Um den Loslösungs- und Individuationsprozeß müssen die betroffenen Kinder „wie betäubt" vom Gift der Liebe ihrer hungrigen Eltern ringen. In dieser Dynamik sind besondere Identitäten, Widerstands- und Abwehrformen gefragt. Ob die in dieser Arbeit zugrunde gelegten Persönlichkeitskonstrukte noch Bestand haben werden, wenn neue soziologische Theorien über die Stellung des Individuums im Globalisierungsprozeß, der neue Arbeits- und Lebensbedingungen hervorbringt, von der entwicklungspsychologischen und klinischen Forschung rezipiert worden sind, bleibt abzuwarten.

Literatur

Altmann-Herz, U.: *Zur Theorie und Praxis des Sceno-Tests.* In: Acta Peadopsychiatrica 53, 1990, 35-44

Asendorpf, J.: *Entwicklungsgenetik der Persönlichkeit im Kindesalter.* In: M. Markefka & B. Nauck (Hrsg.): 1993 aaO, 17-30

Baethge, M.: *Arbeit und Identität.* In: U. Beck; E. Beck-Gernsheim (Hrsg.): 1994 aaO, 245-264

Banning, A.: *Mother-son incest: Confronting a prejudice.* In: Child Abuse and Neglect; 1989 Vol 13 (4), 563-570

Bates, J.E.; Maslin, Chr. A. & Frankel, K.A.: *Attachment Security, Mother-Child Interaction, And Temperament As Predictors of Behavior-Problem Ratings At Age Three Years.* In: Bretherton & Waters (Hrsg.): 1985 aaO, 167-193

Battegay, R.: *Psychoanalytische Aspekte der kindlichen Entwicklung.* In: R. Battegay & U. Rauchfleisch: 1991 aaO, 40-51

Baumgardt, U.: *Kinderzeichnungen – Spiegel der Seele.* Zürich 1985

Baumgardt, U.: *Verschlüsselte Botschaften.* In: K. Kazis (Hrsg.): Dem Schweigen ein Ende. Basel 1989, 145-170

Beck, U. & Beck-Gernsheim, E. (Hrsg.): *Riskante Freiheiten.* Frankfurt/M. 1994

Beck-Gernsheim, E.: *Auf dem Weg in die postfamiliale Familie. Von der Notgemeinschaft zur Wahlverwandtschaft.* In: Beck & Beck-Gernsheim (Hrsg.): 1994, 115-138

Beckmann, D.: *Theorie der Bindungsfähigkeit.* In: psychosozial 18. Jg. (1995) Heft IV (Nr. 62), 57-78

Bellak, L. & Bellak, S.S.: *Kinder Apperzeptions Test (C.A.T.).* New York, Göttingen o.J.

Benedetti, C.: *Annahmen zu einem axiomatischen Verständnis von Zeichen und Symbol.* In: G. Benedetti & U. Rauchfleisch (Hrsg.): Welt der Symbole. Göttingen 1989, 38-56

Benedetti, G. & Rauchfleisch U. (Hrsg.): *Welt der Symbole.* Göttingen 1989

Benedetti, G.: *Das Symbol in der Psychopathologie und in der Psychotherapie der Schizophrenie.* In: Benedetti & Rauchfleisch (Hrsg.): aaO 1989, 214-224

Benedetti, G.: *Psychotherapie als existentielle Herausforderung.* Göttingen 1992

Berger, M.: *Zur Psychodynamik der Mutter-Kind-Beziehung bei psychosomatischen Erkrankungen von Säuglingen, Kindern und Jugendlichen.* In: G. Biermann (Hrsg.): 1994 aaO, 185-197

Bergerhoff, P.: *Kinder im Krankenhaus.* In: M. Markefka & B. Nauck (Hrsg.): 1993 aaO, 665-672

Bernstein, B.: *Ein sozio-linguistischer Ansatz zur Sozialisation: Mit einigen Bezügen auf Erziehbarkeit.* In: Claessens & Milhoffer (Hrsg.): Frankfurt/M. 1973, 241-270

Biermann, G. (Hrsg.): *Handbuch der Kinderpsychotherapie.* Frankfurt/M. 1988

Biermann, G. (Hrsg.): *Kinderpsychotherapie. Handbuch zu Theorie und Praxis.* Frankfurt/M. 1994

Biermann, G.; Kos-Robes, M.: *Die Zeichentest-Batterie.* In: Prax. Kinderpsychol. Kinderpsychiat. 35, 1986, 214-222

Bois, du R.: *Kinderpsychotherapie.* In: M. Markefka & B. Nauck (Hrsg.): 1993 aaO, 673-683

Borneman, E.: *Reifungsphasen der Kindheit. Sexuelle Entwicklungspsychologie*, Band 1. Wien – München 1981

Borneman, E.: *Sexuelle Marktwirtschaft*. Frankfurt/M. 1994

Boszormeny-Nagy, I. & Framo, J.L.: *Familientherapie*, Bd. 1 u. 2, Hamburg 1975

Bowlby, J.: *Das Glück und die Trauer. Herstellung und Lösung affektiver Bindungen.* Stuttgart 1982

Bowlby, J.: *Mutterliebe und kindliche Entwicklung.* München, Basel 1985

Brazelton, B.T. & Cramer, B.G.: *Die frühe Bindung.* Stuttgart 1994

Bretherton, I.; Ridgeway, D. & Cassidy, J.: *Assessing Internal Working Models of the Attachment Relationsship.* In: Greenberg, M.T. et al.: 1990 aaO, 273-308

Bretherton, I. & Waters, E: *Growing Points of Attachment Theory and Research.* Chicago 1985

Briggs, F. & Lehmann, K.: *Significance of children's drawings in cases of sexual abuse.* In: Early Child Development and Care, Vol 47, 1989, 131-147

Brock, D.: *Rückkehr zur Klassengesellschaft? Die neuen sozialen Gräben in einer materiellen Kultur.* In: U. Beck & E. Beck-Gernsheim (Hrsg.): aaO 1994, 61-73

Bruner, J.: *Wie das Kind sprechen lernt.* Bern, Göttingen u.a. 1993

Buchholz, M.B.: *Die unbewußte Familie. Lehrbuch der psychoanalytischen Familientherapie.* München 1995

Burgess, A.-W. & Hartmann, C.R.: *Children's drawings. Special Issue: Clinical recognition of sexually abused children.* In: Child Abuse and Neglect; 1993 Jan.-Feb. Vol 17 (1), 161-168

Burgess, E.J.: *Sexual Abused Children and Their Drawings.* In: Archives of Psychiatric Nursing, Vol 2, No 2 (April), 1988, 65-73

Bürgin, D.: *Der therapeutische Dialog mit dem „Grenzfall-Kind".* In: G. Klosinski (Hrsg.): 1989 aaO, 21-50

Bürgin, D.: *Die pränatale Entwicklung.* In: R. Battegay & U. Rauchfleisch (Hrsg.): Das Kind in seiner Umwelt. Göttingen 1991, 24-27

Bürgin, D.: *Winnicott: Klinisch relevante entwicklungspsychologische Konzepte.* In: Metzmacher, Petzold & Zaepfel (Hrsg.): aaO 1996, Bd. 1, 303-319

Ciccetti, D. & Carlson, V. (Eds.): *Child maltreatment. Theory and research on the causes and consequences of child abuse and neglect.* Cambridge University Press 1989

Cicourel, A.V.: *Interpretieren und Zusammenfassen: Probleme bei der kindlichen Aneignung der Sozialstruktur.* In: K. Martens: *Kindliche Kommunikation.* Frankfurt/M. 1979, 202-242

Ciompi, L.: *Affektlogik. Über die Struktur der Psyche und ihre Entwicklung. Ein Beitrag zur Schizophrenieforschung.* Stuttgart 1994

Claessens, D. & Menne, F.W.: *Zur Dynamik der bürgerlichen Familie und ihre möglichen Alternativen.* In: D. Claessens & P. Milhoffer (Hrsg.): *Familiensoziologie.* Frankfurt/M. 1973, 313-346

Clement, U.: *Zum Verhältnis von Sexualwissenschaft und Psychoanalyse.* In: Zeitschrift für Psychosomatische Medizin und Psychoanalyse 1993 Vol 39 (1), 63-74

Coenen, H.: *Leiblichkeit und Sozialität. Ein Grundproblem der phänomenologischen Soziologie.* In: H.G. Petzold (Hrsg.): *Leiblichkeit.* Paderborn 1985, 197-258

Cohen, Y.: *Kindesmißhandlung und ihre Verheimlichung durch Kinder mit Borderline-Persönlichkeitsstörungen.* In: Zeitschrift für Psychoanalytische Theorie und Praxis 1993 Vol 8 (3), 275-288

Cremerius, J.: *„Die Sprache der Zärtlichkeit und der Leidenschaft." Reflexionen zu S. Ferenczis Wiesbadener Vortrag von 1932.* In: Psyche 11/83, 988-1015

Crittenden, P.M. & Ainsworth, M.D.S.: *Child maltreatment and attachment theory.* In: Cicetti/Carlson: 1989 aaO, 432-463

Dornes, M.: *Der kompetente Säugling. Die präverbale Entwicklung des Menschen.* Frankfurt/M. 1994

Dupuis, G. & Kerkhoff, W. (Hrsg.): *Enzyklopädie der Sonderpädagogik, der Heilpädagogik und ihrer Nachbargebiete.* Berlin 1992

Echabe, A.E. & Castro, J.LG.: *Soziales Gedächtnis – makropsychologische Aspekte.* In: Flick, U. (Hrsg.): 1995 aaO, 119-139

Eggers, C.; Lempp, R.; Nissen, G. & Strunk, P.: *Kinder- und Jugendpsychiatrie.* Berlin 1989

Eliacheff, C.: *Das Kind, das eine Katze sein wollte.* München 1994

Emde, R.N.: *Die endliche und die unendliche Entwicklung – Angeborene und motivationale Faktoren aus der frühen Kindheit.* In: H.G. Petzold (Hrsg.): 1993 aaO, 277-343

Enders, U.: *Sexueller Mißbrauch und Jugendhilfe. Expertise zum 5. Jugendbericht der Landesregierung NRW.* Düsseldorf MAGS 1989

Engelbert, A. & Herlth, A.: *Sozialökologie der Kindheit: Wohnung, Spielplatz und Straße.* In: M. Markefka & B. Nauck (Hrsg.): Handbuch der Kindheitsforschung. Neuwied u.a. 1993, 403-415

Engfer, A.: *Kindesmißhandlung und sexueller Mißbrauch.* In: M. Markefka & B. Nauck (Hrsg.): 1993 aaO, 617-629

Engfer, A.: *Temperament und Kindesmißhandlung.* In: psychosozial 14 Jg. (1991) Heft II (Nr. 46), 106-115

Erikson, E. H.: *Identität und Lebenszyklus.* Frankfurt/M. 1981

Ernst, C.: *Sind Säuglinge psychisch besonders verletzlich? Argumente für eine hohe Umweltresistenz in der frühesten Kindheit.* In: H.G. Petzold (Hrsg.): 1993 aaO, 67-81

Fegert, J.: *Diagnostik und klinisches Vorgehen bei Verdacht auf sexuellen Mißbrauch bei Mädchen und Jungen.* In: Walter, J. (Hrsg.): Sexueller Mißbrauch im Kindesalter. Heidelberg 1989

Ferenczi, S.: *Kinderanalysen mit Erwachsenen.* In: M. Balint (Hrsg.): Schriften zur Psychoanalyse III. Frankfurt/M. 1972, 490-543

Fleming, K.; Heikkinen, R. & Dowd, E.-T.: *Cognitive therapy: The repair of memory.* In: Journal of Cognitive Psychotherapy 1992 Vol 6 (3), 155-173

Flick, U.: *Alltagswissen in der Sozialpsychologie.* In: U. Flick (Hrsg.): *Psychologie des Sozialen.* Hamburg 1995

Fraiberg, S.: *Die magischen Jahre in der Persönlichkeitsentwicklung des Vorschulkindes.* Hamburg 1976

Fremmer-Bombik, E. & Grossmann, K.E.: *Über die lebenslange Bedeutung früher Bindungserfahrungen.* In: H.G. Petzold (Hrsg.): Band 1, 1993 aaO, 83-110

Freud, A. & Burlingham, D.: *Heimatlose Kinder.* Frankfurt/M. 1971

Freud, A.: *Das Ich und die Abwehrmechanismen.* München o.J.
Freud, A.: *Wege und Irrwege in der Kinderentwicklung.* Stuttgart 1988
Fried, L.: *Kindergarten.* In: M. Markefka & B. Nauck (Hrsg.): 1993 aaO, 557-565
Frühmann, R.: *Spiele zwischen Eltern und Kindern – Die Bedeutung der „Spielkultur" in Familien.* In: Gestalt und Integration 2/91-1/92, 29-41
Fürniss, T. & Phil, M.: *Diagnostik und Folgen von sexueller Kindesmißhandlung.* In: Monatsschr. Kinderheilkd. 1986 134: 335-340
Gale, J.; Thompson, R.J.; Moran, T. & Sack, W.H.: *Sexual abuse in young children: clinical presentation and characteristic patterns.* Child abuse and Neglect 1986 12: 163-170
Garmezy, N.: *Children vulnerable to major disorders: risk and protective factors.* In: L. Grinspoon: Psychiatric update, Vol 3, 91-103, Washington 1984
Garmezy, N.: *Stress-resistant children: the search for protective factors.* In: Stevensen, J.E. (Hrsg.): Recent Research in developmental psychopathology 1985, 213-233
Garz, D. & Krämer, K.: *Die Welt als Text. Zum Projekt einer hermeneutisch-rekonstruktiven Sozialwissenschaft.* In: D. Garz (Hrsg.): Die Welt als Text. Frankfurt/M. 1994, 7-22
Goodwin, J.: *Use of Drawings in Evaluating Children Who May Be Incest Victims.* In: Children and Youth Services Review, Vol 4, 1982, 269-278
Greenberg, M.T.; Cicchetti, D. & Cummings, M.E.: *Attachment in the Preschool Years.* The University of Chicago Press 1990
Hagemann-White: *Sozialisation: männlich-weiblich?* Opladen 1984
Hagmann, T. & Simmen, R. (Hrsg.): *Systemisches Denken und die Heilpädagogik.* Luzern 1994
Hagmann, T.: *Systemisches Denken und die Heilpädagogik.* In: T. Hagmann & R. Simmen (Hrsg.): 1994 aaO, 11-69
Hagood, M.-M.: *Diagnosis or dilemma: Drawings of sexually abused children.* In: British Journal of Projective Psychology 1992 Jun Vol 37 (1), 22-33
Hanesch, W. u.a.: *Armut in Deutschland.* Reinbek 1994
Hansen, G. (Hrsg.): *Sonderpädagogische Diagnostik.* Pfaffenweiler 1992
Hansen, G.: *Die Misere der sonderpädagogischen Diagnostik – Bestandsaufnahme und Vermittlungsversuch.* In: G. Hansen (Hrsg.): 1992 aaO, 9-30
Harper, J.-F.: *Prepuberal male victims of incest: A clinical study.* In: Child Abuse and Neglect 1993 May-Jun Vol 17 (3) 419-421
Heinl, P.: *Object sculpting, symbolic communication and early experience: a single case study.* In: Journal of Family Therapy (1988) 10: 167-178
Heitmeyer, W.: *Entsicherungen. Desintegrationsprozesse und Gewalt.* In: Beck & Beck-Gernsheim (Hrsg.): 1994 aaO, 376-401
Herington, S.: *Konstruktivismus und Kindesmißhandlung.* In: Familiendynamik 18 (1993), H. 3, S. 255-263
Herrenkohl, E.C.; Herrenkohl, R.C.; Rupert, L.J.; Egolf, B.P. & Lutz, J. Gary: *Risk Factors For Behavioral Dysfunction: The Relative Impact Of Maltreatment, SES, Physical Health Problems, Cognitive Ability, And Quality Of Parent-Child Interaction.* In: Child Abuse & Neglect, Vol. 19; No. 2, pp 191-203, 1995

Hibbard, R.A. & Hartmann, G.L.: *Emotional Indicators in Human Figure Drawings of Sexually Victimized and Nonabused Children.* In: Journal of clinical psychology, Vol 46, 1990, 211-219
Hibbard, R.A.; Roghmann, K. & Hoekelman A.: *Genitalia in Children's Drawings: An Association With Sexual Abuse.* In: Pediatrics, Vol 79, 1987, 129-137
Hirsch, M.: *Latenter Inzest.* In: psychosozial 16. Jg. (1993) Heft II (Nr. 54), 25-40
Holtz, K.-L.: *Geistige Behinderung und soziale Kompetenz.* Heidelberg 1994
Honig, A.-S.: *Stress and Coping in Children (Part 1)* In: Young Children, May 1986, 51-63
Honneth, A.: *Desintegration. Bruchstücke einer soziologischen Zeitdiagnose.* Frankfurt/M. 1994
Jantzen, W.: *Allgemeine Behindertenpädagogik. Band 1: Sozialwissenschaftliche und psychologische Grundlagen.* Weinheim und Basel 1987
Katz-Bernstein, N.: *Das Konzept des „Safe-Place" – ein Beitrag zur Praxeologie Integrativer Kinderpsychotherapie.* In: Metzmacher, Petzold, Zaepfel (Hrsg.): aaO 1996, Bd. 2, 111-141
Katz-Bernstein, N.: *Phantasie, Symbolisierung und Imagination, „Komplexes Katathymes Erleben"* als Methode in der Integrativen Therapie mit Vorschulkindern. In: H.G. Petzold & I. Orth (Hrsg.): Die neuen Kreativitätstherapien. Handbuch der Kunsttherapien. Band II, Paderborn 1991, 883-931
Kazis, C. (Hrsg.): *Dem Schweigen ein Ende.* Basel 1989
Kegel, G.: *Entwicklung von Sprache und Kognition.* In: M. Markefka & B. Nauck (Hrsg.): 1993 aaO, 253 – 261
Keller, H. & Chasiotis, A.: *Frühkindliche Pflegepraktiken.* In: M. Markefka & B. Nauck (Hrsg.): 1993 aaO, 319-335
Keller, H.: *Psychologische Entwicklungstheorien der Kindheit.* In: M. Markefka & B. Nauck (Hrsg.): 1993 aaO, 31-43
Keupp, H.: *Ambivalenzen postmoderner Identität.* In: Beck & Beck-Gernsheim (Hrsg.): 1994 aaO, 336-352
Kienberger, J.P. & Diamond, L.J. (1985): *The handicapped child and child abuse.* Child Abuse and Neglect 9: 341-347.
Kiphard, E.J.: *Wie weit ist ein Kind entwickelt?* Dortmund 1984
Klemann, M. & Massing, A.: *Gesellschaft, Familie und Individuum.* In: H.E. Richter; H. Strotzka & J. Willi: Familie und seelische Krankheit. Hamburg 1976, 48-67
Klitzing, K. von: *Glaubwürdigkeitsgutachten von Kindern und Jugendlichen in der Frage des sexuellen Mißbrauchs.* In: Acta Paedopsychiatrica 1990 53: 181-191
Klosinski, G. (Hrsg.): *Psychotherapeutische Zugänge zum Kind und zum Jugendlichen.* Bern 1989
Klosinski, G.: *Das „10-Wünsche-Phantasie-Spiel".* In: Acta Paedopsychiatrica 51, 1988, 164-171
Kohut, H.: *Die Heilung des Selbst.* Frankfurt/M. 1981
Kolk, B.A., van der: *The Body Keeps the Score: Memory and the Evolving Psychobiology of Posttraumatic Stress.* In: Harvard Review of Psychiatry 1, 1994, 253-265
Koppitz, E.M.: *Die Menschdarstellung in Kinderzeichnungen und ihre psychologische Auswertung.* Stuttgart 1972

Krappmann, L.: *Kinderkultur als institutionalisierte Entwicklungsaufgabe.* In: M. Markefka & B. Nauck (Hrsg.): 1993 aaO, 365-367

Kuntzag, L.: *Diagnostische Probleme bei Verdacht auf sexuellen Mißbrach an behinderten Vorschulkindern.* In: Prax. Kinderpsychol. Kinderpsychiat. 1994 43: 21-26

Kuntzag, L.: *Wege aus der psychotischen Welt in die gemeinsame Realität.* In: Metzmacher; Petzold & Zaepfel (Hrsg.): 1996 aaO, Bd. 2 279-314

Kussel, M.; Nickenig, L. & Fegert, J.: *„Ich hab' auch nie etwas gesagt." Eine retrospektivbiographische Untersuchung zum sexuellen Mißbrauch an Jungen.* In: Prax. Kinderpsychol. und Kinderpsychiat.; 1993 Oct Vol 42 (8), 278-284

Kutchinsky, B.: *Sexueller Mißbrauch von Kindern: Verbreitung, Phänomenologie und Prävention.* In: Zeitschrift für Sexualforschung, 1991 Mar Vol 4 (1), 33-44

Laing, R.D.: *Die Politik der Familie.* Köln 1974

Landsberg, W.: *Ratlose Helfer – Erst der Verdacht und was nun?* In: M. Gegenfurtner & W. Keukens (Hrsg.): Sexueller Mißbrauch an Kindern und Jugendlichen. Magdeburg 1992

Lebeus, A.-M.: *Wenn Kinder malen.* Weinheim 1993

Lempp, R.: *Die psychischen, psychosozialen und somatischen Bedingungen im Kindesalter und ihre Bedeutung für Genese und Verständnis der Schizophrenie.* In: W. Janzarik (Hrsg.): Persönlichkeit und Psychose. Stuttgart 1988, 29-37

Lempp, R.: *Gerichtliche Kinder- und Jugendpsychiatrie.* Bern 1983

Lempp, R.: *Vom Verlust der Fähigkeit, sich selbst zu betrachten.* Bern 1992

Lenk, H.: *Von Deutungen zu Wertungen.* Frankfurt/Main 1994

Lewis, M.; Feiring, C.; Mc Guffog, C. & Jaskir, J.: *Predicting Psychopathology in Six-Years-Olds from Early Relations.* In: Child Development, 1984, 55, 123-136

Lippitz, W.; Rittelmeyer, Chr. (Hrsg.): *Phänomene des Kinderlebens. Beispiele und methodische Probleme einer pädagogischen Phänomenologie.* Bad Heilbrunn 1990

Löffler, H.: *Das sprachliche Symbol.* In: G. Benedetti & U. Rauchfleisch: 1991 aaO, 23-37

Luhmann, N.: *Kopierte Existenz und Karriere. Zur Herstellung von Individualität.* In: Beck & Beck-Gernsheim (Hrsg.): 1994 aaO, 191-200

Lüscher, K.: *Postmoderne Herausforderungen der Familie.* In: Familiendynamik, Heft 3, Aug. 1995, 233-251

Mahler, M.S.; Pine, F.; Bergman, A.: *Die psychische Geburt des Menschen.* Frankfurt/M. 1987

Main, M. & Hesse, E.: *Parent's Unresolved Traumatic Experiences Are Related to Infant Disorganized Attachment Status.* In: Greenberg et al. (Hrsg.): 1990 aaO, 161-182

Main, M. & Solomon J.: *Procedures for Identifying Infants as Disorganized/Disoriented during the Ainsworth Strange Situation.* In: Greenberg et al. (Hrsg.): 1990 aaO, 121-160

Markefka, M. & Nauck, B. (Hrsg.): *Handbuch der Kindheitsforschung.* Neuwied 1993

Martens, K. (Hrsg.): *Kindliche Kommunikation.* Frankfurt/M. 1979

Martinius, J. & Frank, R. (Hrsg.): *Vernachlässigung, Mißbrauch und Mißhandlung von Kindern.* Bern, Göttingen 1990

Massie, H.N.; Bronstein, A.; Afterman, J. & Campbell, B.K.: *Innere Themen und äußeres Verhalten in der frühkindlichen Entwicklung – eine Longitudinaluntersuchung.* In: H.G. Petzold (Hrsg.): 1993 aaO, 235-275

Masson, J.M.: *Was hat man Dir, du armes Kind, getan?* Reinbek 1984
Mayers, K.-S.: *Nonleading techniques in the assessment oft the alleged child molest victim.* In: American Journal of Forensic Psychology; 1991 Vol 9 (1), 37-49
Mead, G.-H.: *Bedeutung.* In: H. Steinert (Hrsg.): Symbolische Interaktion. Stuttgart 1973, 316-322
Mertens, W.: *Entwicklung der Psychosexualität und der Geschlechtsidentität,* Band 1. Stuttgart 1992
Metzmacher, B. & Zaepfel, H.: *Methodische Zugänge zu den Erfahrungswelten des Kindes. Zur Verbindung von tiefenpsychologischem und sozialem Sinnverstehen in der Integrativen Therapie.* In: B. Metzmacher; H.G.Petzold & H. Zaepfel (Hrsg.): 1996 aaO. Bd. 1, 75-130
Metzmacher, B.; Petzold, H.G. & Zaepfel, H. (Hrsg.): *Praxis der Integrativen Kindertherapie. Integrative Kindertherapie in Theorie und Praxis.* Bd. 2, Paderborn 1996
Metzmacher, B.; Petzold, H.G. & Zaepfel, H. (Hrsg.): *Therapeutische Zugänge zu den Erfahrungswelten des Kindes von heute. Integrative Kindertherapie in Theorie und Praxis.* Bd. 1, Paderborn 1996
Metzmacher, B. & Zaepfel, H.: *Wie wirklichkeitsbezogen ist die Integrative Therapie? Zum Verhältnis von Politik und Therapie.* In: Integrative Therapie 3/4, 94, 150-167
Meyer-Drawe, K.: *Unerwartete Antworten. Leibphänomenologische Anmerkungen zur Rationalität kindlicher Lebensformen.* In: Acta Paedopsychiatrica (1988) 51, 245-251
Miller, T.W.; Veltkamp, L.J. & Janson, D.: *Projective Measures in the Clinical Evaluation of Sexually Abused Children.* In: Child Psychiatry and Human Development, Vol 18, No 1, 47-57
Mitnick, M.: *Inzestuös mißbrauchte Kinder, Symptome und Behandlungsmethoden.* In: L. Backe; N. Leick; J. Merrick & N. Michelsen: Sexueller Mißbrauch von Kindern in Familien. Köln 1986
Moser, T.: *Vorsicht Berührung.* Frankfurt/M. 1992
Mussen, P.H.; Conger, J.J.; Kagan, J. & Huston, A.C.: *Lehrbuch der Kinderpsychologie,* Bd. 1 & 2. Stuttgart 1995
Napp-Peters, A.: *Mehrelternfamilien – Psychosoziale Folgen von Trennung und Scheidung für Kinder und Jugendliche.* In: AFET (Hrsg.): Beratung und Mitwirkung der Jugendhilfe im Trennungs- und Scheidungsverfahren. Neue Schriftenreihe Heft 49/1993, 12-25
Nelson, K.: *Ereignisse, Narrationen, Gedächtnis: Was entwickelt sich?* In: H.G. Petzold (Hrsg.): 1993 aaO, 195-233
Nelson, K.: *Erinnern und Erzählen: eine Entwicklungsgeschichte.* In: H.G. Petzold (Hrsg.): 1995 aaO, 167-192
Neubauer, W.: *Identitätsentwicklung.* In: M. Markefka & B. Nauck (Hrsg.): 1993 aaO, 303-315
Neubaur, C.: *Übergänge.* Frankfurt/M. 1987
Neukäter, H.: *Sprachstörungen und Verhaltensauffälligkeiten.* In: M. Grohnfeldt (Hrsg.): Handbuch der Sprachtherapie. Band 8, Berlin 1995, 115-126
Nickel, H. & Petzold, M.: *Sozialisationstheorien unter ökologisch-psychologischer Perspektive.* In: M. Markefka & B. Nauck (Hrsg.): 1993 aaO, 79-90

Niemann, D.: *Zu Inhalten und Zielen in der Sprachbehindertenpädagogik.* In: G. Hansen (Hrsg.): 1992 aaO, 79-100

Nitzschke, B.: *Über Bindungen, Trennungen und one world.* In: Brauns-Hermann; Busch & Dinse (Hrsg.): *Verlorene Liebe – gemeinsame Kinder.* Reinbek 1994, 92-107

Oerter, R.: *Kinderspiel.* In: M. Markefka & B. Nauck (Hrsg.): 1993 aaO, 377-388

Oevermann, U.: *Sprache und soziale Herkunft.* Frankfurt/M. 1972

Olbing, H.; Bachmann, K.D. & Gross, R.: *Kindesmißhandlung.* Köln 1989

Papousek, H. & Papousek, M.: *Vorsprachliche Kommunikation. Anfänge, Formen, Störungen und psychotherapeutische Ansätze.* In: H.G. Petzold (Hrsg.): 1995 aaO, 123-141

Papousek, M.: *Vom ersten Schrei zum ersten Wort.* Bern 1994

Petzold, H.G. (Hrsg.): *Die Kraft liebevoller Blicke. Psychotherapie und Babyforschung.* Band 2, Paderborn 1995

Petzold, H.G. (Hrsg.): *Frühe Schädigungen – späte Folgen? Psychotherapie und Babyforschung.* Band 1, Paderborn 1993

Petzold, H.G. & Ramin, G.: *Integrative Therapie mit Kindern.* In: H.G. Petzold & G. Ramin (Hrsg.): *Schulen der Kinderpsychotherapie.* Paderborn 1987, 359-426

Petzold, H.G.: *Ein integratives Modell früher Persönlichkeitsentwicklung als Beitrag „Klinischer Entwicklungspsychologie" zur Psychotherapie.* In: Integrative Therapie 1-2/92, 156-199

Petzold, H.G.: *Integrative Therapie mit Kindern.* In: H.G. Petzold: *Integrative Therapie.* Paderborn 1993, 1993 a, 1089-1150

Petzold, H.G.: *Vorüberlegungen und Konzepte zu einer integrativen Persönlichkeitstheorie.* In: Integrative Therapie 1-2/84, 73-115

Petzold, H.G: *Die „vier Wege der Heilung" in der „Integrativen Therapie". Anthropologische und konzeptuelle Grundlagen – dargestellt an Beispielen aus der „Integrativen Bewegungstherapie".* In: Integrative Therapie 4, 1988, 325-364

Petzold, H.G: *Integrative Therapie. Modelle, Theorien und Methoden für eine schulenübergreifende Psychotherapie.* 1. Klinische Philosophie. Paderborn 1993 (1991a); 2. Klinische Theorie (1992a); 3. Klinische Praxeologie (1993a)

Petzold, H.G., Goffin J.-J.M. & Oudhof, J.: *Protektive Faktoren und Prozesse.* In: H.G. Petzold (Hrsg.): 1993 aaO, 345-497

Petzold, H.: *Weggeleit, Schutzschild und kokreative Gestaltung von Lebenswelt – Integrative Arbeit mit protektiven Prozessen und sozioökologischen Modellierungen in einer entwicklungsorientierten Kindertherapie.* In: Metzmacher; Petzold & Zaepfel (Hrsg.): 1996 aaO, Bd. 1, 169-280

Piaget, J.: *Nachahmung, Spiel und Traum.* Stuttgart 1975

Postman, N.: *Das Verschwinden der Kindheit.* Frankfurt/M. 1983

Radke-Yarrow, M. & Sherman, T.: *Hard growing: Children who survive.* In: J. Rolf et al. (Hrsg.): 1990 aaO, 97-119

Rahm, D.; Otte, H.; Bosse, S. & Ruhe-Hollenbach, H.: *Einführung in die Integrative Therapie.* Paderborn 1993

Rauh, H.: *Frühkindliche Bedingungen der Entwicklung.* In: M. Markefka & B. Nauck (Hrsg.): 1993 aaO, 221-238

Reichhart, L.: *Psychotherapie mit sexuell mißbrauchten Kindern.* In: Metzmacher, Petzold, Zaepfel (Hrsg.): aaO 1996, Bd. 2, 315-341
Reiß, W.: *Kinderzeichnungen.* Neuwied 1996
Resch, F.: *Entwicklungspsychopathologie des Kindes- und Jugendalters.* Weinheim 1996
Richter, H.E.: *Die Rolle des Familienlebens in der kindlichen Entwicklung.* In: Familiendynamik 1/1976, 5-25
Richter, H.-E.: *Patient Familie.* Hamburg 1972
Richter, H.G.: *Die Kinderzeichnung.* Düsseldorf 1987
Richter-Appel, H. & Ladendorf, R.: *Eltern-Kind-Beziehung und sexueller Mißbrauch.* In: psychosozial 16. Jg. (1993) Heft IV (Nr. 54), 85-96
Richters, J. & Weintraub, S.: *Understanding high-risk environments.* In: J. Rolf et al. (Hrsg.): 1990 aaO, 67-96
Roberts, H. & Glasgow, D.: *Gathering evidence from children: A systematic approach.* In: Issues-in-Criminological-and Legal-Psychology 1993 No. 20, 10-14
Roemer, A.& Wetzels, P.: *Zur Diagnostik sexuellen Mißbrauchs bei Kindern in der forensisch-psychologischen Praxis.* In: Praxis der forensischen Psychologie 1991 1, 22-31
Rohde-Dachser, Chr.: *Ausformungen der ödipalen Dreieckskonstellation bei narzißtischen und bei Borderline-Störungen.* In: Psyche 9/87, 774-799
Rolf, J.; Masten, A.S.; Cicchetti, D.; Nuechterlein, K. & Weintraub, S. (Hrsg.): *Risk and protective factors in the development of psychopathology.* Cambridge University Press 1990
Roth, G.: *Das Gehirn und seine Wirklichkeit.* Frankfurt/Main 1997
Rutter, M.: *Wege von der Kindheit zum Erwachsenenalter.* In: H.G. Petzold (Hrsg.): 1993 aaO, 23-65
Sameroff, A.J. & Seifer, R.: *Early contributors to developmental risk.* In: J. Rolf et al.: 1990 aaO, 52-66
Schleiffer, R.: *Kinderpsychiatrie.* In: M. Markefka & B. Nauck (Hrsg.): 1993 aaO, 685-696
Schlippe, A. von & Schweitzer, J.: *Lehrbuch der systemischen Therapie und Beratung.* Göttingen 1996
Schmidt-Denter, U.: *Eltern-Kind- und Geschwister-Beziehungen.* In: M. Markefka & B. Nauck (Hrsg.): 1993 aaO, 337-352
Schneewind, U.-J.: *Leibtherapie bei Kindern mit frühen Persönlichkeitsschädigungen.* In: Metzmacher, Petzold, Zaepfel (Hrsg.): 1996 aaO, Bd. 2, 243-278
Schneider-Rosen, K. & Cichetti, D.: *The Relationship between Affect and Cognition in Maltreated Infants: Quality of Attachment and the Development of Visual Self-Recognition.* In: Child Development 1984 (55), 648-658
Schneider-Rosen, K.; Braunwald, K.G.; Carlson, V. & Cicchetti, D.: *Current Perspectives in Attachment Theory: Illustration from the Study of Maltreated Infants.* In: Betherton & Waters: 1985 aaO, 194-210
Schubbe, O.: *Symbolische Mitteilungen sexuellen Mißbrauchs.* In: Schubbe, O. (Hrsg.): *Therapeutische Hilfen gegen sexuellen Mißbrauch an Kindern.* Göttingen 1994, 48-78
Schuster, M.: *Die Psychologie der Kinderzeichnung.* Berlin, Heidelberg 1990
Seitz, W.: *Problemlage und Vorgehensweisen der Diagnostik im Rahmen der Pädagogik bei Verhaltensstörungen.* In: G. Hansen (Hrsg.): 1992 aaO, 107-133

Serbanescu, M.G.: *Kinder psychiatrisch kranker Eltern.* In: M. Markefka & B. Nauck (Hrsg.): 1993 aaO, 649-663

Shapiro, J.P.: *Interviewing children about psychological issues associated with sexual abuse.* In: Psychotherapy 1991 28, 55-66

Sluckin, A.; Weller, A. & Highton, J.: *Recovering from trauma: Gestalt therapy with an abused child.* In: Maladjustment and Therapeutic Education 1989 Vol 7 (3), 147-157

Spitz, R.-A.: *Vom Säugling zum Kleinkind.* Stuttgart 1985

Staabs, G. von: *Der Scenotest.* Bern 1978

Steinhage, R.: *Sexuelle Gewalt. Kinderzeichnungen als Signal.* Reinbek 1992

Steller, M.& Koehnken, G.: *Creteria-based statement analysis. Credibility assessment of children's statements in sexual abuse cases.* In: D.C. Raskin (Hrsg.): *Psychological methods in criminal investigation and evidence.* New York 1989

Stern, D.N.: *Die Repräsentation von Beziehungsmustern. Entwicklungspsychologische Betrachtungen.* In: H.G. Petzold (Hrsg.): 1995 aaO, 193-218

Steward, M.; Bussey, K.; Goodmann, G.-S. & Saywitz, K.-J.: *Implications of developmental research for interviewing children. Special Issue: Clinical recognition of sexually abused children.* In: Child Abuse and Neglect 1993 Jan.-Feb. Vol 17 (1), 25-37

Stierlin, H.: *Individuation und Familie.* Frankfurt/M. 1994

Strauss, M.: *Von der Zeichensprache des kleinen Kindes.* Stuttgart 1983

Suess, G.J.; Grossmann, K.E. & Sroufe, L.A.: *Effects of Infant Attachment to Mother and Father on Quality of Adaption in Preschool: From Dyadic to Individual Organisation of Self.* In: International Journal of Behavioral Development 1992, 15 (1), 43-65

Terr, L.: *What happens to early memories of trauma? A study of twenty children under age five at the time of documented traumatic events.* In: Journal of the American Academy of child and Adolescent Psychiatry 1988 Jan. Vol 27 (1), 96-104

Tharinger, D. Horton, C.B.& Millea, S.: *Sexual abuse and exploitation of children and adults with mental retardation and other handicaps.* Child Abuse and Neglect 1990, 14, 301-312

Trautner, H.-M.: *Entwicklung der Geschlechtstypisierung.* In: M. Markefka & B. Nauck (Hrsg.): 1993 aaO, 289-301

Ulich, D.: *Emotionale Entwicklung.* In: M. Markefka & B. Nauck (Hrsg.): 1993 aaO, 263-274

Ulich, D.: *Sozialisation und Entwicklung von Emotionen.* In: Gestalt und Integration 2/91-1/92, 7-17

Varley, K.V.: *Schizophreniform psychoses in mentally retarded adolescent girls following sexual assault.* In: Am. J. Psychiatry 1984 141, 593-595

Virilio, P.: *Die Eroberung des Körpers. Vom Übermenschen zum überreizten Menschen.* München 1994

Vizard, E.: *Child sexual abuse: The child's experience.* In: British Journal of Psychotherapy 1988 Vol 5 (1), 77-91

Voland, E.: *Kindheit in evolutionsbiologischer Perspektive.* In: M. Markefka & B. Nauck (Hrsg.): 1993 aaO, 3-15

Volbert, R.: *Sexuelles Verhalten von Kindern: Normale Entwicklung oder Indikator für sexuellen Mißbrauch?* In: Amann & Wipplinger (Hrsg.): Sexueller Mißbrauch. Überblick über Forschung, Beratung und Therapie. Tübingen 1997, 385-398

Vyt, A.: *Das Tonband-Modell und das transaktionale Modell für die Erklärung früher psychischer Entwicklung.* In: H.G. Petzold (Hrsg.): 1993 aaO, 111-156

Vyt, A.: *Ein Blick hinter den Spiegel. Eine kritische Überprüfung der Fähigkeit des visuellen Selbsterkennens von Säuglingen.* In: Petzold (Hrsg.): aaO 1995, Bd. 2, 93-122

Wartner, U.G.; Grossmann, K. & Fremmer-Bombik, E. & Suess, G.J.: *Attachment Patterns at Age Six in South Germany: Predictability from Infancy and Implications for Preschool Behavior.* In: Child Development, 1994 (65) 1014-1027

Waterman, J. & Lusk, R.: *Psychological testing in evaluation of child sexual abuse.* In: Child Abuse and Neglect 1993 Jan.-Feb., Vol 17 (1), 145-159

Wernet, M.C.: *Integrative Therapie mit geistig und autistisch behinderten Kindern – Begegnung im Spiel als heilende Kraft.* Gestalt und Integration 1991/1992 2/91-1/92, 78-85

Westcott, H.: *Children's ability as witnesses.* In: American Journal of Orthopsychiatry 1992 Jan. Vol 61 (1), 154-157

Wheeler, B.L: *The use of paraverbal therapy in treating an abused child. Special Issue: Childhood sexual abuse.* In: Arts in Psychotherapy 1987 Vol 14 (1), 69-76

Widlöcher, D.: *Was eine Kinderzeichnung verrät.* Frankfurt/M. 1993

Winnicott, D.W.: *Die volle Nutzung der ersten Behandlungsstunde.* In: G. Biermann (Hrsg.): Handbuch der Kinderpsychotherapie. Frankfurt/M. 1988, 169-185

Winnicott, D.W.: *Reifungsprozesse und fördernde Umwelt.* Frankfurt/M. 1993a

Winnicott, D.W.: *Vom Spiel zur Realität.* Stuttgart 1993

Wohl, A. & Kaufman, B.: *Silent Screams and Hidden Cries.* New York 1985

Wulff, E.: *Die ökonomische Basis von Sozialisationsinstanzen und Sozialisationspraktiken.* In: Claessens & Milhoffer: 1973 aaO, 309-312

Yates, A.; Beutler, L.E. & Crago, M.: *Drawings by Child Victims of Incest.* In: Child Abuse and Neglect Vol 9, 1985, 183-189

Zaepfel, H. & Metzmacher, B.: *Die Konstruktion innerseelischer und sozialer „Wirklichkeit" im therapeutischen Prozeß: Sozialkonstruktivistische Überlegungen zum Verfahren der Integrativen Kinder- und Jugendlichentherapie.* In: Metzmacher, Petzold, Zaepfel (Hrsg.): aaO 1996b, Bd. 2, 57-107

Zaepfel, H. & Metzmacher, B.: *Integrative Fokal-und Kurzzeittherapie bei Kindern und Jugendlichen. Dargestellt anhand der Angstsymptomatik eines 14jährigen Jugendlichen.* In: Metzmacher, Petzold, Zaepfel (Hrsg.): aaO 1996a, Bd. 2, 17-56

Zaepfel, H.; Metzmacher, B.: *Perspektivenwandel gefordert.* In: Integrative Therapie 4, 1992, 455-466

Zeiher, H.: *Kindheitsträume. Zwischen Eigenständigkeit und Abhängigkeit.* In: Beck & Beck-Gernsheim (Hrsg.): 1994 aaO, 353-375

Zentner, M.R.: *Passung: Eine neue Sichtweise psychischer Entwicklung.* In: H.G. Petzold (Hrsg.): 1993 aaO, 157-193

Zollinger, B.: *Spracherwerbsstörungen.* Bern, Stuttgart 1991

Zulliger, H.: *Heilende Kräfte im kindlichen Spiel.* Frankfurt/M. 1972

A rose is a rose is a rose!

280 Seiten, kart.
DM 44,–
ISBN 3-87387-349-4

Lerninhalte gewinnen durch eine metaphorische Form einen phantasievollen Charakter, durch den sie dem Hörer näher erscheinen als die Logik der sachlichen Zusammenhänge. Metaphern einzusetzen, ist auch in beratenden Zusammenhängen von hoher Wirkung. Aufgabe eines beratenden Gesprächs ist es, einen Gesprächspartner mit einem persönlichen Problem zu seinem Ziel zu führen. Mit einer Metapher kommuniziert ein Berater indirekt. Wer eine Metapher anbietet, veranlaßt den Zuhörer, über einen Zusammenhang oder ein Geschehen in Form von etwas anderem, zumeist Bekanntem, nachzudenken und zu neuen Einsichten zu kommen.

Alexa Mohls Buch *Der Wächter am Tor zum Zauberwald* – 1997 erschienen – ist als reines Metaphern-Lesebuch gedacht; im vorliegenden Metaphern-*Lern*buch finden sich die dort veröffentlichten Geschichten wieder, jedoch ergänzt um konkrete Einsatzmöglichkeiten dieser Texte in Therapie und Beratungsgesprächen, in Seminaren und NLP-Ausbildungen. Darüber hinaus enthält dieses Buch ein Kapitel, das die Leser anleitet auf dem Weg, selbst Metaphern zu schreiben.

Alexa Mohl, Dr. phil. habil., lebt als selbständige psychologische Beraterin, Führungstrainerin und Coach in Hannover. Sie ist Autorin der NLP-Bücher *Der Zauberlehrling, Der Meisterschüler, Auch ohne daß ein Prinz dich küßt* sowie des praktischen Ratgeberbuches: *Neue Wege zum gewünschten Gewicht* (mit CD).

**JUNFERMANN VERLAG • Postfach 1840
33048 Paderborn • Telefon 0 52 51/3 40 34**

„Schau mir in die Augen Kleines!"

680 Seiten, kart.
DM 58,-
ISBN 3-87387-122-X

„Die Kraft liebevoller Blicke": Die moderne Säuglings- und Kleinkindforschung überrascht mit neuen Erkenntnissen, die unsere Vorstellungen über frühe Entwicklung revolutionieren und damit auch neue Konzepte für die Psychotherapie erforderlich machen. Feinanalysen des Interaktionsverhaltens, Wissen um die emotionale Verknüpfung und die Gedächtnisleistung von Säuglingen führen zu neuen Therapiemethoden, die ressourcenorientiert sind, auf positive Vergangenheitserfahrungen zentrieren und Emotionsarbeit und nonverbale Interaktion betonen.

Führende Forscher und Therapeuten haben an diesem Band mitgearbeitet: Robert Emde, Brian Hopkins, Joseph Lichtenberg, Katherine Nelson, Hanuš & Mechtild Papoušek, Hilarion Petzold, Carolyn Rovee-Collier, Daniel Stern u.a. Dieses Buch ist ein „muß" für alle, die sich mit menschlicher Entwicklung und mit Psychotherapie befassen.

„Die Kluft zwischen dem Wissen aus der Säuglingsforschung und dem klinischen Wissen über Patienten mit schweren Persönlichkeitsstörungen muß überbrückt werden:" - *Joseph Lichtenberg*

„Die Forschungsergebnisse über die frühe Entwicklung des Gedächtnisses und die Erzählstruktur von Biographie erfordern eine neue Sicht lebenslanger Entwicklungstätigkeit."
- *Katherine Nelson*

„Menschliche Lebens- und Beziehungsmuster entstehen durch Interaktion zwischen Personen. Hier müssen Forschung und Therapie ansetzen." - *Daniel Stern*

**JUNFERMANN VERLAG • Postfach 1840
33048 Paderborn • Telefon 0 52 51/3 40 34**

EMDR – das Lehrbuch

Francine Shapiro

488 Seiten, kart.
DM 69,–
ISBN 3-87387-360-5

EMDR ist eine zeitsparende, umfassende Methode zur Behandlung traumatischer Erfahrungen, die die Ursache vieler Pathologien sind. Als integratives Therapiemodell, das verhaltenspsychologische, kognitive, psychodynamische, körperorientierte und systemische Elemente umfaßt, ermöglicht EMDR, in relativ kurzer Zeit tiefreichende und stabile Resultate zu erzielen. Die EMDR-Behandlungssequenz, die acht Phasen umfaßt und Augenbewegungen sowie andere Methoden der Rechts-Links-Stimulation nutzt, hilft Trauma-Opfern bei der Aufarbeitung beunruhigender Gedanken und Erinnerungen.

Dieses umfassende Basiswerk zum Thema EMDR gibt einen Überblick über die Entwicklung und Erforschung der neuen Methode. Zu den vielen Patientengruppen, bei denen mit EMDR gearbeitet werden kann, zählen die Opfer von sexuellem Mißbrauch, von Verbrechen, Unfällen, kämpferischen Auseinandersetzungen, Kriegsfolgen und Phobiepatienten.

„Dieses Buch wird wahrscheinlich die Praxis der Psychotherapie wesentlich beeinflussen und zu Änderungen der theoretischen Sichtweise in der Psychotherapie beitragen."
–*Prof. Dr. Reinhard Tausch*

„Dieses Buch wird zu einem Klassiker werden." – *Charles R. Figley*

Francine Shapiro, die „Erfinderin" von EMDR, ist Senior Research Fellow am Mental Research Institute in Palo Alto, Kalifornien.

JUNFERMANN VERLAG • **Postfach 1840**
33048 Paderborn • **Telefon 0 52 51/3 40 34**